三峡大学学科建设经费资助项目

"新乡土中国志"系列丛书

三峡大学民族学院田野调查实践成果

【 新乡土中国志 】

依山而居：

湖北长阳佑溪村的社会与文化

皮泓漪　编著

厦门大学出版社

XIAMEN UNIVERSITY PRESS

国家一级出版社

全国百佳图书出版单位

图书在版编目（CIP）数据

依山而居：湖北长阳佑溪村的社会与文化 / 皮泓漪
编著. -- 厦门：厦门大学出版社，2024.3
（新乡土中国志）
ISBN 978-7-5615-9309-7

Ⅰ. ①依… Ⅱ. ①皮… Ⅲ. ①乡村-概况-长阳土家
族自治县 Ⅳ. ①K926.35

中国国家版本馆CIP数据核字(2024)第041710号

责任编辑　薛鹏志　陈金亮
美术编辑　蒋卓群
技术编辑　朱　楷

出版发行　厦门大学出版社
社　　址　厦门市软件园二期望海路 39 号
邮政编码　361008
总　　机　0592-2181111　0592-2181406(传真)
营销中心　0592-2184458　0592-2181365
网　　址　http://www.xmupress.com
邮　　箱　xmup@xmupress.com
印　　刷　厦门市明亮彩印有限公司

开本　720 mm×1 000 mm　1/16
印张　17.5
插页　2
字数　300 千字
版次　2024 年 3 月第 1 版
印次　2024 年 3 月第 1 次印刷
定价　72.00 元

厦门大学出版社
微信二维码

厦门大学出版社
微博二维码

新乡土中国志
编 委 会

总　序

　　中国民族学界向来关注乡土社会的叙事。20世纪前半叶,吴文藻、费孝通、林耀华等前辈行走中国广大农村,用朴素且有力的文字记录了我国传统乡土社会的面貌。1948年,费孝通先生更是以"乡土中国"为名,挥墨写下十四篇章专门阐述中国农村的"本色"。中华人民共和国成立后,几经社会变革,中国农村社会发生了巨大变化。改革开放后,党中央持续推动我国农村发展,先后提出"新农村建设"、"美丽乡村建设"、"精准扶贫"及"乡村振兴"等极具时代意义的规划与战略。中国四方之农村随之卷入快速的流动与变革中,其社会结构、习俗文化等发生了深刻变迁,熟人社会被"半熟人社会"甚至被"陌生人社会"重新表述,传统的农村结构被解构。最终,传统的乡土中国演变成了"新乡土中国"。

　　新时代,习近平总书记倡导要把论文写在祖国的大地上,写在中华民族伟大复兴的征程中。田野调查是民族学研究生培养的成年礼,三峡大学民族学院积极响应总书记的号召,发挥专业优势,带领研究生走进祖国各地农村,开展深入的田野调查,以民族志方法切入新时代乡土中国的社会土壤与文化肌理,最终以"新乡土口国志"的形式呈现新时代巨变中我国农村社会的图景,深描日常事象与社会体系之间复杂而动态的关联。因此,以"新乡土中国志"记录乡村百年变迁,讲好中国乡村故事,既具有时代意义,也具有较高的学术价值。

　　"新乡土中国志"资料翔实,描绘的是当下的"地方",是中国一隅,提供的是"地方性知识",因而它首先是认识和理解新时代背景下不同地域的中国农村社会的学术作品。它既关注千古村落的浮沉、宗族社会的起落,也关注新农村和城中村的发展;既观察汉族村的社会变革,也关照民族村落的蜕变;既重视对内地乡土的描述,也不忽略对边疆村落的考察。"新乡土中国志"是对吴文藻、费孝通、林耀华等前辈传统乡土志的继承

— 1 —

与发展,试图结合历时性和共时性描述,观察、理解并客观呈现当代中国农村的生态环境、经济生活、风俗习惯、文化教育、脱贫致富、乡村振兴、社会治理等内容。"新乡土中国志"关注地方,但又超越地方,其由微观到宏观、由个体及族群、由点到面所呈现的新时代中国农村的历史现实图景,更是蓬勃发展的中国经验。

"新乡土中国志"既是专业学术著作,也是大众化读物,融研究与普及、历史与现实于一体。它以朴素的描述,图文并茂,内容深入浅出,充分展现了新乡土中国的文化景观与独特魅力。对调查地来说,"新乡土中国志"是当地一笔宝贵的精神财富,既能让当地村民全方位了解村史村情、乡风民俗,也能够充分挖掘新乡贤的价值,带动地方传承优秀传统文化,繁荣乡土文化,促进乡村振兴。于读者而言,"新乡土中国志"可在文字和图像中感受新时代中国乡土社会翻天覆地的变化,是领略"他者"社会真实图景的读物。

丛书的编辑采取编委会审稿制,主编负责定稿。丛书编辑委员会主要由三峡大学民族学院研究人员组成,还包括中央民族大学、厦门大学、四川大学、南京大学、中山大学、云南大学、中南民族大学、湖北大学的部分专家和学者。我们殷切地希望本套丛书能够得到全国学术界的支持和批评。

是为序。

何伟军

2022 年 3 月

目　　录

第一章

走进佑溪：佑溪村的村情概况

　　长阳佑溪村隶属于湖北省宜昌市长阳土家族自治县高家堰镇（见图1-1），在1992年由原佑溪（现1、2、3组）、香花岭（现4、5组）、周家山（现6、7组）三个自然村合并而成，区域面积12平方千米，辖7个村民小组（见图1-2），共有589户，全村总人口2037人。①"佑溪"之名源于贯穿该村南北的主要地表水流——佑溪河，该河发源于佑溪村西南香花岭，与村内硬化公路的主干道保持相似走向，沿山谷蜿蜒前行，流经5组、4组、3组、1组，穿过大堰沟、上河、中河、下河流向村域东北夹龙口注入丹水河。村民依溪而居，靠河而作。

第一节　地理环境

一、地理区位

　　佑溪村地处长阳土家族自治县高家堰镇东南部，东经111°11′，北纬30°56′，东接龙舟坪镇王子石村，南邻龙舟坪镇王家棚村，西连本镇彭家河村，北与青岩村接壤。全村最低海拔为197.60米，最高海拔为700.70米，属于长阳县低山层状分布。村委会距318国道3公里，距离长阳县城26公里，距宜昌市约40公里。沪渝高速公路贯穿该村北部，通村硬化公路29公里，道路宽度为3.5米。

　　佑溪村处于云贵高原东延尾部向江汉平原过渡地带，位于鄂西巫山余

---

　　①　佑溪村村委会：《2022年乡村振兴推进工作汇报》，引用时间：2022年7月5日。

脉①,村落整体立体地貌突出,四围尽山,举目所见,重峦叠嶂,绵延起伏,沟壑纵横,高低错落。山的绵亘与丛集是该村最突出的自然特点,这一特点使该村居住布局呈散落式。其中周家山和香花岭两个自然村(现 4、5、6、7 组)的海拔在 700 米左右,较原佑溪区域(现 1、2、3 组)海拔更高,地势更为陡峭。

县域主要河流
沪渝高速
长阳县县界
高家堰镇
长阳县政府
佑溪村

图 1-1 佑溪村地理区位图

二、历史沿革

　　佑溪村归属于长阳土家族自治县管辖。据《长阳土家族自治县志》记载:夏、商、周时期,《尚书·洪范》记天下为九州,长阳之地属荆州之域,地在巴方。春秋战国先后属于巴国和楚国,秦属黔中郡。②汉高祖元年(前 206年),置佷山县,设治于同昌市(后改名州衙坪),为长阳建县之始。汉高祖五年(前 202 年),改黔中郡为武陵郡,佷山县仍隶属于武陵郡。东汉时,佷山县改属南郡(荆州)。西晋及南北朝时期,因政治动乱、王朝更替和政区调

---

①　湖北省长阳土家族自治县地方志编纂委员会编:《长阳土家族自治县志(1979—2000)》,北京:方志出版社,2011 年,第 53 页。

②　湖北省长阳土家族自治县地方志编纂委员会编:《长阳土家族自治县志(1979—2000)》,北京:方志出版社,2011 年,第 47～48 页。

图 1-2　佑溪村组别图

资料来源：佑溪村村委会户籍信息系统。

整，佷山县隶属及县名多有改变，先后有宜昌、盐水、巴山、清江、方山、清流、长阳等称谓，一域之内，或一县单立，或数县并置。隋代名为长杨县，唐武德元年（618 年）始改称长阳县。五代至民国近千年间，由于朝政更替，政区变化，长阳县隶属关系相应变动十余次。

第二次国内革命战争时期，长阳县属湘鄂西苏区湘鄂边根据地的组成部分。随着中国共产党领导的革命力量的壮大，相继置长阳县苏维埃政府于麻池和置长巴县苏维埃政府于枝柘坪。1949 年 7 月 18 日，长阳县城龙舟坪解放。7 月 24 日，长阳县人民政府正式视事办公，属湖北省宜昌行政区专员公署管辖。后专署三度易名，长阳始终隶属宜昌专署。1984 年 7 月 13 日，经国务院批准，长阳实行民族区域自治，撤销原长阳县建制，成立长阳土家族自治县，仍隶属宜昌地区行政公署管辖。1992 年 3 月，宜昌地区与宜昌市合并，长阳隶属宜昌市管辖至今。

如今的长阳土家族自治县全县管辖龙舟坪、磨市、大堰、都镇湾、鸭子口、资丘、渔峡口、火烧坪、榔坪、贺家坪、高家堰 11 个乡镇。高家堰有着深厚的历史文化底蕴,佑溪村地处于高家堰所辖范围。佑溪村,清宣统二年(1910年)属木桥溪区。民国三十四年(1945年)属高城乡佑溪保。1950年属木桥区高城乡佑浮桥村;1958年人民公社化时,属津洋口公社石洪管理区,设香花、新山、佑溪三个大队;1961年4月恢复区、镇建制,属津洋口区石洪公社;1975年11月撤区并社,属高家堰公社;1980年12月,属高家堰公社,香花大队、新山大队变更为香花岭大队、周家山大队;1984年2月设区建乡,属津洋口区青岩乡,原大队变更为村;1985年10月,全县行政区域调整,高家堰镇升为区级镇,设青岩乡,辖香花岭、周家山、佑溪三村;1987年9月区、乡体制改革后,属高家堰镇;1992年10月合村并组,香花岭、周家山二村合并入佑溪村,属高家堰镇管辖至今。[①]

图1-3　佑溪村村委会广场

　　改组之后,佑溪村在佑溪1组与3组交汇处设立佑溪村村民委员会,作为整个佑溪村的行政中心。从长阳县城出发,经津洋口沿丹水北上至偏岩大桥上318国道,行进近20公里,来到夹龙口处,从夹龙口往西南方向进入

---

　　① 湖北省长阳县土家族自治县地方志编纂委员会、长阳土家族自治县民政局编:《长阳土家族自治县地名志》,武汉:湖北人民出版社,2020年,第882页。

3公里即佑溪村村委会。现村委会办公楼原址为原佑溪村小学，2014年重建后为佑溪村村委会行政办公使用。村委会办公楼总面积为2000平方米，建筑面积500平方米。办公楼总共分三层：一楼为便民服务厅；二楼为驻村干部办公室、村干部办公室和图书室；三楼为会议室。大楼前正中写有"党员群众活动中心"八个金色大字。整体建筑呈U形结构，左边是村卫生楼，右边是公告栏，村委办公楼前占地面积约300平方米的广场是村民公共活动场所（如图1-3）。

三、地名聚落

地名是地方的指称，是地方知识的结晶，反映当地的某些自然或人文地理特征。佑溪村各类大小地名共有39个，这些地名不仅记录着佑溪村民对自然地貌的丰富想象，更将村民祖祖辈辈的生活经验融入其中。这些聚落片区的地名或以历史上在此地发生过的事情命名，或根据曾经生活在此的大姓家族命名，或因独特地貌而命名。根据地貌特征命名的如大岭坡、薄刀岩、分水岭、大堰沟、黄土包、横墩、西坡、东坡、一碗水、樟木山、红沙坡、大坪、棕木岭、杨权溪等；以姓氏命名的有曹家湾、王家湾、魏家坝、姚家院子、罗家冲、徐家林子、杨权溪、姚家坳、冉家湾、冉家坡、周家山、杨家山、赵家窝子、邓家坡等；以历史故事或建筑命名的有先生湾、观坳、庙坪、顶上屋、中坝、塔儿岩、窄儿井、黑儿冲、香花岭等。此外，还有以民国时期基层政权组织命名的保甲局，以远近闻名、博学多才的村落名人曾广顺命名的先生湾，以勤奋励志后出人头地的孤儿命名的少孤坪，以清朝时期周发旺带领周氏家族迁入并生活的地区而命名周家山，以观后香火命名的香花岭，等等。一张详尽的地名图不仅是一个又一个地方标志，更是一张佑溪村的历史小地图。由湖北省长阳县地名领导小组办公室编写的《长阳土家族自治县地名志》（2014年）对佑溪村的各类地名及其区域内生产情况有详细的记载，在此仅选取有代表性的部分地名及其聚落片区情况加以叙述。

（一）保甲局

保甲局，也叫"保甲"，民国时期基层政权组织名称。此居民点在1949年前设有保、甲办公处，故得名"保甲局"。早年曾、周等姓氏在此地居住，形成居民点，在佑溪村村委会驻地西北约500米处。东起佑溪河，西起魏家坝，南连中坝，北邻老屋场，面积0.15平方千米，属佑溪村1组。居民房屋占地面积 1650 平方米,呈条状分布。2022 年,有居住居民 43 户,以曾、周、陈等姓氏为主,曾姓居多,汉族为主。该地水田 7 亩,旱地 35 亩,山林 40 亩。

(二)黑儿冲

黑儿冲位于佑溪村 1 组东北方,紧贴沪渝高速,北接大岭坡,东邻百步垭,西侧距离佑溪河约 1 公里,南接黄土包,连接 1 组和 6 组。2007 年前曾有住户 5 户,2017 年因扶贫搬迁项目全部搬至佑溪村主干道旁,现无人居住,耕地留荒,植被覆盖率超过 90%,道路基本为羊肠小道。该地除林地资源外,主要有一处公用蓄水池,由长阳丹水供水公司建于 2012 年,目前主要为 1 组 22 户 84 人提供安全饮用水。

(三)薄刀岩

薄刀岩,又叫"驸马岩"。居民点旁有一座山,因山岩薄似菜刀,故名"薄刀岩"。早年因曾、向等姓迁此安居,形成居民点。现属于佑溪村 2 组,在村落西北方,距村委会驻地大约 2 千米,东接五家坳,西邻覃家湾,南连深湾,北靠薄刀岩山脚。面积 0.16 平方千米。居民住房占地 2250 平方米,呈条状分布,属佑溪 2 组。有曾、向、李三姓居住于此,曾姓为主姓,主要为汉族。

(四)大堰沟

大堰沟,居民点地处沟边,沟里有深潭,得名"大渊沟",后演变为"大堰沟"。早先有周姓家庭到此落籍,后随着其他姓住户跟进,渐成居民点。地处佑溪村南方,属于佑溪村 4 组,距村委会驻地约 1000 米,东接黑湾,西邻柳树湾,南至朱家坡,北抵滚龙包。面积 0.19 平方千米,居民房屋占地 2250 平方米,呈块状分布。有周、曾、邓等姓,周姓为主,多为汉族。该地有山林 50 亩,水田 20 亩,旱地 50 亩。

(五)周家山

周家山得名于该地处于一山之中,且主要居住着周氏族群。清朝中期,周氏先祖周发旺从江西省被贬至此,举家搬迁于此山之上。周氏族群因其庞大的人数和团结守规的群体特征,在周围片区广为人知,长久以来该地便被命名为"周家山"。"文化大革命"期间,改名"兴山";改革开放后恢复原名。周家山地处佑溪村东南方,距佑溪村村委会驻地约 4000 米,属佑溪村 7 组,东接张家岭,西邻金家岭,南连窄边,北靠毛家坡,占地总面积 0.18 平方千米。居民房屋占地面积 3000 平方米,房屋呈带状分布。此地有周、邓等姓,以周姓为主,多为汉族。该地有山林 20 亩,旱地 80 亩。

（六）顶上屋

顶上屋得名因周氏家族祠堂和周氏族长的住宅建在山体最高处,故称"顶上屋"。主居周姓,后形成居民点。位于佑溪村东南方,距村委会驻地约 3000 米,属于佑溪村 7 组,东起张家湾,西止夜湾坳,南毗后头湾,北与横墩相连。面积 0.1 平方千米,居民房屋占地 1500 平方米,呈块状分布。均为周姓,汉族。该地有山林 30 亩,旱地 40 亩。

（七）香花岭

香花岭地处一山岭之中,因早年建有香火寺庙,得名为香火岭,后因寺庙被拆,演变为"香花岭"。因颜、彭两姓迁入,形成居民点。地处佑溪村南方,距村委会驻地约 4 千米,属佑溪村 5 组,东接红家坳,西邻砍头场,南连沙湾,北靠徐家林子。面积 0.19 平方千米。以颜姓为主,多为汉族。居民房屋占地总面积 2400 平方米,均为石头房,呈条状分布。该地有山林 30 亩,水田 20 亩,旱地 30 亩。

（八）少孤坪

少孤坪的地名来源于一个人物传说。相传此地从前有一孤儿,非常勤奋好学,经过自己的不断努力,长大后成为一名官员,并为家乡做了很多好事。后人为纪念他,便将其出生地命名为"少孤坪"。早年,此地居民主要为曾、姚两姓,后形成居民点。距佑溪村村委会驻地西边约 2000 米处,东接分水岭,西邻女儿崖,南连兰英窝,北靠薄刀岩,属佑溪 2 组。面积 0.14 平方千米,居民房屋占地 1500 平方米,呈块状分布。现主要居住曾、姚两姓,曾姓略多,汉族为主。该地有旱地 30 亩,山林 60 亩。

（九）分水岭

分水岭处于城子河与佑溪河之间的分界处。早前有曾、周两姓人家居住此岭,形成居民点。位于佑溪村西方,距村委会驻地约 1000 米,属佑溪村

2组。东接先生湾,西邻分水岭,南连老湾,北靠深湾。地域面积 0.15 平方千米,居民房屋占地 2100 平方米,房屋呈块状分布。居民主要有曾、周二姓,曾姓为主,2022 年 7 月统计居民有 20 户,多为汉族。该地有山林 85 亩,水田 5 亩,旱地 50 亩。

第二节　自然环境

一、自然资源

(一)土地资源

佑溪村现有耕地总面积为 2888 亩,其中,1 组耕地面积为 484 亩,2 组耕地面积为 405 亩,3 组耕地面积 325 亩,4 组耕地面积 374 亩,5 组耕地面积 458 亩,6 组耕地面积 373 亩,7 组耕地面积 469 亩。佑溪村林地面积 5620 亩,林地占比为 31.2%,森林覆盖率达到 76.8%,退耕还林面积 404 亩[①](见图 1-4)。

佑溪村地势起伏较大,不同海拔地区的作物及林木种类亦有区别。1 组和 2 组的主要农作物为玉米、红薯、土豆、黄豆、油菜等,蔬菜种植种类较少;地势较高地区种植蔬果较多,如周家山主要种植白菜、桃子、西瓜等蔬菜水果,香花岭种植四季豆、白菜、黄瓜、辣椒、南瓜。1 组、2 组和 3 组的树木主要为杨柳树、绣果树、杉树、核桃树等,4 组、5 组香花岭、6 组和 7 组周家山主要生长茶树、柏树、松树、银杏树等树种。

(二)水资源

佑溪河是该村最主要的地表径流,主要由大气降水补给形成[②]。因地形结构差异性大,佑溪村的其他较小型径流分布不均,导致水源分散,每处水量情况有所不同。佑溪村的饮用水资源由山泉水和雨水储备构成,村内山泉水水源分布呈散落状,可作为村民生活用水的山泉水资源共有 45 处,

---

① 佑溪村居委会:《2022 年土地信息统计表》,引用时间:2022 年 7 月 15 日。

② 长阳土家族自治县概况编委会:《长阳土家族自治县概况》,北京:民族出版社,2009 年,第 16 页。

林地面积

耕地面积

● 蓄水池

▲ 水泵站

— 居住房

图 1-4　佑溪村资源图

资料来源：佑溪村居委会《2022 年土地信息统计表》。

每处水源附近建有公共蓄水池（见图 1-4），平均容积约为 30 立方米，主要为水源附近住户提供生活用水。村民户内也自建蓄水池，平均储水量为 1 吨/户，基本可以应对为期 1 个月的旱季用水问题。其中，有 7 处水源因地势较低，居民点地势较高，旱季时居住地附近居民经常出现缺水情况，他们通常都会到水源处挑水。为此，佑溪村建设了水泵站，以解决村民旱季外出挑水的难题。

9

（三）生物资源

由于佑溪村森林覆盖率高,茂密的自然山林环境为野生动物和植物提供了良好的生存环境,使得佑溪村生物资源丰富。野生动物主要有野羊、蟒、野猪、灰喜鹊、花面狸、野鸡、斑鸠、麂、小鲵、中国大鲵等,涵盖爬行类、两栖类、水生甲壳类动物及昆虫等。野生植物包括艾姜、大麦金、绣果树、椿树、杜仲、四面树、黄姜、虎耳草、十弟兄、老鼠屎草等。

（四）矿石资源

佑溪村矿产资源主要有石英岩和石灰石,是较优质的建筑材料。2000—2010 年,佑溪村实施沙砾开采活动,沙砾开采主要集中在交通便利的 1、2 组。2012—2018 年,为保护生态环境,相关部门对 1 组夹龙口附近的两处沙砾场进行关停整顿,2021 年对 2 组高速公路附近的最后一个沙砾场进行关停整顿。在沙砾场关停的同时,着力对原采石场采取了一系列的生态恢复治理措施。

（五）能　源

佑溪村年均 1500～1900 小时的日照时间为当地提供了较充足的太阳能,使其成为目前村内除水电以外最主要的清洁能源。村内现有一座村级扶贫光伏电站,太阳能路灯 120 盏,以及遍及各家各户的民用太阳能热水器,这些成为当地最直接的太阳能利用方式。

二、气候环境

佑溪村地处北纬30°,属亚热带季风气候区,受东南季风影响,季节差异性变化大,春季气温多变,初夏多雨,伏秋多旱,寒冬干燥。年平均日照1500～1900 小时,平均每日 4～5 小时。年降水量 1488 毫升,降水主要集中在夏季,一般从 2 月起雨量逐渐增多,7、8 月后雨量逐渐减少。春季(3—5 月)雨量约 405 毫升,夏季(6—8 月)约 651 毫升,秋季(9—11 月)约 335 毫升,冬季(12—2 月)约 97 毫升。四季时日分配不均,春秋短,冬长,夏稍长,高温期与多雨期一致。年平均气温 25℃,年最高气温 36～40℃,年最低气温－5～0℃,相对湿度为 80% 左右。村内不同类型地区气温有一定差异,随海拔高低而降升,海拔高度每上升 100 米,气温大致下降 0.56℃。[①]

三、自然灾害

(一)风　灾

风灾是佑溪村比较严重的气候灾害。受季风影响,多集中于夏季,在 6 月到 9 月时容易引发 6~8 级强风,主要是摧毁玉米等高秆农作物,风灾过后会导致玉米、高粱等高秆农作物出现成片倒伏的情况,对农作物收成产生极大影响。罕见狂风刮倒(断)低压供电线路电杆或其他较高建筑物。一般大风之后有大雨或冰雹,这时候村民会警惕洪涝灾害。目前佑溪村尚未形成应对风灾的具体防范方法和补偿措施。

(二)旱涝灾害

佑溪村的洪灾多发生于夏、秋两季,即 6—10 月间,此时为雨季旺盛期,降雨频繁,雨量大幅增多,地表径流量增强,加之佑溪村土壤多为黄棕壤土、山地棕壤土、石灰岩土等松软土质,渗透力强,黏着性弱,强降水后较易形成泥石流。部分极端强降雨天气会导致泥石流破坏居民住房,洪涝淹没耕地农作物。佑溪村经历过最严重的洪水灾害发生在 1998 年,时年 6—8 月县域降水 1125.8 毫米,比历史同期高出 519.2 毫米。1979 年后暴雨引发的洪水灾害超过 90 起,平均每年 3 次。[②] 据村民反映,近些年洪涝灾害次数有所减少。

佑溪村的旱灾多发生于秋、冬季,1949—1985 年间发生大旱灾 18 次;1979 年后,县域有记录的旱灾 26 次。据村民回忆,每年大多有旱灾,持续时间为 1~3 个月不等,会出现影响村民日常用水的情况,故每家都自建蓄水池以解决旱季饮水缺乏的问题。

(三)霜　冻

霜冻在佑溪村方言里被称为"落凝",是当地常见的自然灾害,通常出现

---

① 长阳土家族自治县概况编委会编:《长阳土家族自治县概况》,北京:民族出版社,2009 年,第 8 页,第 14 页。

② 湖北省长阳土家族自治县地方志编纂委员会编:《长阳土家族自治县志(1979—2000)》,北京:方志出版社,2011 年,第 180 页。

在早春、深秋、冬季。春天的霜冻叫做"落晚凝"，此时多值农作物苗期；秋季的霜冻叫做"落早凝"，此时地里的红薯即将收获。霜冻时的低温会影响玉米和土豆等农作物的生长，甚至冻坏农作物。

（四）虫　灾

佑溪村的虫灾分为林木虫灾和农作物虫灾。林木虫灾主要发生于5组香花岭的柏树林和松树林。2001年首次出现叶蜂和毒蛾类害虫，害虫大面积啃食柏树林，长阳县林业局通过实施焚烧除虫法消灭虫灾[1]；2019—2020年，香花岭再次出现害虫大面积啃食松树林，县林业局先使用油锯将大片被侵害的松树砍倒，再集中焚烧。松树属于佑溪村林木生态的重要组成部分，虫灾对佑溪村的林业生态具有较强的破坏性，虽然发生次数较少，但危害性极大。

农作物害虫有多种类型，因作物种类而异。玉米的害虫主要为玉米螟、高粱条螟、玉米蚜虫、地老虎、蝼蛄、金针虫等；红薯的害虫主要有红薯天蛾、红薯卷叶蛾灯；马铃薯的害虫主要有二十八星瓢虫、马铃薯块茎蛾灯；蔬菜的害虫主要有小菜蛾、菜青虫、斜纹夜蛾、甜菜夜蛾、黄条跳甲、线虫等。随着农药和生物防治技术的推广，以上害虫可得到有效控制，防止虫患大规模蔓延，但很难做到根治。

（五）野猪灾害

佑溪村野猪摧毁庄稼的情况时有发生。21世纪开始佑溪村生态环境有所好转，国家对野生动物的保护力度加强，加上野猪较强的适应能力和繁殖能力，导致佑溪村农户种植的农作物时常被破坏。由于野猪是国家二级保护动物，未经批准捕杀或私设电网等行为会被罚款，情节严重者会受到刑事处罚。村民采取柔性措施，如利用声响、气味等方式进行驱赶，但效果甚微，常见村民叹道："辛辛苦苦种植一年的玉米，还不够野猪吃的。"2004年起，宜昌市政府每年组织定期定量捕杀野猪[2]，2006年开始每年捕杀野猪数

---

① 秦道鑫：《小虫子啃光千亩柏树林　湖北长阳林业局赴现场扑救》，https://news.sina.com.cn/c/273738.html，访问日期：2022年9月23日。

② 新华网：《湖北有计划猎捕野猪维护生态平衡》，http://news.sohu.com/20040912/n222002375.shtml，访问日期：2022年9月20日。

量超过 1000 头①,并逐年增长②,2018 年后开始对野猪分布进行摸查,但依旧存在野猪毁粮的问题。若村里粮食被野猪糟蹋,村民可自行联系公安局或合法狩猎队前来对野猪进行恐吓和驱逐。村民遇到野猪灾害时,可以收集相关证物向村镇干部或者农业局上报,待核实完毕,会根据情况给予村民一定的赔偿。③

第三节　生活环境

一、人口居住

2022 年 7 月,佑溪村全村总人口数 2037 人,其中常住人口 1671 人。人口年龄结构呈现正三角的老年型人口特点,具体来说:0～6 岁婴幼儿人数为 60 人,占比 3.56%;7～12 岁少儿人数为 86 人,占比 5.10%;13～17 岁青少年人数为 50 人,2.96%;18～45 岁青年为 475 人,占比 28.17%;46～59 岁中年人数为 399 人,占比 23.67%;60 岁以上达 576 人,老年人比例为 34.14%;其中,65 岁以上 351 人,占比 20.82%,整体人口结构偏向于老龄化,并达到超级老龄化社会标准④。目前,佑溪村全村 77 岁以上人口共 119 人,全村长寿人口占比超过 7.06%,远高于 2.54%的全国标准⑤,说明佑溪村村民长寿率较高,而且田野调查发现,村内绝大多数老人虽患有各类基础疾病,但整体生活状态良好。

---

① 王平:《湖北宜昌决定猎捕千余头野猪保护农作物》,https://news.sina.com.cn/c/2006-09-08/06209967100s.shtml,访问日期:2022 年 9 月 20 日。
② 新华网:《湖北宜昌拟捕杀 1200 头野猪》,https://news.sina.com.cn/c/2007-08-14/164713661943.shtml,访问日期:2022 年 9 月 20 日。
③ 雷巍巍:《野猪毁庄稼,保险上门赔》,https://epaper.hubeidaily.net/pad/content/202208/11/content_184382.html,访问日期:2022 年 9 月 20 日。
④ 联合国 1956 年《人口老龄化及其社会经济后果》所划定标准中,65 岁以上老年人口达到总人口的 20%为超级老龄化。张再生:《中国人口老龄化的特征及其社会和经济后果》,《南开学报》2000 年第 1 期。
⑤ 2020 年《卫生健康事业发展统计公报》中指出,我国居民的人均寿命为 77.3 岁,规划发展与信息化司网站,http://www.nhc.gov.cn/guihuaxxs/s10743/202107/af8a9c98453c4d9593e07895ae0493c8.shtml,访问日期:2023 年 1 月 27 日;《第七次人口普查报告公报(第五号)》,中华人民共和国中央人民政府网站,http://www.gov.cn/xinwen/2021-05/11/content_5605787.htm,访问日期:2023 年 1 月 20 日。

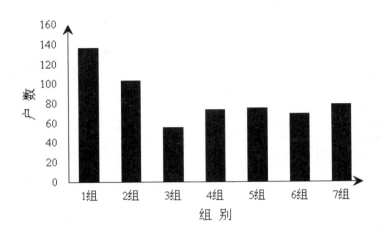

图 1-5　佑溪村各组户数图

2022 年 7 月统计，7 个村民小组中共有 589 户农户，组间户数分布略有差异（见图 1-5）。其中，1 组的平缓区域占地面积最大，从而为村民聚居提供了良好条件，目前所居住的农户也最多，共计 136 户；3 组行政区域面积全村最小，加之道路崎岖，民居数量少且分散，仅 55 户；其他几组的具体户数分别为：2 组 103 户，4 组 73 户，5 组 75 户，6 组 69 户，7 组 78 户。2 组的土地条件与宜居面积仅次于 1 组，且通往村西彭家河村的交通便利；4、5、6、7 四组均处于海拔较高地区，高山山地特征突出，农户虽以散居为主，但农作条件较 3 组好，故农户数量基本持平。目前佑溪村脱贫户 214 户 589 人、低保户 55 户 82 人、特困供养户 16 户 16 人、监测户 1 户 3 人、易迁户 29 户 72 人，其中集中安置 5 户 10 人，整体脱贫监督工作卓有成效①。

佑溪村的民族构成以汉族为主，汉族总人数为 1525 人，占比 90.45%，杂居着少数的土家族、壮族、彝族和黎族。土家族人数为 152 人，占全村人口 9.02%；其他民族占全村人口 0.53%，包括壮族 6 人，彝族 2 人，黎族 1 人。

佑溪村常住人口中女性有 786 人，男性 885 人，男女比例为 1∶126。村

---

① 数据源自佑溪村村委会系统文件：《佑溪村户籍信息》《佑溪村 1671 人常住人口信息》《2022 乡村振兴推进工作汇报》《佑溪村村住房安全保障排查明细表（反馈）》《佑溪村各组人口及贫困户详细情况》，引用时间：2022 年 9 月 16 日。

内单身男性数量较多,全村 40 岁以上的未婚男性人数超过 100 人。

村民的住房有砖混结构、石木结构和土木结构三种,其中以砖混结构最多,占总数的 90% 以上。截至 2022 年 7 月,仅有香花岭山顶上 10 户住房为石木结构,曹家湾 4 户为土木结构。自 2013 年脱贫攻坚以来,全村住房安全保障率 100%。易地扶贫搬迁 29 户 72 人,其中 5 户 10 人集中安置。共完成危房改造 194 户,其中贫困户 59 户,非贫困户 135 户。实行以奖代补进行危房改造,对 C 级维修加固的一般户和贫困户按照 4000 元、10000 元标准补贴,对 D 级拆除新建的一般户和贫困户按照 8000 元、15000 元标准补贴,解决了全村住房保障的问题。①

二、生计方式

佑溪村的生计方式以种植、养殖、务工为主。农作物种植以玉米、土豆、红薯等粮食作物,及蔬菜、油菜、苗木等经济作物为主,养殖则以猪、牛、羊为主。截至 2022 年 7 月,全村养殖数量超过 30 头猪或 20 头牛的中型养殖户共有 21 户;规模达到 50 头以上的养殖大户有 19 户,其中养猪大户有 16 户,养牛过百的农户有 3 户。特色种植业有柠檬 150 亩,木瓜 400 亩,红菜薹 50 亩,精细蔬菜种植 200 亩。② 其中,木瓜种植经营主体有三家,即咕噜亚木瓜合作社、长阳润禾种植合作社、长阳红明养殖专业合作社。长阳润禾种植合作社、长阳红明养殖专业合作社已经发展壮大,其中长阳润禾种植合作社每年带动 21 户贫困户增收约 5 万元;长阳红明养殖专业合作社每年带动 8 户贫困户增收约 2 万元。佑溪村的产业发展整体向好,在提高村民收入的同时,促进了闲置土地的合理利用。

近年来,佑溪村外出打工的村民逐年增加,外出务工逐渐成为佑溪村民家庭收入的主要来源。村民务工一般在市内或乡镇,也有少部分务工活动于省外。乡镇务工主要从事锰矿开采及建筑类工作;省外务工的地区主要是广东省和福建省,工种包括钢筋工、瓦工、木工等。③ 据相关研究,外出务工人员被定义为进入异地从事非农产业达 6 月以上,户籍仍在农村的劳动

---

① 佑溪村村委会:《2022 年乡村振兴推进工作汇报》,引用时间:2022 年 7 月 14 日。
② 佑溪村村委会:《2022 年乡村振兴推进工作汇报》,引用时间:2022 年 7 月 14 日。
③ 佑溪村村委会:《巩固脱贫成果后评估访谈提纲》,引用时间:2022 年 7 月 14 日。

者。① 据此定义，佑溪村现约有 479 人常年在外务工，约占全村总人口的三分之一，劳务输出成为该村经济发展的强大动力。当地外出劳动力的年龄多在 30～50 岁之间，文化程度集中在初高中，以已婚人士为主。由于村内历来就有不少从事瓦工的手工业者，独有的行业技术为其投入现代化建筑、装修行业奠定了坚实基础，因而务工人员所从事的行业具有明显的聚集特点。具体而言，以建筑行业、装修行业最多，其次是电子制造业、餐饮旅馆业、木材家具业，然后是批发零售业等。外出务工的途径以亲戚和熟人介绍为主，通过政府介绍安置、劳务市场自荐应聘、电视广播网络、上门求职及其他途径找到工作的寥寥无几。可见，亲缘、地缘及学缘等社会关系在农民外出打工中发挥着重要作用。②

20 世纪 80 年代以来，随着国民经济的快速发展和户籍制度的改革，农村劳动力流动的障碍逐步消除，大量农村剩余劳动力开始向城市转移，外出务工规模不断扩大。③ 在时代潮流推动下，佑溪村大量的劳动力外出务工，对当地社会经济的发展产生着重要影响。农村劳动力外出务工对于提高家庭收入、改善生活条件成效显著。村内劳动力向城镇和非农产业流动，不仅有效解决了村内剩余劳动力就业不足的问题，也大幅增加了农民的收入，提高了农户的消费水平和生活条件。不少村民凭借务工积蓄在村内建造起新房、添置现代化家具、购买汽车。劳动力的大量外出也使村内各类资源配置发生了变化。一方面，推动了土地的流转与整合，随着土地租借的产生，原本小规模、分散种植的农户拥有了更多成片的土地，更有利于土地的适度集中、规模化经营和土地利用效率的提高④，这也为村内合作社的规模经营发展提供了先决条件。另一方面，村内的劳动力资源得以再分配，部分村民在规模化生产时，因时节和农事往往需要雇佣部分人员从事农业生产，就近雇佣是最主要的方式，这使得村内闲置劳动力得以再就业。此外，外出务工也

---

① 盖庆恩、朱喜、史清华：《劳动力转移对中国农业生产的影响》，《经济学》（季刊）2014年第 3 期。

② 黄俊：《农村贫困人口外出流动行为、意愿、就业地差异的比较研究——以湖北省襄阳市为例》，《湖北社会科学》2017 年第 10 期。

③ 周琰、田云：《家庭资源、社会资源与农户外出务工行为——基于湖北农村的调查数据》，《四川农业大学学报》2021 年第 1 期。

④ 蒲艳萍、李霞：《劳动力流动对农村经济的影响效应——基于对四川省调查数据的分析》，《人口与经济》2011 年第 1 期。

在一定程度上使村内的农业生产条件得到提高。农药和化肥是衡量农业生产条件的两个重要的指标①。务工有效增加了村民的家庭经济收入。早期，这种收入有效缓解了村民购买农药和化肥等农资用品的资金约束；如今，由于在家务农的劳动力减少，为提高生产效率，村民一般会增加农药化肥的使用量。此外，随着家庭收入的提高，村民更乐意也更舍得去尝试和购买旋耕机、脱壳脱粒机等各类小型农业生产机械，在减轻劳动压力的同时有效提高生产效率。

佑溪村是长阳县典型的重点贫困村之一，2014 年被列为长阳县 54 个重点贫困村之一。在政府和村民的共同努力下，佑溪村不断引进现代化农业生产技术，使用新式农具，添置拖拉机、抽水机、脱谷机、收割机等动力机械，改良土壤质量，培训种植养殖人才，设立农业合作社。除玉米、红薯、蔬菜等基础农作物种植和猪、牛、羊、鸡、蜂等基础养殖业外，佑溪村还发展出光伏电站、红茶基地等集体产业，并设立公益性岗位共计 34 个，其中光伏公益性岗位 28 个，护林员 6 人，工资收入为 4000 元/年·人。佑溪村光照充足，具备良好的太阳能发电条件，2017 年精准扶贫期间，政府在 4 组大堰沟发展集体经济——光伏电站，2021 年总计发电量达 191556 千瓦时。在多方努力下，佑溪村现已脱贫。② 为深入贯彻落实巩固脱贫攻坚成果与乡村振兴有效衔接，2021 年 7 月，三峡大学"十四五"省级乡村振兴重点帮扶村工作队正式入驻佑溪村。自入驻至今，已通过多项产业帮扶项目帮助佑溪村增收赋能。③

三、基础设施

（一）村容村貌

佑溪村基础建设较完善，全村美丽乡村建设实行情况良好，整个村的村容村貌做到了净化、美化、亮化。村民房前屋后未见随处堆放垃圾的现象，部分居民家门口还种植花草点缀。生产生活垃圾得以有效处理：全村共有

---

① 姚懿桐、王雅鹏、申庆玲：《劳动力外出务工对农户家庭收入的影响——以湖北省 4 个县（市）为例》，《浙江农业学报》2015 年第 4 期。

② 佑溪村村委会：《2022 年乡村振兴推进工作汇报》，引用时间：2022 年 7 月 14 日。

③ 三峡大学乡村振兴专题网：《接过脱贫攻坚"接力棒"三峡大学乡村振兴驻村工作队"出征"》，https://xczx.ctgu.edu.cn/info/1002/1027.htm，访问日期：2023 年 5 月 22 日。

定点垃圾箱 15 个,定点公共垃圾桶 40 个,垃圾处理由乡镇环保站定时到固定垃圾堆放点拉走后统一处理;养殖场均按照相关部门要求建有一定规模的化粪池处理粪污水。2021 年后更是积极开展"绿水、净土"行动,驻村工作队邀请专家进村考察、规划,拟建设有机肥厂以帮助种、养殖户处理植物秸秆、动物粪便,有效减少土壤、绿水载荷。

佑溪村的"厕所革命"从 2017 年开始实施,纳入规划总户数为 520 户。截至 2020 年,佑溪村完成改造厕所的农户有 139 户,131 户旱厕改卫生厕所,6 户旱厕改无害化厕所,5 户卫生厕所改为无害化厕所,全村总旱厕数量为 207 间,全村累计卫生厕所 87 间。因有 60 户举家外出一年以上且不愿改造,以及 5 户搬迁,3 年里累计无害化厕所 177 间,卫生普及率 15.42%,无害化普及率 27.48%。全村的卫生厕所占比达 60%。[①]

(三)自来水改造工程

佑溪村径流分布不均,饮用水水源因地形结构差异性大而分散各处,全村可饮用水源有近 50 处,且地表溪流主要是由大气降水补给形成的河川径流,从而导致每处水量情况有所不同。在饮用水安全问题上,从 2010—2011 年,政府通过全面改造 1 组自来水工程,修建了近百立方米的蓄水池,将水管引到每家每户,结束了 1 组大部分村民挑水的日子。2015 年,佑溪村村委会进一步完善各村民小组的饮水工程建设。对于地势较高的村民小组,政府通过建设水泵站,用水泵输水到居民家中,解决了高处水源短缺居民的用水困难。截至 2022 年 7 月,一共建有 7 个水泵站,43 个蓄水池(见图 1-4),基本解决了佑溪村 7 个村民小组季节性缺水问题,保证了村域内居民四季供水的持续稳定。同时,村委会也会组织人员不定期地对已有水池进行排查、维修和加固,形成了较规范的管护机制。

(四)道路交通

蜿蜒曲折的山路和高低错落的地形使得佑溪村硬化公路铺设工作具有一定的困难。1967 年前,佑溪村只有仅供步行的山路;1968 年,佑溪村修成

---

① 佑溪村村委会:《佑溪村 2018—2020 年厕所完工名单》;佑溪村村委会:《农村区域厕所革命数据综合统计表(高家堰)》;佑溪村村委会:《佑溪村厕所情况调查表(汇总)》,引用时间:2022 年 7 月 20 日。

4 米宽的主干道土路;1993 年,村民自行组织修建周家山的土路;1998 年,香花岭的山林小路扩建为 3 米宽的沙砾路;2004 年,开始修建沪渝高速,佑溪村重新规划乡村道路并开始进行路面硬化,通村硬化公路铺设项目从 1 组开始。2008 年,自村东北黑儿冲至村西北分水岭段的沪渝高速竣工,而村内的硬化道路建设正在有序进行;2009 年,佑溪村主干道硬化施工完成,将 2 米的土路拓宽为 3.5 米的水泥路;2012 年,香花岭的硬化水泥路铺设完毕;2015 年,周家山最后一段硬化水泥路通至山顶桂竹湾的 7 户村民门前;2017 年,驳马岩硬化公路开始铺设,2020 年竣工。自此,通村 29 公里的硬化公路正式完成。

佑溪村的通村硬化公路多为走向曲折陡峭的山路,其中周家山、香花岭、西坡、樟木山等地因海拔较高,且距离村口较远,急弯陡坡道路较多,路面较为狭小(路面宽度 3.5 米),只能容纳四轮机动车单向通过,双向会车较难。因地形复杂,1 组曹家湾内公路没有贯通,只有碎石小路通到曹家湾中,湾内 3 户居民出行较为不便;5 组姚家坳位于香花岭西侧,因连接佑溪村主干道的旧路过于陡峭,村民一般选择借道西北彭家河村公路通行。从佑溪村村委会前往姚家坳,需要穿过位于佑溪西北处的 2 组、沪渝高速侧道、彭家河方可到达,驱车用时约 1 小时,距离远、路途险,使得姚家坳与佑溪村村委会间的交通受到一定阻碍。为进一步完善村内交通,目前村委会已着手准备会车道的铺设工作,以解决道路通车不便的问题。同时,将进村道路拓宽为双向车道,并进行沥青路面铺设。该工程在 2023 年下半年可完工,佑溪村的道路交通将更加顺畅便捷。

(调查及撰写:周若晗、罗承革、魏锦荣)

第二章

发展根基：佑溪村的经济生活

经济生活是人类赖以生存和发展的基础，包括人类对其所处的生态环境进行开发利用以获取能量与物质来维持自身繁衍生息而开展的生产、交换、分配和消费等经济行为。受自然地理环境的影响，过去佑溪村民的生计方式以传统种植为主、禽畜养殖为辅，仅有少数村民以传统手工业为生，与外界交往交流较少，过着自给自足的生活。自 20 世纪 90 年代以来，随着社会经济的不断发展，当地与外界的交往交流变得日益便利，劳动力流动、商贸往来等经济活动亦日趋频繁，外出务工逐渐取代传统农业，成为村民最主要的生计方式。近年来，为实现脱贫致富、全员奔小康的发展目标，佑溪村在党和政府的带领和帮扶下，在传统农业的基础上不断发展壮大现代种植业和养殖业，并规划发展村集体经济。村民家庭收入得到明显提高，生活水平实现质的飞跃。

第一节　种植业

种植业一直是佑溪村产业结构的主体，21 世纪以前更是如此。传统种植业以水稻、玉米、红薯、土豆等粮食作物，白菜、萝卜、南瓜、辣椒等蔬菜作物，以及油料作物油菜为主，用以满足村民自给自足所需。此外，20 世纪 80 年代后开始逐渐推广种植的花卉苗木也成了当地的特色作物。20 世纪末以来，随着农村产业结构的优化调整，佑溪村的种植业也逐渐发生了变化，主要表现为粮食播种面积逐年减少，复种指数增加，粮食产量逐年增长；经济作物播种面积逐年增加，经济收入成倍增长。[①] 如今，虽然传统的常规农

[①]　湖北省长阳土家族自治县地方志编纂委员会编：《长阳土家族自治县志（1979—2000）》，北京：方志出版社，2011 年，第 130 页。

作物种植仍在不同程度上得以延续,但经济作物已占据主导地位,且开始向现代化和专业化方向转变,逐渐形成了"高山蔬菜为主,苗木药材为辅,茶叶种植添姿"的产业模式。

一、农作物种植

(一)水稻种植

20 世纪 90 年代前,水稻是佑溪村民主要的粮食作物之一。受山区地形地貌的限制,佑溪村耕地较少,但佑溪河穿村而过为水稻种植提供了重要的生产条件。该地的水稻为一年一收,但传统的本地自留种或换种使得水稻产量较低,并不能完全满足村民的自给所需,因而常常种植玉米、红薯、土豆等作为补充。家庭联产承包责任制实施后,村民大多改种由市场提供的优良杂交种,加上商品肥的推广,使得水稻产量明显增加,亩产约为 400 公斤。

水稻生产属于劳动力密集型产业,其种植过程需精耕细作,耗时长,劳力投入大。从播种至收割,整个生产周期大约 120~150 天,种植过程约可分为整地、育苗、插秧、管护、收割及储藏等几个阶段。

整地:村民一般在水稻种植前都会用牛犁地。犁地时先将土翻起,再由人工用犁头、锄头把土块打碎,经过一段时间霜冻和日晒,杀死大部分病菌和害虫,最终达到田面较为平坦、土质松软、上糊下松的效果。

育苗:水稻一般于谷雨节前下种,村民多选用水田育苗,极少人选用烦琐的秧盘育苗方法。下种前需先用温水将种子浸泡 2~3 天,随后种入一小块水田中,用塑料薄膜将其盖上,进行分块,等待 45 天后再人工移栽至大水田。

插秧:将秧苗拔出、捆扎后便可进行插秧作业。稻田通常被分为 1 米左右的行,为保证足够的行间距,当地人插秧多为"五把插",即每行栽种 5 棵秧苗,每棵间距在 20~30 厘米。栽种的深浅则是在秧苗不倒伏的情况下越浅越好,这样有利于其生长、下耕和转移。传统插秧法会使用秧绳、秧标或插秧轮在稻田中做记号以确保行行秧苗排列整齐,但此方法后来逐渐消失。一方面,丰富的农事经验使多数村民凭借自身经验就可以将秧苗栽种整齐;另一方面,随着包产到户的实行及后期水稻种植的减少,水田被割裂为众多小片,而这类方法在小面积种植中并不需要。

21

管护：引水灌溉是水稻种植的重要过程，为此村民修有引水渠、堰沟等，确保河水能进入稻田，并将水深控制在 2～3 厘米，经常检查以避免水源不足或水深没过秧苗。除草除虫工作通常一年进行一次，但若遇严重虫灾或过多杂草，村民会视情况采取相应的措施，如增加农药使用次数、人工拔草等。21 世纪前，村民多使用人畜粪便等农家肥，水稻产量较低，后为提高产量，商品肥施用逐渐增多。水稻在生长周期内通常只需施肥 1～2 次，且每次的施肥量可少不可多，过多的化肥会加快稻秆、稻叶的生长，反而使谷粒不饱满，产量下降。

收割及储藏：农历七月即进入稻谷的收割期，村民开始将成熟的稻谷收割、脱粒、晾晒并贮存起来。因时间不同，佑溪人收割水稻、脱粒、储藏方式也有所区别。早期，村民多用木料制造的器械、镰刀等进行收割，收割好的稻谷也是人工借助木器、石器、铁器等进行摔、锤、碾、打。20 世纪 70 年代，高家堰镇每村都有 1～2 个大型加工厂，村民可以将收获的稻谷带去加工厂进行脱壳。20 世纪 80 年代后，每家每户开始自行购买小型剥壳机、搅谷机、脱粒机等，集中代加工变为分散的农户自主加工。经过加工后的稻谷或大米会被储存于位于自家望楼的粮仓中，部分收成较少的村民则打造木桶进行储存。后来随着各家各户新房的装修，粮仓和木桶多为塑料包装袋所取代。

水稻虽曾是佑溪村的重要粮食作物，但近十几年来，种植面积不断缩小，几近消失，而今仅在河流中游的河谷地带零散可见。佑溪村水稻种植的衰落是多因素共同作用的结果，究其原因，主要有以下几方面：一是随着村内青年人的大量外出务工，青壮年劳动力缺乏，而水稻种植耗时费力，其收益不如务工划算；二是商品肥过度使用导致的土壤质量下降，以及愈演愈甚的病虫害灾，使得水稻收成难以保证；三是商品市场的发达与便利使得村民可从市场上自由购买大米等生活物资，较之于水稻种植更为便捷。目前，村内仅有不足十户村民还种有少量水稻，这部分群体以老年村民为主，对传统生活的眷恋是他们保持这种行为的重要原因。佑溪村水稻种植的变迁过程折射出市场需求对农村产业结构的影响，虽然村落的传统文化和村民喜好会在一定程度上减缓它的变迁过程，但整体变化趋势不会改变。市场经济与全球化背景下，佑溪村不再独立于市场之外。

（二）玉米种植

　　玉米是禾本科的一年生草本植物,具有较强的耐寒性、耐旱性,是适宜于佑溪村地理气候条件的重要作物。同时,玉米也是佑溪粮食生产的第一大作物,历年播种总面积约占秋粮播种面积的 60%～70%。玉米的丰歉直接关系村内粮食生产的大局。20 世纪 80 年代以来,该地玉米总产、单产不断创新高,现在村内玉米亩产最多可达千斤。

图 2-1　玉米种植图

　　相比于水稻,玉米的种植较为简单。耕地面积的不充裕使得村民多采用套种或轮种的方式进行玉米生产,前者多选用玉米与红薯套种,后者则在收获玉米前后栽种其他农作物。玉米的生产周期大致可分为整地、播种、移栽、管护、收获等几个阶段。

　　整地:村民多于农历正月十五日以后开始犁地耕田,翻地后将农家肥（猪粪、牛粪、鸡粪等）埋入土内进行发酵,形成田粪后就可播种。

　　播种:播种一般在农历三四月份,既可以直接在地里挖上一个小坑,按“一坑两三粒”进行撒种,也可用透明薄膜和木架搭起大棚,将种子撒在大棚内,待其育出秧苗后再进行移栽。

23

移栽：如若是选用后种播种方式，则当玉米苗长到30～40厘米高时，村民会以行距70厘米，株距40厘米的"三角形模式"将玉米苗移栽至田地，这样的栽种方式可以使玉米获取足够的阳光和生长空间。

管护：玉米虽种在旱地但是也怕干旱，所以播种后需时常注意除草和保墒。保墒只需使土壤平整细碎，形成疏松的覆盖层，以减少水分蒸发即可。同时，玉米的种植过程中一般需施肥3次，第一次是在整地后，当秧苗长至40厘米第二次追肥，等到玉米抽穗时再进行第三次催肥。

收获：村里流行着一句俗语"八月半间掰干苞谷"，因为农历八月中旬后玉米就会干枯，所以需在农历八月份前收玉米。收回的玉米经过一段时间的晾晒就可人工或借用机器进行脱粒，再晾晒数日即可储存至粮仓。除了玉米，村民还会将秸秆砍下来进行"井"字排列，将其存放至年后用于牲畜养殖。

作为高产粮食作物，除少量被人们日常食用外，玉米更多是当地养殖业的重要饲料来源，但自产量有限，并不能完全满足养殖大户所需，亦需额外购买。

（三）红薯种植

红薯在山区的粮食生产中占有重要地位，俗有"一季红薯半年粮"之说。20世纪70年代末以来，佑溪红薯的栽培面积逐渐增大，产量也在不断提高，现在亩产最多可高达3500公斤。佑溪内种植的红薯有干湿瓢之分，但村民口味更偏向于干瓢，因此种植较为广泛。种植方式多采用套种，其过程又可分为育苗、扦插、管护、收获等几个阶段。

育苗：农历正月后，村民会在自家屋旁用石头围出一小块地，铺上一层10厘米左右的肥土，大多是平时家里扫出来的尘土垃圾，堆到一处腐烂而成，作为底肥。将红薯根部朝下插到泥土里，随后用沙土将其盖住，浇水并用塑料薄膜覆盖，起到防冻和促生长的作用。

移栽与扦插：红薯苗在农历二月便可移栽，移栽时每株间距约50厘米。等红薯长出长藤，选择较长的藤条从根部剪下再进行修剪，保留3～5片叶子，形成长约20厘米的小段再插入田中。移栽与扦插时一定要选择雨天，这样可以免除浇水的麻烦，提高幼苗成活率。

管护：红薯生长中的管护较为简单，仅需在其幼苗阶段施肥及除草。为提高产量，待红薯藤长到1米左右时，会进行一次翻藤处理，清除过多的藤

图 2-2　红薯种植图

条并改变其生长方向，以促进红薯根块的生长。

收获："八月初二开苕园"，村民多在农历八月开始挖红薯，并进行窖藏，以免霜冻而错过红薯最佳收获时期。

红薯营养丰富，除直接蒸、煮、烤等食用方式外，村民还会将红薯制作成红薯粉、红薯干、红薯条等食物，但主要用于家畜饲养。

（四）蔬菜种植

蔬菜种植在佑溪村一向沿袭自种自食。由于村民种植的蔬菜种类有限，稀缺菜类多自市场购买，而种植较多者则可供应于市场。佑溪村的蔬菜主要有油菜、大白菜、黄瓜、萝卜、茄子、葱、四季豆等。其中，大白菜、白萝卜、辣椒等种植面积最大，除少量自用外，大多数用于出售。其他种类的蔬菜则以自用为主，种植面积较小。

村内种植蔬菜的方法大致可分为育苗后移栽和直接播种两类。较之于传统的自留种，现在村民更多是通过市场购买来获取种子，以更新品种，提高产量和品质，但部分常见蔬菜依然会使用当地的老品种。当地蔬菜品种繁多，种植方式略有差异。2021 年，佑溪村各类蔬菜的种植情况及产量统计如表 2-1 所示。

表 2-1　2021 年佑溪村蔬菜种植情况及产量

菜品名称	播种面积（单位：亩）	产量（单位：吨）
油菜	15	10
芹菜	25	28
菠菜	20	8
大白菜	210	210
黄瓜	18	13
南瓜	13	20
冬瓜	15	20
白萝卜	80	150
胡萝卜	20	28
生姜	50	28
榨菜头	55	28
茄子	30	33
辣椒	110	30
西红柿	5	3
葱	22	5
蒜	18	4
四季豆	62	46
豇豆	30	4
甘蓝	3	3

资料来源：佑溪村村委会 2021 年农办资料。

辣椒和大白菜是当地最主要的蔬菜，是不同时期村民餐桌上的主菜，并在逐渐鼓了部分村民的口袋，故对此进行简要论述。

辣椒是村民夏秋时节的重要蔬菜，其播种则始于春夏。村民们普遍选用先育苗后移栽的方法进行栽种，一般于农历三月份开始育苗，先平地松土，整理成菜畦，随后在畦田上均匀撒种，可覆盖炭灰、草木灰等充当肥料亦可保温，并搭建起小型塑料棚。大约每周浇水一次，至发芽时再浇一次水。移栽辣椒苗在农历四月，多选择雨后进行，中途可追加一次肥料。管护上只需视情况进行除虫、除草即可。辣椒的收获期长，农历六月就可开始食用，一直持续到至农历十月。

大白菜更是被村民四季食用，尤其是秋冬时节。村民们多于农历八月份进行播种，在菜畦上挖一个小坑，撒上5粒左右的种子即可。此时气温较高，因此1～2天需要浇一次水，这样也能使菜种在一个星期左右发芽。随后两个月内注意防虫、锄草就可收获大白菜。村民开始尝试将大白菜生产商品化，探索日常蔬菜变身经济作物的途径。几经尝试，村内逐渐发展出专业蔬菜种植合作社，不少能人借助政策支持大力发展高山蔬菜（诸如辣椒、洪山菜薹、四季豆）并取得成功，由此带动全村蔬菜种植的热潮，使其成为佑溪村农村产业发展的一大支柱。

（五）苗木种植

长阳高家堰一带盛产南天竹、红豆杉、金弹子、银杏、蜡梅、乌柿等近百个品种的苗木，具有丰富的盆景资源优势。特别是当地的优势品种——中华蚊姆，为清江、三峡地区特有珍稀植物，俗称水浆柯子，集中生长于长江三峡、清江一带，常年受激浪冲刷的江河岸洪水线内，其干短曲苍劲，根悬露弯曲，叶片四季常青，是制作盆景的良好素材。[①] 20世纪80年代，高

图2-3　苗木种植图

家堰镇开始发展苗木产业，现被誉为"华中盆景第一镇"。苗木产业已成为当地扶贫帮困的富民工程，目前已衍生出育苗、盆钵制作、修剪、运输、售卖等各类产业，辐射带动建档立卡贫困户768户2154人实现脱贫致富。受此影响，佑溪村亦有部分村民从事苗木种植及盆景生产相关生意。

村民培育苗木多从林种育苗开始，种子或源于市场购买，或邻里换种，

---

① 向丽：《农村产业转型与农民角色变迁实证研究——以湖北高家堰土家族为例》，《广西民族研究》2010年第3期。

或自家留种。育苗时间长，技术要求高，因此村民也会选择直接购买小苗以提高成活率、缩短生产周期。购买的小苗直径多为 1 厘米以内，高 10 厘米左右，待其养至直径为 2～3 厘米，高为 30 厘米左右的小株苗，便能移栽至塑料盆或田地里继续进行培育，成活率一般在 60％以上。此后，还需耗费较多精力用于施肥、浇水、除草、防虫等工作。养育至直径为 4～5 厘米，高 50 厘米的苗木，此时生长力旺盛，生命力强，不再需要再花费较多精力来管护。这时村民会视苗木枝叶的繁茂程度对其进行修剪，用铁丝固定造型，经过 1～3 个月造型固定后便能出售。

图 2-4　小苗木培育图

制作大型盆景的苗木，生长期较长，大多需要几年、十几年甚至更长的时间，所以村民一般选择从外地购买或从山林采挖老树桩用作原材料。购来或挖来的树桩需放在铺满生根粉、多菌灵的泥土盆中，再用水将根部浇透，并用黑色塑料袋将其包裹，等待其长出新根后才能移栽下田。数月后，村民会挑选一个阴雨天气进行移植，露天栽培 1～3 年，成活率在 60％～80％。苗木生长过程中需不断进行施肥、浇水、除草和病虫害防治等管理，尤其以春、秋两季最为忙碌。为使苗木的叶片和果实保持更好的色泽，村民多施用农家肥。春、夏、秋三季，大小苗木均需喷洒一次防虫药，冬季大苗木还需另喷洒一次防冻药。待其长出茂盛枝叶，成为所需大小后，便可上盆、修剪、制作造型，村民或请专业人士帮助完成相关操作，或摸索学习尝试自己动手，完成后的作品即为可售卖的盆景。

图 2-5 大盆景种植图

盆景的销售以线下销售为主。春秋两季为销售旺季，此时盆景叶绿果红，正适合出售。盆景生产与陈列集中分布在 318 国道两侧，因而销售时村民也多以路为市，静待散客上门挑选，或者出售给来自武汉等地的中间商。随着电子产品的普及和网络科技的发展，线上销售也逐渐兴起。部分敢于尝试新鲜事物的村民通过微信、抖音、淘宝等平台，在网上发布盆景图片，实行网上销售。尤其是 2020 年以来，疫情导致线下销售受阻，从而促进了线上盆景销售的发展。目前村内有 10 多人在拼多多、抖音、微信视频号等平台进行过盆景销售直播。直播前，他们多会在佑溪村民交流群、朋友圈、抖音短视频上发布直播信息，并请亲朋好友转发·以争取更多流量。虽然村民接触直播时间短、水平有限，盆景也并非普通热卖商品，但长期的坚持还是探寻到了新的盆景销售渠道，并获得较高收入。以佑溪 2 组的 LM 为例，2021 年开始尝试直播销售，由于经验缺乏，最初直播效果不好，后经过不断地学习和摸索，逐渐熟悉和掌握了相关技术，直播效果也越来越好。目前，她的直播间在高峰时可达上万人在线观看，销售额也随之提高。

2021 年初，我第一次接触到网上销售，也学着高家堰镇的一些大主播在拼多多上直播,进行盆景线上销售。刚开始,每次直播都很紧张,说话不流利,表达不清楚,也不知道如何介绍盆景,好长时间都开不了张。但经过一年多无数次的学习和实践后,我的信心和胆量也逐渐增加。现在无论是普通话还是表达能力都有明显提高,我已经能游刃有余地介绍和展示盆景了,每次直播都能卖上几单。目前,我还在慢慢摸索其他各大平台的销售方式,希望能拓宽业务范围。(访谈对象:LM,女,38岁,从事盆景生产14年)

线上销售渠道的成功开拓,不仅在一定程度上使盆景销售由被动转为主动,村民不再等客上门,也为其他农产品提供了新的销售思路,如部分村民已开始尝试将各类干菜通过网络销售,有效解决了蔬菜旺季产量过剩导致的销售不畅问题,为家庭带来新的收入来源。

二、合作社生产

佑溪村的种植业经营主体历来以分散的小农户为主,长此以往难免出现"小、散、弱"的问题。农民专业合作社被认为是实现农业农村现代化的一条重要途径,是小农户联合生产的有效方式,是连接小农户与大市场的桥梁,也是使小农摆脱窘境的主要途径之一。[①] 2016年至今,佑溪村陆续成立了大小农业专业合作社20余个,其中以宜昌优利可柠檬专业合作社高家堰佑溪分社、长阳咕噜垭木瓜种植专业合作社、长阳润禾种植专业合作社、塔儿岩药材种植合作社四大合作社最为典型。虽然这些专业合作社的发展有起有伏,有成功也有失败,但均在一定程度上尝试将分散的小农户进行整合,构建了小农户与新型经营主体间的利益联结机制[②],助力提高农业生产的数量与质量,完善生产经营组织化,将佑溪村的种植业生产引入现代化、专业化、规模化的发展轨道。

(一)四大专业合作社生产经营概况

1.柠檬种植——宜昌优利可柠檬专业合作社高家堰佑溪分社

在脱贫攻坚背景下,当地政府实施了一系列补贴政策以大力支持合作

---

① 何秀荣:《农业合作社的起源、发展和变革》,《社会科学战线》2022年第10期。
② 张曾、甄华杨、乔玉辉等:《小农户与现代农业发展有机衔接的桥梁——基于有机农业合作社的分析》,《中国农业资源与区划》2020年第11期。

社的发展。为实现农民增收脱贫,宜昌优利可柠檬专业合作社高家堰佑溪分社成立。为了更有效实现贫困户脱贫,合作社要求社员中贫困户需达一定比例,因此合作社将农户尤其是贫困户整合并带动起来,开始探索柠檬的规模化种植之路。

图 2-6　柠檬合作社牌

2016 年 5 月,佑溪村时任村支书在前往优利可柠檬专业合作社总部参观后,聘请专业人员对本地土壤进行检测,随后与该柠檬合作社达成合作协议,并在专业人员的技术指导下组织香花岭村民试种了 30 亩柠檬。次年,见柠檬生长状况良好,便扩大规模至 200 亩。前期虽进行了试种,但柠檬从幼苗至结果需 3 年的时间,因而短时间内无法真正了解其是否合适于当地气候环境。看似长势较好的柠檬树,开花不多却易凋落,挂果率低,而且结出的果子又小又涩,品质欠佳。加之合作社中后期管理混乱,销售遇阻,村民种植的柠檬无人收购、无法售卖,只得散卖或送人,抑或眼睁睁看着其成片腐烂,村民的种植积极性倍受影响。ZY 是村内承包种植柠檬面积最多一户,每每谈及柠檬,他都满面愁容:

　　我承包了 100 亩土地种植柠檬,最开始信心满满,但后来发现这里并不适合种柠檬,一到冬天就会有不少柠檬树被冻坏甚至冻死。虽然来年春天时,树还可以重新生长,但是开花很少,就算结果了也特别容易掉，口感也不好。好不容易结了好果子，成熟后合作社又没人来收购。我们没有销售渠道，只能自己吃一点，给亲戚朋友送一点，剩下的就这么烂掉了。（访谈对象：ZY，男，47岁，佑溪二组）

佑溪村以前便有少许柠檬种植，但分散不成片，规模较小。该合作社的成立是村内首次尝试大规模种植柠檬，虽在一定程度上刺激了本村集体经济的发展，借助政策补贴帮扶了部分贫困户，但由于各种原因导致后续发展形势较差，未能持续发挥其应有作用。

2.木瓜种植——长阳咕噜垭木瓜种植专业合作社

2018年11月，依托高家堰镇佑溪村退耕还林项目，佑溪村村委会与宜昌丰满园林木种苗有限责任公司合作，规划在村内种植500亩由丰满园提供的木瓜苗。2019年，为充分利用脱贫攻坚的政策利好，借鉴先进地区集体经济发展思路，结合实践经验，长阳咕噜垭木瓜种植专业合作社成立。该合作社领取了328亩种植面积指标，一部分树苗由合作社发放到愿意种植木瓜的农户手中，另一部分则由合作社种植和养护，林业局定期指派专业人士提供技术指导。

合作社用于木瓜种植的上百亩土地均是由村民处流转而来，租期4年，平均价格为240元/亩·年。木瓜林属于经济林，符合林业部门关于退耕还林的要求，因此林业部门会在五年内为合作社发放退耕还林补助。该补助总共分三批发放到位，即在第一、三、五年分别按500、300、400元/亩·年的标准发放。因此，依靠退耕还林补助，合作社在5年内并不需要任何租地成本。合作社依托该政策大力推进木瓜的规模化生产，实现了生态与经济的双重效益。

该社所种植的木瓜名为资丘皱皮木瓜，具有质优、肉厚、气香等特点。该品种木瓜从育苗到果实收获一般需要6年，花期在3~5月，果期在9~10月，属于温带树种。它适应性强，喜光，也耐半阴，耐寒耐旱，对土壤要求不严，在肥沃、排水良好的黏土、壤土中均可正常生长，因此历来村民都有少量种植。村民采收木瓜后会进行晾晒粗加工，先选一处通风向阳的斜坡，将其整平后垫上茅草。然后将木瓜果实洗净切开后，一分为二置于茅草上，一般切面向下，果皮向上，略微倾斜，晒4~5天至剖面为红色后再翻面晒5~7天，成色为紫红即可，尤忌水湿。晒干后的木瓜既有食用价值，也有药用价值，对于许多病症都能发挥较好的治疗功效。村内流传着很多用皱皮木瓜健身治病的土方、验方，如加蜜糖煮后食用，可顺气、活血、壮筋骨；皱皮木瓜煎汤服,用于产妇催奶;老年人用皱皮木瓜枝干作手杖,可舒筋活络、延年益寿等。

3.蔬菜种植——长阳润禾种植专业合作社

长阳润禾种植专业合作社的成立是佑溪村蔬菜种植朝现代化、专业化和规模化发展的重要体现。该合作社成立于2020年7月,主要从事蔬菜的种植、加工和销售;开展成员所需的产品运输、包装服务;引进蔬菜种植所需的新技术,开展技术培训、技术交流和咨询等服务。目前合作社已与精深加工企业进行项目对接,社内组织得当、管理有序,合作社与农户之间的关系也十分和谐,正处于发展上升期。

润禾合作社的发展并非一帆风顺。2020—2022年,合作社主要种植洪山菜薹,面积达30多亩,但因连续三年的干旱、霜冻、虫灾使得合作社未有任何盈利,反而亏损近10万元。后来,合作社负责人从失败中吸取经验教训,逐步探索总结出了一套自己的蔬菜合作社发展经验,即前期稳住风险、中期合理经营、后期稳固销售,使合作社的运营走向正轨。

对于合作社前期风险而言,主要指蔬菜种植过程中受到的病虫灾害和极端气候变化的影响。佑溪村蔬菜的生产过程本身较为简单,在注意防虫防冻的前提下,蔬菜生长情况一般良好。经过三年的实践探索,合作社在前期预防管护方面形成了较好的农业生产经验:

> 长期下雨和干旱都会使虫类增多,对蔬菜的生长产生很大影响。所以,我们现在多将3种农药混合使用,可以有效避免大规模虫灾的形成。农药的使用数量并不是越多越好,有的农户混用6~7种,药效反而会下降。防冻方面,因为没有大棚,主要还是靠天气,只要没有太早发生极端霜冻,基本不会影响蔬菜的正常生产。(访谈对象:ZHX,男,53岁,合作社法定代表人兼主要管理负责人)

中期,为更大程度降低自然灾害和市场不稳定带来的风险,合作社开始朝种植多元化方向发展,由初期单一的洪山菜薹发展到如今的辣椒、白菜、水果、药材等多个品种,总面积达上百亩。其中,辣椒50亩、菜薹40亩、水果25亩(20亩桃、5亩李子)、菖蒲10亩。此外,2022年时合作社还投入15亩地用于高粱种植试验。该高粱是由三峡大学科研人员研发的优质品种,种子发芽率在85%~90%,移栽成活率可高达99%,是优质的酿酒原材料,市场前景可观。合作社拟根据试验效果,决定后续是否继续流转土地扩大种植规模。多元的发展方式,有利于降低种植风险、分摊压力和增加收益。

后期,为稳定销售渠道,长阳润禾种植专业合作社与其他企业合作,将合作社生产的蔬菜、水果、药材统一销往三峡物流园,合作社出摊位费和代卖人工费即可。同时,开辟线上销售渠道,将部分产品通过各大网络平台进行出售。规模化的种植和多样化的销售使佑溪村传统的蔬菜种植焕发生机,不仅为合作社发展带来机遇,也通过雇工的方式解决了周边部分村民的就业问题。

4.药材种植——塔儿岩药材种植合作社

佑溪村的山地地形地貌使其较适合于中药材种植,百部根、菖蒲、大黄金、杜仲等药材在村中均有较早的种植历史。为扩大药材种植规模,提高种植效益,2019年,村民ZHM作为法定代表人,与其他四位村民一起成立了塔儿岩药材种植合作社。合作社的经营范围包括中药材(不含麻醉药用原植物)的种植和销售;为成员采购中药材(不含麻醉药用原植物)种植所需的生产资料;开展成员所需的产品运输、包装服务;引进中药材(不含麻醉药用原植物)种植所需的新技术、新品种,开展技术培训、技术交流和咨询服务等。

合作社目前主要由ZHM夫妇二人共同经营,尚处于投入阶段,以百部根种植为主,面积30多亩,平均每亩地种植百部根约1500株,共计约5万株。百部根种植后需3~4年方可采挖,生长周期虽长,但管护简单,市场前景较好,且可间种其他农作物,因而备受社员喜欢。为弥补中药材种植收益见效慢的不足,社员往往不会以药材种植为主要收入来源,多会兼营其他生计,如ZHM夫妇目前还经营管理着长阳红明养殖专业合作社。药材的规模化种植虽处于探索阶段,尚未见明取得成效,但是在本地传统作物种植基础上的规模化生产,具有一定的实践基础,成功可能性较大。

(二)合作社生产的成效与问题

1.取得成效

佑溪村抓住脱贫攻坚及乡村振兴的发展机遇,充分利用扶贫优惠政策,结合原有产业基础,建立起规模各异的多元化种植合作社,逐步形成"村委会协调把关,能人牵头领导,村民自愿参与"的主要模式,并取得了显著成效,主要体现在以下三个方面:

一是有效提高当地种植业的竞争力,增加村民收入。农村种植专业合作社的成立,可以将分散的小农户进行重新整合,充分利用集中的土地及劳动力资源,将先进技术、优良品种用于种植业的规模生产,形成生产规范化、产品品牌化、种植业产业化的良好发展趋势,提高当地种植业竞争力。此外,村民的生产积极性和经济收入也日益提高,生活水平不断改善。不少农户因创建合作社而发家致富,多数社员也从中得到分红,纷纷修建起新房洋楼,购买出行交通工具等。

二是有利于村民获取外部支持,减少生产压力。成立合作社,社员可以获得来自政府的税收优惠、金融财政扶持(从事粮食规模经营的合作社还可以获得更多的政府支持,如规模经营补贴、合作社购置农机补贴等);还可以获得其他非政府支持,如邮政系统直接服务农民合作社,提供惠农的合作社贷款,为社员提供风险保障和支持。相较于一般农民而言,合作社成员能享受更多社会资源与政策福利,拥有更多的发展机遇。

三是促进生产—供给—销售一体化,减少市场风险。目前,部分合作社已形成共同生产、共同供给、共同销售的产供销一体化的经营方式。这样不仅减少了农户的交易成本,还通过为农户提供科学的技术指导和管理等服务,使农户适时按照市场需求进行有计划、有针对性的生产活动,提高种植成效,降低市场风险。例如当地正在发展的高粱、蔬菜等,其新品幼苗由科研人员提供,并协助收购,且多个专业合作社已与相关精制加工厂、三峡物流园、三峡大学等建立对接项目,将直接向其提供农产品供给。这使农户在提高自身农产品市场竞争力的同时,又有效避免了市场交易不稳定带来的风险和损失。

2.存在问题

虽然合作社的成立促进佑溪村种植业向专业化、规模化方向发展,并取得一定成效,但仍存在不少问题,影响着合作社发展及作用的发挥。首先,政策帮扶方面,村内合作社还存在享受政策优惠有限、帮扶政策落实不够等问题。合作社在申请补助资金时需准备的资料较多,而相关经验不足,往往导致村民耗时较长,疲于应对。部分小型合作社因规模不够而较难享受银行的优惠贷款政策,从而影响合作社种植规模的扩展。政策落实不到位,或不适宜性较大,也影响着农民成立或参与合作社的积极性,不利于合作社的持续发展和有效运行。

其次,人才方面,合作社缺乏较为专业的人才资源。20世纪90年代后,村内大量青年劳动力外流,参与合作社的农民多在50岁以上,部分合作社负责人虽有着丰富的农业生产经验,但缺乏合作社管理的科学知识,也不擅长与外界进行交流，能起到的带头作用有限。同时，多数合作社社员，急功近利思想较重，大局意识和合作意识尚缺，难以形成一个团结稳定的团队。

再者，经营管理方面，因发展时间较短、经验不足，村内合作社的规模多较小、参与人员少、带动能力有限，基本上处于"小户跟着大户挣小钱"的状态。生产经营中，社员多按照自己的规划进行经营活动，而少与村集体发生联系，部分合作社的负责人甚至脱离村委会的管理，使合作社难以形成壮大农村集体经济、增加村民收入的长效机制。此外，不少合作社内部的财务管理制度也并不规范，合作社有关会计核算、财务管理的现行情况并不符合合作社有关财务管理制度的标准，往往由非专业的村会计人员处理财务，也没有设置专门的财务账簿，使得合作社的财务情况十分混乱。

最后，农产品品牌意识方面，村民的建设意愿较为薄弱。目前村内合作社所经营的产品均未形成相应品牌，品牌建设前期需投入较多资金且收益回报慢，村民因担忧投入后无法获得相应回报而选择不挂牌销售。虽有着绿色无污染、乡村产品等优势，但村民并没有尝试创建品牌，来增加农产品的品牌附加值。

第二节　养殖业

养殖业是佑溪村产业结构的另一重要组成部分，一直与种植业相互依存。早期的养殖以家户分散养殖的猪、牛、鸡等为主，面广量少，主要用作生产资料或满足日常生活所需。农户分散养殖习俗一直延续至今，在如今的佑溪村依然为常态。除此之外，以家庭为基础而形成的小中型专业养殖户逐渐成为当地养殖业的主体，养殖业则成为农民创业和增收的首选。截至2022年7月，佑溪村共有规模养殖农户21户（其中养牛数量超过20头的养殖户有5户，养猪数量超过30头的养殖户有16户），并有7户以此为基础成立了相关的专业养殖合作社，这使该村成为当地远近有名的养殖大村，而养殖也成为目前村落重要的支柱性产业。此外，当地亦有少量因地域优势而形成的蜜蜂及蚯蚓等特色养殖。如今，村落中规模养殖与分散养殖并存，虽然养殖畜禽的种类相同，但养殖方式差异较大，且二者在村落社会中发挥着不同作用，因而将其分为传统养殖与现代化养殖，并分别论述。

一、传统养殖

传统养殖指以世代相传的直接经验为技术基础，单纯依靠有机物质循环，以兼业形式存在的，在庭院内从事的禽畜养殖活动，"小而全"、自给自足或半自给自足是其特点。[①] 过去当地农户传统养殖的家禽家畜主要有猪、牛、土鸡、鸭和鹅等，多用来出售以换取家庭收入。随着社会经济发展，人们生活水平逐渐提高，庭院式养殖禽畜的种类逐渐丰富，更好地满足人们的日常饮食需求。

（一）养殖概况

1.传统养猪

佑溪村养猪历史悠久，村民们对其的记忆可追溯至 20 世纪 50 年代初。由于生产物资的紧缺，加上计划经济体制的严格推行，使得当时的生猪饲养规模很小，村年均养殖量仅十几头。养猪多作为生产队的一种辅助劳动形式存在，由相关村民在正常劳作之余采集野草进行饲养。此时猪作为村集体资产纳入统购统销的政策管理中，村民无权自主支配。生猪"购留各半"政策实施后，部分家猪开始商品化，成为家庭经济收入的主要来源。据村民回忆，当时农户多养两头猪，"卖一头，宰一头"，即出售一头给供销社以完成国家收购任务，同时换取一张"生猪自食宰杀证"以宰杀另一头食用。若只养一头猪且有杀猪需求的农户，则只能与另一家境况相同的"半边户"一起"掐伙"，即一人出宰杀证，一人出猪，猪肉和价钱等则互相协商分配。1982年，长阳县各地开始推行家庭联产承包责任制[②]，至 1983 年，佑溪村全面落实并完善该制度。村民在获得土地自主经营权后，生产积极性大大提高，农作物产量增加使得粮食生产有了剩余，加上生猪派购派养政策的取消，农民养猪积极性亦大大提高。几乎每家每户都会养猪，少则一两头，多则十来头，此时村民所养殖的猪绝大部分用于出售换取货币收入，仅有一两头用于家庭食用。自此以后，庭院式养猪成为当地农村家庭除种植外的另一重要收入来源，即使在务工收入成为家庭收入支柱的今天，它依然占有一定

---

① 卢凤君、刘晓峰、彭涛等：《"五类"生猪养殖模式的比较分析》，《中国畜牧杂志》2007年第 24 期。

② 湖北省长阳土家族自治县地方志编纂委员会编：《长阳土家族自治县志（1979—2000）》，北京：方志出版社，2011 年，第 118~119 页。

地位。

2.传统养牛

耕牛是佑溪村传统农业生产中的重要畜力。人民公社时期,耕牛作为稀缺且共有的生产资料由生产队进行集体饲养。当时的香花队(今香花岭)、新山队(周家山)、佑溪队(原佑溪)均各自建有牛棚用以喂养黄牛。每个生产队养牛的数量不一,少者三五头,多者八九头,均会专门安排具有养殖经验的农民进行饲养,并根据所割牛草的数量为其计算相应工分。待到农忙时期,牛粪是当时不可多得的好肥料,而耕牛则是全队农业生产的重要生产工具。实行家庭联产承包责任制后,政府出台政策鼓励各村养殖耕牛,当地村民开始自行以单养或合养的方式饲养耕牛,日常以圈养为主、放养为辅,饲料多为林间树枝杂草和农作物秸秆。

牛既是佑溪村民的生产资料也是重要的家庭资产。作为重要生产资料,牛犊价格不菲。改革开放初期母牛犊市价大约 500 元/头,公牛犊则700 元/头,而如今它们的价格分别达到了 6000、8000 元左右。高昂的牛犊价格及耕牛使用时间的有限性(在当地,养牛仅为春秋时节的犁地而用,其他时间则单纯饲养,而且一般不会宰杀耕牛)使得合养的养殖方式盛行。合养即几户村民共同养殖一头耕牛,多为几位关系较好的亲朋好友共同出资购买、共同饲养,既可分摊成本,又可节省劳力。每位合养者按照出资情况占有牛的一定份额,多以牛腿进行量化,如"各家一条腿"即 4 户村民采用均摊的方式合养一头牛,这也是当地最常见的合养方式。合养者彼此之间商定好饲养时间和轮养顺序,多为每户 10 天或半个月的轮流养护。养护期合养者可自由使用耕牛,并负责日常照料,如养殖期间牛有生病亦需负担相关费用,但若涉及生死类的大问题时则需彼此协商。若碰到用牛的农忙时期,则会根据各自需求协调用牛时间,遵循"谁用谁养"的原则。牛在村民眼中是比较珍贵的牲畜,即使在用牛高峰时节依然会给予牛足够的休养时间,并小心饲养,不轻易外借。村民基于合伙养牛而形成的关系是当地较为特殊的一种社会关系,合养者彼此间称之为"牛伙计"。较之于其他村民,"牛伙计"之间的关系往往更好更牢固,他们不仅在养牛之事上互帮互助,而且这种关系会延伸至生产生活的其他方面。

20 世纪 90 年代末,打工潮的兴起使得家庭主要青壮劳动力纷纷外出务工,闲置耕地越来越多。传统种植业的"凋零"使得耕牛养殖逐渐减少,尤其是用牛犁地需要掌握一定的驭牛本领和用犁技术,而这使得年轻村民因怕苦怕累而不愿学，导致掌握这些技能的人越来越少。同时，小型农机的推广普及也加速了耕牛退出的步伐。目前村中仅有几户村民养殖耕牛，用于耕作分布零散、不平坦等无法实现现代机械耕作的土地。

3.禽类养殖

鸡、鸭等家禽养殖虽然不能像猪、牛养殖一样成为农民家庭生产生活的重要支撑，但养殖的简易便捷及低成本使其一直备受村民的喜爱。村民多在自家院落里或家门前以散养或半圈养的形式进行家禽养殖，数量在几只至二三十只不等，日常只需喂养一些野菜野草、稻壳、玉米或食物残渣，无须花费太多成本便可收获肉、蛋等相关农产品。由于传统散养容易导致脏、乱、差的环境问题，进而会影响村民家庭环境的美观与卫生，因而如今多采用半圈养的方式进行家禽养殖。过去村民养殖鸡鸭的主要目的是出售肉、蛋以换取盐、糖等基本生活用品，现如今则多为满足自家的饮食需求。随着生活水平的逐渐提高，人们对食物品质的要求不断提高，以传统方式饲养的禽畜因为"绿色、生态、健康"等标签而更受市场欢迎。附近的城镇餐饮店以及居民会到村里收购村民散养的土鸡、土鸡蛋。这亦在一定程度上激发了村民养殖禽类的兴趣，尤其是留守家中的老人则更乐于从事此类养殖活动。他们既可通过出售鸡蛋来获得一些零用钱，又可为在外工作的子女不定期地提供肉蛋供给，这是其在家庭中自我价值实现的一种方式。

（二）社会纽带之"年猪"

"年猪"指在年关时节专门为过年而宰杀的猪，是佑溪村民传统生猪养殖中的一种特别存在。在生活水平较低及储存技术有限的年代，自家养的猪是当地村民肉类食品的主要来源之一。由于珍贵和稀缺，村民往往只会在年末时节宰杀生猪，为了满足家庭全年的肉制品需求，会用盐腌制并熏干，储存起来以供来年食用。此类杀猪多发生在冬腊月，一方面此时临近年关，宰杀生猪可为过年做好准备，猪头、猪蹄、猪肉等是村民过年的必备年货；另一方面，天气寒冷，猪肉在制作成腊肉的过程中不易腐烂变质。

目前，佑溪村家家户户都会养"年猪"。养殖数量由家庭人口数、饮食习惯及家庭人情往来等情况综合决定，一般为1～3头。年猪养殖周期较长，单纯以草料饲养，喂养的时间多在一年以上，目前则多用粮食与草料混合饲养，喂养时间亦缩短至10个月左右。在头年农历十月天气未转冷之前，或当年农历二月天气转暖后，村民便开始挑选和购买仔猪，进入年猪的饲养阶段。就目前的年猪饲养来说，断乳后的仔猪除第一个月喂养少量饲料以快速催长外，其余饲养阶段均以玉米、米糠、红薯和野草等进行传统喂养。在当地人们的传统观念里，较之于饲料喂养，采取传统饲养方式养殖的年猪其肉质会更鲜美健康，口感也会更好。因此，虽然传统的年猪养殖耗时费力，但村民仍热衷于此。同时，在市场需求的刺激下，村内的"年猪代养"业务也开始悄然兴起，即部分村民在为自家养殖年猪的同时会加养几头，育肥宰杀后整头或零散出售给有购买"年猪"需求的外出务工村民或附近城镇居民。虽然其售价会高于同期市场价格，但买卖双方均能各取所需，这也成为村中部分留守老人或家境困难农民增收的一种有效方式。

传统的年猪养殖周期长、耗时费力，看似不划算却广泛存在，有其特有的存在土壤与根基。一方面，"杀年猪"是当地延续至今的重要仪式，年末杀年猪不仅是为准备当年的过年物资和储备来年的腊肉，更是家庭融入村落社会的重要方式。杀年猪是当地年末时最重要的事情之一。村民一般会提前与杀猪匠约定好杀猪日期，偏好选择带有"丑""寅""午""辰"四个属相的日期，而避开带有"亥""子"属相的日期来宰杀年猪。村民认为，杀猪日期属相与来年养猪运势有关，譬如："亥"对应猪相，若在"亥"天杀猪，会冒犯猪本身，来年养猪会不顺；"子"对应鼠相，而鼠个头小，则暗示来年年猪个头长不大；而"丑""寅""午""辰"四相分别对应牛、虎、马、龙，象征着来年的年猪不仅强壮而且个头大。到了杀猪当天，杀猪的主人家会热情邀请左邻右舍、亲朋好友帮忙杀猪，并一起吃杀猪饭，此种习俗在村民间多以互助轮流的形式进行。如今的互助式杀猪虽为专业性杀猪队所取代，但吃杀猪饭的习俗依然存在。杀猪饭往往从杀猪当天开始，少则一天，多则持续数天，是村民交往和情感交流的重要场域。另一方面，源于"年猪"不同部位的肉类在村民的节庆活动及人际交往中发挥着重要作用。除了日常的猪肉食用外，猪头猪尾是村民除夕祭神时必不可少的供品，亦是春节期间餐桌上的主菜。猪蹄则是亲友间最好的馈赠礼物。时至今日，当地依然存在为产妇赠送猪蹄的习俗，甚至会在知晓生育信息后提前备置腊猪蹄。养年猪和杀年猪则是这些习俗存在和延续的前提。与此同时，"年猪"在当下还衍生出了新的社会意义，即"年猪代养"业务的出现为村中劳动能力较弱的群体提供了新的收入来源，养"年猪"也成为留守老人或妇女自我价值实现的重要方式，而杀年猪则成为留守群体与外出者过年回家团聚的精神寄托与标志。

二、现代养殖

现代养殖业主要指基于市场需求导向，运用现代科学和现代工业技术来实现禽畜的规模养殖，其摆脱了传统养殖业小规模、自给自足、缺乏现代科学技术等不利条件的束缚。[①] 随着乡村振兴发展战略的提出，为推动村落产业振兴，加快建设生态宜居的村落环境，佑溪村大力发展养殖业，并不断进行规范化和科学化养殖，有效推动了养殖业的快速发展。养殖业逐渐成为发展佑溪村经济、提高村民收入的重要支柱产业。目前，该村现代养殖结构中以生猪、牛羊养殖为主，还包括少量的蜜蜂养殖和正积极探索发展的蚯蚓特色养殖。

（一）规模化的生猪养殖

规模化养殖是指在养殖过程中加大资金、技术、设备等要素的投入，适度扩大饲养规模以提高养殖效益的一种养殖经营方式。[②] 佑溪村地处高山区，自然环境优良，加上愈来愈便利的交通条件，该村的生猪养殖发展较好，并逐渐成为当地现代养殖业最重要的组成部分。

规模化的生猪养殖在佑溪村近十多年的农业生产中占有举足轻重的地位，是村民脱贫致富的主要实现路径之一。在乡村振兴政策的鼓励下，养猪良好的经济效益和发展前景吸引了越来越多的村民加入其中，佑溪村养猪业进入快速发展时期，专业养殖户越来越多，符合标准的规模养猪场亦越来越多。到目前为止，佑溪村一共有 16 位养猪专业户，他们分别在各自住所附近建有规模不等的养猪场。其中，存栏量为 30～100 头的小规模养猪场有 10 个，存栏量在 100～1000 头的中等规模养猪场 5 个，存栏量超过 1000 头的大规模养猪场 1 个。由于市场需求多样化，养殖户所饲养的生猪品种亦比较丰富，有繁殖性能优良的"荣昌""太湖"、市场常见的"大白"、长势快的"长白"以及瘦肉率高的"杜洛克"。为了降低养殖成本，养殖户们往往自行养殖母猪以繁衍仔猪，其数量因具体养殖规模而异，少者三五头，多者四五十头。每头母猪年均妊娠 2 次，产仔 10～15 头/次，所产仔猪多育肥后出

---

① 李虎、腾新才、李霞：《太安农耕文化与区域社会》，武汉：长江出版社，2017 年，第 47～48 页。

② 朱鹏春：《我国生猪养殖模式及产业发展趋势分析》，《中国饲料》2018 年第 20 期。

售,仅偶有少量售与周边农户。与传统养猪不同,规模养殖的生猪仅 5—6 月便可出栏,待其长至 220～240 斤左右便可伺机以"最好的价格"出售给上门收购的猪贩子。仔猪和生猪的价格常受市场供求影响而上下波动,因而养殖户往往会面临较大的市场风险,收益较为不稳定。如一头仔猪 2021 年 3 月的市价为 1200 元左右,今年同时期便降至 500 元,同比下降了 58%;而生猪毛重由 2022 年 1 月的均价 8 元/斤,上升至同年 7 月的 12 元/斤,增长了 50%。市场价格的瞬息万变决定了养殖户养殖年度的丰收与否。

近十几年来,虽然村中的规模养猪场数量在不断增加,但从生猪养殖数量上看,全村养殖规模却在 2018 年达到顶峰后呈现逐年缩减的趋势(见图 2-7)。其主要原因是受到"非洲猪瘟"和"新冠肺炎疫情"双重病疫的影响,养殖成本和养殖风险不断加大[①],从而导致村中养殖户的补栏意愿出现不同程度的降低。随着疫病逐渐得到有效防控,养殖成本开始回落,村中大部分养殖户重新拾回养猪致富的信心,从 2022 年初开始增加生猪补栏量。据不完全统计估算,2022 年佑溪村生猪养殖规模有望突破 3000 头。

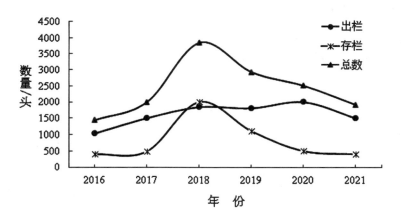

图 2-7 2016—2021 年生猪养殖变化趋势图

从养殖方式和养殖设施上来看,佑溪村规模化的生猪养殖均朝着专业化和科学化方向发展。养殖方式方面,已初步实现从传统粗放式的散养过渡到现代集约养殖,更加专业、科学,主要体现在人工授精、分栏养殖、科学

---

① 侯黎明、牛培培等:《"非瘟"与"新冠肺炎"双重防控压力下我国养猪业所面临的困境及现代生物技术和育种技术应用的迫切性》,《畜牧与兽医》2020 年第 3 期。

喂养、积极防疫四方面。目前,村内的养猪场均已经普及现代人工授精技术,母猪受孕率和产仔率均显著提高。同时,养殖户会对猪舍进行功能分区,划分出专门的繁殖舍、保育舍和育肥舍,并且将不同阶段和不同体型的生猪进行分栏饲养,以提高生猪的存活率和育肥率。喂养方面则越来越合理化,不仅精确控制投食时间,确保粗细搭配营养全面,而且不同生长阶段的饲料品种和喂养量也不同,科学喂养有效缩短了生猪饲养周期,提高了出栏率。防疫工作也越来越受到养殖户的重视,除严格禁止无关人员或物品进入养猪场,以防止病菌感染外,还在生猪的各个生长阶段及时接种疫苗,降低感染率,积极防范病疫风险的发生。

养殖设施方面,主要是建设专门的养殖场所,并配备较先进的养殖设备或设施。在国家补贴政策的帮助下,村中每个猪舍都建设有达标的化粪池或干湿分离房,安装电动水帘门,配备大功率吹风机等,为猪群提供干净清新的饲养环境。此外,在较大规模的养猪场中还配备了饲料混合机等投喂设备,不仅省时省力,而且更有利于进行科学喂养。先进的养殖设备在养猪场的投入使用,有效扩大了农户的养殖规模,推动了当地养殖业的现代化发展:

> 我和我老公原先在宜昌市卖猪肉,2016年回村创业养猪。我们花费近200万元修建了个两个大小一样的大棚式育猪场,总占地面积约1000平方米,最多时能同时养殖2000头育肥猪。在养猪场的修建细节上,我们考虑得非常仔细,各处均安装了水帘门、电吹风、自动喂食机和消毒池等设备,以实现养殖的科学化和便利性。此外,养猪场还专门配置了一间兽药房,用来存放和配置各种防疫治病药物。我老公经过学习与培训后,对于生猪养殖过程中常见的大部分病种,均能及时处理。(访谈对象:ZHY,50岁,女,佑溪4组)

佑溪村的生猪养殖规模虽在不断扩大,并成为村落主要的支柱产业之一,但依然存在很多问题制约着其有关"农民增收,农村致富"作用的发挥。诸如在面对复杂而多变的市场环境时,村民往往因应对市场风险的能力不足,难以做出合理的规划,导致"盈亏全靠运气"现象的出现;在启动资金方面,因资金筹集渠道不畅而导致周转困难,难以新增或扩大养殖规模;在养殖废弃物处理方面,因技术欠缺及地形复杂,导致养殖污水处理不及时可能污染村域河流。虽然有尚待完善之处,但在探索中成长,在修错中前进,正是目前佑溪村生猪规模化养殖发展的反映。

图 2-8　养猪户在清扫猪舍

（二）生态化的牛羊养殖

佑溪村西南部属高山地区,东北属峡谷地区,山林资源丰茂,林地面积达 13836 亩,植被覆盖面积达 76.8%,具有发展绿色、生态养殖的天然优势。因地制宜求发展是乡村振兴战略的重要指导思想之一。为了进一步丰富当地养殖结构,当地政府部门鼓励村民以村中生态资源为基础发展特色牛羊养殖。在政策鼓励和自然环境支撑的双重优势下,佑溪村生态养殖业发展较好。据佑溪村统计公报所示,2021年全村肉牛共计 242 头,能繁殖母牛

图 2-9　村民的饲料混合机

30 头,生态牛羊养殖已成为村中现代养殖业的第二大构成部分。

目前为止,村内共有 5 户村民专门从事生态牛羊养殖,其中 3 户以此为基础成立了养殖合作社。养殖户们充分利用村域山林资源及作物秸秆发展

绿色养殖。养殖方式上，除种牛、已孕母牛及刚出生的牛犊单独圈养外，其他肉牛、山羊均采用山林放养为主、牛棚圈养为辅的方式，即春夏秋三季水草茂盛时，将牛羊放养于山林，早出晚归，任其在山林中自由活动，以野草树叶为食，使其在自然环境中自然生长；严冬草木枯黄时，则将牛羊圈养于牛棚，喂养提前储备的玉米秸秆、小麦秸秆等干草料。冬季圈养耗草量大，一头牛度过一个冬季约需 2 亩地的玉米秸秆，为比养殖户多通过就近收购秸秆以降低养殖成本，而这也为本村及附近村落玉米种植农户提供了新的收入来源。牛羊生态养殖的周期较长，黄牛一般要饲养一年以上，山羊则要饲养七八个月左右才会宰杀售卖。整个养殖周期中杜绝饲料喂养，以实现养殖的绿色与生态，提高相关产品的生态附加价值，从而增加养殖收益。在销售方面，目前当地还尚未形成完善而稳定的销售渠道，以零卖散售和熟人再购的形式为主。为了降低销售的中间成本，养殖户通常会在联系好销售渠道后再行宰杀、自行出售生肉。因此宰杀和售卖的时间并不固定，有需求时方有供给。客户只需用通过电话、微信等方式告知有购买需求，养殖户便会立即宰杀以供给新鲜牛羊肉，或由客户自行上门购买，或由养殖户送货上门，或通过快递邮寄到家（店）。客户源主要有两类，一类是依靠多年的养殖与售卖所积累的一些较为固定的客源，如长阳、宜昌、武汉、长沙等城市的餐饮店；另一类则是周边村寨和城镇居民等分散的小客源。

生态养殖是佑溪村畜牧业中的特色构成之一，是在利用当地生态优势与种植基础上发展起来的较为高产、低耗、环保的养殖业。除了玉米秸秆作为养殖饲料回收利用外，近年来村民还开始探索种养结合，利用养殖所产生的粪便作为肥料，发展特色经济作物种植，实现养殖与种植的共赢，进一步提高养殖的综合效益。村民 ZHM 便是一位积极的践行者：

> 我在 2017 年时开始养牛，一开始不敢养太多，贷款养了十来头。我第一年没有赚到钱，第二年不仅回本了还赚了点钱。尝到甜头后，为了挣更多的钱，随后每年我都会从襄阳多买几头牛犊回来养。目前，算上母牛我一共养了有六十多头牛，还顺带养了二十来只羊。由于我养的牛羊数量比较多，单靠我和我老婆两个人有点忙不过，于是请了两三位村民帮我去山上放牛羊。牛羊养得越多，牛羊粪便也堆积得越多，为了解决这个问题，我租了 5 组村民家闲置的十来亩土地来种草料和药材，打算逐步往生态种养结合方向发展，以创造更多的收入。（访谈对象：ZHM,38 岁,男,佑溪 6 组）

牛羊生态养殖作为佑溪村新近发展起来的产业，呈现出较好的发展趋势，尤其是养殖与种植相结合的共同发展，在未来不仅能拓宽村民增收致富的渠道，亦能为推进乡村振兴工作赋能。

图 2-10　圈养的黄牛

（三）网络化的蜜蜂养殖

佑溪村植被茂盛，蜜源丰富，气候适宜，极为适合中华蜜蜂（以下简称中蜂）的生长繁殖，为村民发展养蜂业提供天然条件。佑溪村养蜂历史较为悠久，至今在村中仍零散可见村民屋檐下搁置的木制蜂箱。近年来，土蜂蜜良好的市场前景使得部分村民开始扩大养蜂规模，养蜂成为农户增加经济收入的一个有效途径，是佑溪村特色现代养殖业的重要组成部分之一。据佑溪村 2021 年统计公报：全村共有蜜蜂 102 箱，所得正宗土蜂蜜产量达

图 2-11　放养的牛羊

398 千克。

目前村内有两户较大规模的蜜蜂养殖专业户,他们采用的是与传统养殖蜜蜂不同的活框饲养法,并且其中一位蜂农于 2019 年成立了村中唯一一个蜜蜂养殖合作社——长阳必康养殖合作社。每年 4—10 月是村中油菜、菊花、桂花、五倍子等植物的花期,此时段蜂蜜产量最高,是蜂农的收获期。在流蜜期时,蜂农用烟熏法把蜜蜂分引至新的木箱后,便可取得覆满蜂蜜的巢脾,将巢脾的蜂蜡割下放入手动摇蜜机分离并过滤后,便可得到纯净的土蜂蜜。蜂蜜因蜜源不同而品质略有差异,其价格也有高低之别,目前每斤售价在 60～100 元左右。除此之外,蜂农还偶尔会出售蜜蜂,亦能为村民带来一笔不少的收入。

土蜂蜜具有的较高的营养价值,使其备受消费者欢迎。过去,蜂农的顾客群多为常年累积的客户及附近城镇的居民,如今则多是素不相识的陌生人群。蜂农或是通过自己在外务工的亲朋好友介绍客户,以蜂蜜的品质吸引和留住顾客,形成较稳定的客源;或是通过网络平台进行宣传销售,在抖音、快手、微信等网络平台分享自己的日常生活和养蜂趣事,以此推介蜂蜜,吸引潜在顾客。村民 ZBZ 有着三十来年的养蜂经验,所产蜂蜜便是以网络销售为主,收益可观。

> 2019 年,我偶然参加了电子网络销售培训会。从那时起,我就成立了合作社,并且经常拍摄养蜂短视频发布到网络平台上。渐渐地,有一些网友通过视频知晓后,便会来找我购买蜂蜜,因此慢慢地积累了一批网上客户。去年,单靠养蜂我大概赚了八九万元。今年,为了产更多的蜂蜜赚更多的钱,我养了八十多箱蜜蜂,相信今年也会是个大好丰收年。当然,我的目标不仅仅如此。接下来,我会学习更先进的养殖技术,也要学习如何更好地利用网络进行宣传,并售卖蜂蜜,创造我们村特色的土蜂蜜品牌,以获得更多的养蜂收入。(访谈对象,ZBZ,72 岁,男,佑溪 2 组)

"土特产、纯天然、绿色"等标签使各类农副产品在网络上能较好地吸引人眼球,为农村土特产的出售提供了一个良好的销售渠道。村民以此为契机,利用网络寻找潜在客户,提高蜂蜜销售量,以带来更多收益。同时,这些短视频也成为佑溪村对外展示的一个小窗口。通过村民的短视频,村外的人们知晓了佑溪村的存在,也了解了村落风貌和村民的日常生活,使平淡朴实的乡村生活为更多人所关注。

图 2-12　蜂农视察蜂箱

（四）探索性的蚯蚓养殖

除了畜禽等养殖外，佑溪村民如今还在积极探索新型的蚯蚓养殖。以高校智力助力乡村振兴，是佑溪村时任驻村工作队的重要工作思想。2022年三峡大学驻村工作队将本校科研团队所培育的新型饲源型蚯蚓品种引进佑溪村，希望能再为当地的现代化养殖提供一个新的选择。为降低养殖风险，且确保新事物能被村民所接受，村委会动员村中能人带头试养，然后逐步推广。2022年3月，村委会利用高校人才资源与技术指导，对7个小组的组长进行了为期三个月的蚯蚓饲养理论与技术的指导与培训，同年6月底便将免费的蚯蚓苗和特制的饲料分发给各组组长，开始试验性养殖。

饲源型蚯蚓与野生蚯蚓不同，生性懒惰不喜动，宜于在农田中进行饲养。养殖基底以发酵后的秸秆和粪便等为主，不需额外投入；同时养殖过程较为简单，在把控好温度和湿度的前提下，不需投入太多时间与精力，而且仅3个月左右便可出售。有相应的技术指导和成本补助的优势，不仅饲养耗时短，且可实现肥田与养殖增收的双重目的，吸引了部分积极村民的加入。虽然还在试验中，尚未见成效，但村民对新事物的勇敢尝试预示着传统思维被打破，而新的希望在逐渐形成。

第三节　手工业与商业

一、传统手工业

传统手工业曾在中国农村社会中发挥着举足轻重的作用，是部分村民赖以维生的重要方式，但随着市场经济的发展，加之工业化与机械化的推进，大量依附于传统生产生活方式的传统手工艺逐渐消失。佑溪村亦是如此，虽然手工业已不如昔日辉煌，但仍不同程度地存在于村民日常生活中。虽未形成一定的规模与特色，但作为乡村文化的一种物质载体，传统手工业具有浓厚的乡土性与地域性，文化价值与经济价值不可忽视。手工艺人是手工业存在与发展的前提，村内现仍有不少"靠手艺吃饭"的工匠，最常见的是篾匠、木匠和泥瓦匠三类。但随着新兴事物的快速发展，他们所使用的工具和传统身份也在悄然发生着改变。

（一）篾　匠

竹子是一种生长速度快、韧性强、色泽温润的自然材料，用竹材制成的日用品既绿色环保，又兼具欣赏性和实用性。佑溪竹子品种丰富，大量的竹资源使当地发展出了历史悠久的竹工艺，而由竹子所制成的各种器具则成为村民生活中不可或缺的日常用品，诸如竹制背篓、簸箕、香篮、食篮、鞋篮等。这些竹制品不仅在村内广泛使用，工艺好的甚至销往佑溪周边的集镇和村落。

图 2-13　篾匠所制的筛子　　　　图 2-14　篾匠所用的工具

49

篾匠是从事竹编行业的手工艺人。在佑溪村所有的手艺中,篾匠是技术含量较低的一种。跟师学习,其他手艺学徒可能要三四年方可出师,而篾匠只要两年,聪明者甚至几个月就可出师。竹编工艺虽不难但过程较为复杂,一般要经过设计、造型、制模、估料、加工竹丝篾片、防蛀防霉、染色、编织、雕花配件、装配、刷油漆等十几道工序。使用的工具包括刮桩、竹片塞、篾刀、刮篾片、窄刀、钳子、铅笔、墨铅、压篾具、插梢、定型片、抛光片、护手布等。编织技法更是多达百种,讲究粗细并存:细者可将近百根竹丝编成不足五厘米宽的织品,精巧细腻,薄如羽翼;粗者能充分利用竹材的弹性,形成粗犷豪放的工艺品格。由于篾工手艺的烦琐和精细,要求大部分篾匠的手掌厚实且需手指修长,而竹子的锋利使得篾匠稍有不慎就会留下伤口,月积年累,其手满是老茧和伤疤。村民 YWL 是村内有名的篾匠,他手上的一道道伤疤则是其身份的标志:

> 我从 16 岁开始做篾匠,虽然吃了很多苦,但也带来了不少收入。年轻时为了多做几单,天天加班,累了编制时都会打瞌睡。有次晚上破篾丝的时候,由于太困了,一不小心篾丝穿进了手掌。平时也经常被刀掀掉指甲,被竹片划破手指,大大小小的伤口很多,这些对篾匠来说都是常事。做竹编是个手艺活儿,耗时费手,一天最多能做一两个竹篾,虽然赚得不多,但不受天气影响。为了多赚点钱,我也出去打工了几年,但自己做了大半辈子的篾匠,割舍不下,现在老了又重操旧业了。(访谈对象:YWL,男,68 岁,佑溪 2 组)

20 世纪 90 年代后,越来越多的塑料制品代替了竹编日用品,竹编需求量日益减少;加之篾匠本身的收入并没有其他手艺人理想,而且篾匠娴熟技能的练就需要较长的时间和经验,因此不仅老一辈的篾匠逐渐远离该工艺,青年人更是鲜少有新习者,佑溪村篾匠也越来越少,该工艺在当地渐渐走向衰落。

(二)木　匠

木匠是佑溪村重要的传统手工业者之一,其重要性源于村民传统生产生活中对木制用品的庞大需求。作为一个山区村落,佑溪村山大林多,木材资源较丰富,而村民传统生产生活中的各类用具也多为木制。大到建房时椽梁檩的使用、门窗的制作、家具的打造,小到桌子、木梯、木背子、木盆等生活用品的制造等，均需要用到木料，这些材料都可以就近取材于山林。尤其是传统时期，棺材制造、婚嫁家具打造等均是村民家庭中最重要的事情之一，这些活动均离不开木匠的参与，也使得木匠备受村民尊重。

佑溪村木匠以上门服务为主。由于制作不同的用具需要选用不同的木材，因此当村民有需求时多会提前咨询木匠以便准备原材料，然后请木匠上门制作所需物件。费用往往由双方协商后采用计件或计时的方式收取，而主家还需提供木匠工作期间的伙食。木匠技能的习得与传承主要源于师徒关系，拜师学艺的时间因人而异。学徒需从清扫、劈砍等杂活做起，因资质不同，多在经过 1～3 年的学习后，即可动手做门、桌椅、农具等简单木活，其他技能的习得与精进则需继续学习。对于一个从业时间长且手艺较好的木匠而言，接活有较明显的季节倾向，即：春季接房活，盖房子；夏季接材活，做棺材，因天气热板不翘；秋冬季做婚庆家具，制作大衣柜、小衣柜、组合柜、床头柜等；冬季最忙，活类最为繁杂。此外，木匠在具体工作中尤其讲究吉利，为此"凳不离三、门不离五、床不离七、棺不离八、桌不离九"[①]成为其木工活中的基本遵循。

随着科技的更新换代和社会的快速发展，县城小型家具厂、家具专卖店的出现，木制用品制作的精美化及购买的便捷性冲击着农村传统的家具市场，传统木匠行业开始凋落。快速的社会变化对传统手工艺人是一次重大挑战，但也有木匠将其视为一次新的机遇，将机器与传统手工艺相结合，找到了新的出路，老木匠 YWX 便是一个很好的例证：

> 我 11 岁就开始学做木工，16 岁到宜昌市里做过装修学徒，20 岁左右开始学习机械化操作，大带锯、小带锯、大圆盘锯、小圆盘锯等慢慢地都能熟练掌握。那时年轻，学习东西也快，掌握使用方法后发现机械化可以提高工效，因此一直都比较注重器具的更新迭代。现在，水平仪、电动起子、气管子、钢钉枪、手砂轮、空压机、封边机、专切 45°角的切割机等都是我最常用的工具。只有及时更换硬件设施，才能更好地提高

---

① "凳不离三"即制作长板凳时，板凳长度的末尾数字一定要是"三"；"门不离五"源于当地人常说的"五福临门"，因此无论门的大小、宽窄，其尺寸的尾数都要是"五"；"床不离七"即单人床床宽一般为二尺七，双人床宽四尺七，"七"和"妻"谐音，寓意未婚者早日成家，已婚者借此追求夫妻同心、和和美美；"棺不离八"即棺材制作时，尺寸数字需含有八，"八"意味着"发"，有祝福子孙后代升官发财之意；"桌不离九"即指桌子的尺寸一般以数字九结尾，意味着"吃饭要有酒"，以此体现当地人民待客热情的好客之道。

效率,实现传统木工活的商业化操作,适应现代社会的需求。(访谈对象:YWX,男,46 岁,佑溪 2 组)

图 2-15　木匠所用工具

新产品、新技术的普及加速了传统木工行业的凋零,部分传统木匠无法适应而放弃原先赖以为生的手艺,但也有少部分人坚守于此,顺应时代发展,将新材料、新机器融入传统手工艺中,不仅能制造老式房屋、打造实用家具,也能装饰现代化房屋、制作有欣赏性的精美物品,使传统木工焕发出新活力。

(三)泥瓦匠

泥瓦匠即从事房屋、桥梁、铁路、公路等建设工作的建筑工人,在佑溪村主要指从事砌砖、盖瓦等房屋建设的工匠,与木匠一起并称为当地最重要的两种手工艺者。20 世纪末以前,当地的房屋多为土木结构的土房,而房屋修建的全过程均离不开泥瓦匠,从平整地基,到夯土砌墙,再到上梁封顶,泥瓦匠一直占据主导地位。在传统的房屋修建过程中,泥瓦匠的技能是建房过程中唯一的技术水准,作业中所讲究的"横平竖直",全靠泥瓦匠的一双手、一双眼。因此,较之于其他手工业者,泥瓦匠学艺时间更长、工作内容更复杂、作业更为劳累辛苦。老泥瓦匠 ZDQ 在回忆学徒时光时不禁感叹:

我们这行不仅技术要求高,也非常辛苦。看似简单的砖块铺贴,事前也要经过多道工序的准备,包括保持铺面适合的湿润度,准确把控水泥、沙子和水的调配比例,确保砖的交角在一个平面上等。每一道工序都需要进行细致的检验才能确保质量,非常耗时间。我们成天和泥巴、瓷砖打交道,无论风吹日晒,长时间在恶劣环境中工作,腰椎、颈椎、大腿关节等都受到很大伤害。如果是做外墙铺贴作业,还具有很大的危险性。别看我现在能在不足七寸宽的砖墙上行走自如;放下一根准绳,眯着眼一瞄，就能把几丈高的墙砌得平平整整，但那都是我经过多年磨砺练出来的。俗话说得好，"冰冻三尺非一日之寒，飞身上屋非片刻之功"，"吃得苦中苦方为人上人"。（访谈对象：ZDQ，男，58 岁，佑溪 6 组）

较之于篾匠和木匠，泥瓦匠是没有随着社会发展而消失，并带领村民走出去的一个工种。由于具有平地、铺路、砌砖、盖瓦等技能，泥瓦匠们走出乡村，活跃在城市的各个建筑工地，并颇受欢迎。部分胆大心细、吃苦耐劳的泥瓦匠则开始自立门户，招募乡邻，成立起一个个建筑团队，承包工程，带领乡亲们一起外出务工，共同致富。

二、商业经济

商业有广义和狭义之分，本文所采用其狭义定义，即指人与人通过交换或者买卖货物，使得商品流通，来满足人们日常生产生活需要的一类经济活动。[①] 过去，佑溪村的商业并不是很发达，货物交换场所以农资供销社为主，交换活动较单一；如今，商业交换活动越来越频繁，家庭经营型商店成为农村商业活动的主要场所。

（一）农资供销社

20 世纪 50 年代初，长阳县的小农经济占主导地位，商品经济落后，商品交换主要由村民按双方需求进行，通常无固定交易地点。[②] 后来，在计划经济制度推行的背景下，供村民买卖生产生活资料的农资供销社应运而生。当时只在佑溪大队（原佑溪村）设有一个农资供销社（位于现今佑溪 1 组 28 号），香花岭和周家山的村民亦是在此进行商品买卖。物资的匮乏使得供销社供应物资十分有限，且需凭票购买，但依然是村民购买布、油、盐等日常用品的重要场所。

（二）家庭式商店

改革开放后，生产力不断提高使得物资供应逐渐丰富，统购统销制度逐

---

① 王国顺、马高雅、周夏连：《国内商业文化研究回顾与展望》，《商业经济研究》2019年第 11 期。

② 长阳土家族自治县地方志编纂委员会编：《长阳县志》，北京：中国城市出版社，1992年，第 657 页。

步被取消。与此同时，村民生产积极性高涨，逐渐有了剩余农产品，可通过自由交换的方式获取经济收入，如当时村民多将粮食背到邻近的彭家河村售卖，将生猪赶至附近的王子石村售卖等。20 世纪 80 年代末，村中开始出现家庭式商店，并逐渐替代传统的供销社，为村民提供更多物美价廉的货物和更便利的服务。到目前为止，村中一共有 4 个家庭式商店，均分布在交通便利、居民集中、人流量大的地方。这些商店为村民供应的货物主要有肉蛋、蔬菜、米粮、食用油、种子、化肥等各类日常生产生活用品，能满足村民日常的生活需求。

四个商店的服务半径鲜有重合，即便其中两个商店对门而设，但其服务侧重点也有明显不同。位于进村的主路边的这两家商店，邻近村委会，地理位置优越、交通便利、人流量大，经营状况明显优于另外两家。其中一家历史较久，早年以日常生活用品经营为主，如今则兼营水电费、话费代缴及快递寄取等便民服务，因而具有较稳定的客源。另一家则以流动贩卖为主，店主用车运载着货物在固定时段、固定区域内沿路贩卖，同时也会提供订货代购服务，因而客源稳定。

1985 年，我家开了村里的第一家商店，那时为了能多卖点东西，我老公每天都会挑着货物走到周家山和香花岭，甚至更远一点的村子去卖。后来水泥路修通了，我们买了一辆小货车，开车去贩卖。货车装的货物更多，贩卖的地方也更远更广，青岩村、王子石村、彭家河村、高家堰镇、龙舟坪镇，我老公都开车去卖过东西。现在去的村子比较固定了，主要是佑溪村附近的四五个村，每个村均有固定的时间和固定的路线，这样村民就知道什么时候去哪里能买到东西。我们主要贩卖米面粮油、瓜果蔬菜类以及农用物资等村民日常生活需求大，或较重难搬运的物品，送货上门可以帮他们减少很多负担，因而生意也挺好的。（访谈对象，ZYL，女，54 岁，佑溪 2 组）

流动商贩是乡村早期"挑货郎"的延伸与发展。较之于固定商贩，乡村流动商贩提供的服务更便捷，类似于送货上门的服务解决了村民远距离购买、负重运输的不便利，尤其有效解决了留守老人购买物资难的问题。同时，流动商贩的服务区域更广，贩卖物品种类多，更有利于扩大顾客群体，实现薄利多收。

（三）农家乐餐饮

较之于针对本村人售卖日用品为主的商店,农家乐是因外界他人的进入和餐饮消费而形成的具体商业活动,尤其是基于邻近城镇居民的休闲活动而形成。佑溪村的农家乐曾因外地人的大量涌入而形成,也因外地人的离去而逐渐沉寂。2004 年,沪渝高速宜恩路段的建设经过佑溪村,高速路修建期间,大量建筑工人涌入佑溪村,随之而来的餐饮需求催生了村中农家乐的形成。修建公路的四年时间里,为满足近百名工人的食宿需求,佑溪村先后开办过五家农家乐,营业期间为村民带来了可观的经济收入。但随着公路的建成和工人的离去,这些农家乐也随之关停。目前,随着乡村休闲观光旅游的发展,其中一家又重新开始营业:

我家原本住在山上的周家山 6 组,后来听说山下一二组要修高速,于是就将原本属于学校的两间屋子买下来开办农家乐。2004 年,餐馆开始营业,一楼是为餐厅,二楼则为工人提供住宿。当时生意很好,多的时候有四五十个客人,最少也有二十来个。2008 年初,路修好后我就把店关了,在长阳先后经营过酒店和玩具批发店。一直到 2020 年,既为响应乡村振兴的号召,也为照顾家中的老人,我和丈夫回到村中,开始创业养殖,同时也将餐饮店装修,重新开始营业。(访谈对象:ZCL,女,48 岁,佑溪 6 组)

无论是过去的农资供销社,还是如今的家庭固定商店、乡村流动商贩以及餐饮农家乐,不仅方便了农民的生活,而且促进了农村与城镇之间的人员交流和货物流通,有利于活跃农村市场,促进农村消费,使乡村更具活力。

第四节　集体经济

我国农村集体经济经历了不同的发展阶段,大致分为传统集体经济和新型集体经济。[1] 传统集体经济指人民公社时期的集体经济,其特点是"三级所有,队为基础"。新型农村集体经济的内涵界定不一,主要指改革开放以来在原来集体经济基础上发展延伸起来的农村集体共有经济,能给村集体带来经济收入的经济形式。佑溪村集体经济较薄弱,目前主要有光伏扶

---

① 　周延飞:《农村集体经济研究若干问题探讨》,《区域经济评论》2013 年第 6 期。

贫电站与红茶基地等新型村集体经济,在帮助农民实现脱贫增收上发挥着一定作用。

一、光伏电站

长阳土家族自治县地处武陵山脉,是我国连片特困地区之一。为了贯彻落实党中央的精准扶贫战略,国家电网公司开展了"国家阳光扶贫行动"项目。该项目在长阳捐建了 54 座村级光伏扶贫电站以及两座 6 兆瓦光伏扶贫电站,将其发电收益用于县域贫困户扶贫工作和发展贫困村的村集体经济。

佑溪村光热资源较好,年均日照小时数在 1200 小时以上,具有发展光伏产业的得天独厚条件。2017 年 5 月,在光伏扶贫政策帮助下,国家电网斥资 186 万元在香花岭 4 组大堰沟建设了一座占地面积约 5 亩的地面集中式光伏发电站,并将发电所获取的收益全部归入村集体经济收入。自建成至 2021 年,该光伏电站发电量达 191556 千瓦时,除去村集体所投入的38683 元的成本外,村集体获利达 160476 元。按照相关文件规定,光伏电站经营所得按"5∶3∶2"的比例进行分配,即:年收益的 50% 用于设立村级光伏扶贫的公益性岗位,现共设公益性岗位 28 个,其中固定岗位 15 个,灵活岗位 13 个,其职责包括看护电站、维护村容村貌等,均由村中家庭贫困人口所担任;年收益的 30% 用于村级小型公益事业劳务支出;余下 20% 则用于建立巩固脱贫成果的长效机制,包括本科大学生和研究生奖学金、小型"救急难"事项或贫困家庭救助。

自光伏电站建成以来,国家电网将阳光红利以集体经济的方式精准地送到了佑溪村中,实现了显著的扶贫效益。这不仅帮助村中贫困户实现精准脱贫,还助推了佑溪村集体经济的发展,为村中的脱贫巩固和乡村振兴推进发挥着作用。

二、红茶基地

佑溪村民日常喜欢饮茶。早在 20 世纪 60 年代末,该村就已经种植茶树,村民多在村落周边垦荒以种茶,土地承包到户后,原有的茶园亦被分至各家各户。此后,村民亦会在自家田地种植少量绿茶。截至 2016 年底,村民自发种植茶树用地面积总数达 250 亩,在此基础上村里又组织种植了近250 亩的茶叶,当前佑溪村民自种茶叶面积达 500 亩。

为了进一步拓展当地的村集体经济,佑溪村拟充分利用长期的茶叶种植优势,与村中的乡贤能人进行合作,以茶叶为依托发展集体经济。项目计划依托5组内闲置的25亩茶园和10亩土地修建茶园及茶厂(土地为村集体所有),打造高端红茶基地。目前,25亩的茶园基地已经完成初步改造,预计再流转100亩的闲置土地继续种茶,并充分利用村中已有的茶园扩大茶叶生产基地。在收益分配上,项目约定每年茶厂总收益的10%归村集体所有,若茶叶销量好,收益分配也会依据行情有所调整。红茶基地的建立使村民既能通过流转自家闲置土地以获得租金收入,也能将自

图 2-16　光伏电站

图 2-17　正在修建的茶厂

家优质茶叶就近出售给茶厂来获取种植收益。2022年初,该茶厂开始动工修建,预计同年年底完工。红茶基地的建设是佑溪村充分发挥优秀人才资源优势,盘活当地闲置资产来发展壮大村集体经济的一种探索,如若能顺利运营,便有望实现村集体、村民及投资者三方的共赢,是乡村产业振兴的积极探索与实践。

(调查及撰写:曰海霞、魏锦荣)

第三章

运行保障：佑溪村的乡村社会治理

2021 年，我国实现了全面建成小康社会的第一个百年奋斗目标，开启了全面建设社会主义现代化国家的新征程。如今，我国经济总量有了巨大提高、国家惠民政策更加完善，人民生活质量和社会共享水平取得历史性进步、全方位跃升，基层治理日益完善，社会发展势不可挡。佑溪村作为中国众多乡村中的一个普通农村，基层治理与社会发展趋势亦如此。社会治理的重心在基层，基层治理的核心在人。本章将从村民自治组织、乡村社会的规约、新乡贤、社会组织、社会关系、社会保障和社会安定等方面对佑溪村的基层治理与社会发展予以介绍。

第一节 村民自治组织

村民自治，简而言之就是广大村民直接行使民主权利，依法办理自己的事情，创造自己的幸福生活，实行自我管理、自我教育、自我服务的一项基本社会政治制度。[①] 村民自治是广大人民群众在中国共产党的领导下进行的伟大制度创新，是我国民主制度建设在基层的伟大实践，是推进基层民主和国家民主化进程的突破口和试验田，同时也是乡村场域实现良好治理的基本保证。[②] 村民自治制度的实施是人民当家作主在农村地区的重要体现，能充分调动农村群众的积极性，促进乡村发展，其核心内容是要求全面推进乡村的民主选举、民主决策、民主管理和民主监督。佑溪村的村民自治组织

[①] 柳建闻、汤凌燕：《论村民自治权力制约机制的构建》，《福建农林大学学报（哲学社会科学版）》2011 年第 4 期。

[②] 黄花：《乡村振兴背景下村民自治的发展与突破》，《云南农业大学学报（社会科学）》2021 年第 5 期。

包括村民委员会、村民小组及村民代表大会、人民调解委员会、道德评议会和红白理事会等。

一、村民委员会

村民委员会（简称村委会）是中国大陆地区乡（镇）所辖行政村的村民选举产生的群众性自治组织，在村民自治中起到重要作用，主要职责是组织制定乡村经济和社会发展规划，对乡村重大事项和重要问题作出决策和建议，审议村委会及其他村民自治组织提交的重要事项和村集体的支出请示等。

（一）村民委员会发展历程

为方便开展工作和适应当地发展，佑溪村基层组织的设置和成员组成随着国家政策变化而变化。1983 年，佑溪村还被称作佑溪大队，设有书记、副书记、大队长、会计、出纳、民兵连长、妇女主任和副主任八个岗位。1984年，在完善家庭联产承包责任制后，佑溪大队改为佑溪村（合村并组前的原佑溪村），岗位设定亦发生变化，大队长变为村主任，取消妇女副主任，增设团支部书记一职。1994 年，佑溪村村干部（简称村干）只剩 6 人，分别为书记、副书记、村主任、妇女主任、会计和民兵连长，取消出纳，团支部书记由他人代理。2002 年底到 2003 年初，佑溪村与周边村庄进行合村并组，形成现在的佑溪村，同时，村干部职务由书记、村主任、会计、治调主任和妇女主任组成。2005 年底，佑溪村开始实施书记、村主任一肩挑模式，村干部包括书记、副书记、会计、治调主任和妇女主任。2008 年底，佑溪村副书记和妇女主任由一人担任，故只有 4 名村干部。此后，佑溪村村干部身兼数职的情况有所变动，但 4 名村干部的设定一直延续至今。

（二）村民委员会成员构成及职责

现佑溪村村民委员会除书记、副书记、会计和治调主任外，还有 2 名后备干部，共 6 人。按照国家干部配备标准，乡镇政府每年仅负责村委会一名后备干部的工资支出，工资待遇大约 4 万/人·年，故若因工作需要增加后备干部，其工资支出需村自筹。佑溪村另一名后备干部工资主要通过光伏电站和飞地经济投资分红支出。

书记兼村主任：主持村民委员会和村党支部委员会（简称村两委）的全面工作，主管支部建设、党员管理及学习、产业谋划发展、农业转型、协调推进各项村务工作。

副书记兼组织委员：对接组织办(党建、纪检)、党办、宣传办、环卫办、光伏电站现场管理、招商办、在建项目和工程质量监督。

会计兼妇女主任：对接财政所业务、妇联、乡村振兴办、农办、国土所、银行、光伏电站资料整理、精准扶贫巩固相关工作。

治调主任：对接民政办、经发办、退役军人服务站、综治办、林业站、高家堰派出所、水利办、丹水公司。

后备干部1：对接禁毒办、民族宗教部门、广播站、图书室、新时代文明实践站、市场监督所、工商所、疫情防控，协助治调主任整理资料及矛盾纠纷化解，任人社协理员。

后备干部2：对接计生、妇幼、厕所革命、畜牧站、电管所、城建办，负责党建资料整理及日常会议记录，任农办信息员。

(三)村民委员会成员选举过程

首先是开放式提名(即海选)，由三名提箱人(组长、党员代表、村民代表)提箱去村民家收集选票，村民自己提名候选人。之后，从候选人中择出票数较高者成为正式候选人，若提箱人成为正式候选人，则不能再参与后续提箱投票环节。而后，进行群众投票，选票纸上预先列有候选人，村民也可在选票上填写自己心目中更为合适的人选。最后，择出群众投票中得票最高的5~7人，在村支部进行党员投票，最终选出4人上报镇党委，镇党委根据文化水平、电脑技能、语言表达能力和行为表现等做出职位安排。

此前是每户投一票，自2021年起改为每人(具有投票权之人)投一票。如此，可以充分考虑到每个人的意见，避免因为家庭内部意见不一致而出现矛盾冲突。唱票过程由镇政府工作人员全程监督，结果依规进行公示。村委会选举时，若投票人不在村内，会电话通知其换届选举之事，投票人可以选择电话投票或者指定信任之人代投。有时，选举出的人员可能会因工作量过大、工资过低或不想当选等原因放弃职位。当发生上述情况时，由村委会成员、各组组长等开会商议合适人选，填补空缺职位或让后备干部代为处理该职位负责的工作。

在镇党委政府的领导下，佑溪村村民委员会充分发挥自身职能，为佑溪村摆脱昔日贫困面貌、脱掉贫困村帽子做出了积极贡献。

二、村民小组及村民代表大会

村民小组是我国乡村治理的基本单位，发挥着重要的治理功能。[①] 佑溪村共有七个小组，每个小组各设有组长一名。村民代表大会是村级事务决策的最高形式，是村民委员会实行民主决策、民主管理、民主监督、民主选举、民主自治的一种有效方式。[②] 参会人员为村小组组长及村民代表。因人口和占地面积不同，各组有村民代表 3～5 人不等，人口多、土地面积大的小组村民代表相对较多，人口少、土地面积小的小组村民代表相对较少。佑溪村 1 组、4 组各有村民代表 5 人，2 组、3 组、6 组、7 组各有村民代表 4 人，5组则仅有 3 人。其中，3 组、4 组、6 组、7 组的组长兼任村民代表。

（一）村小组组长及村民代表的职责

组长及村民代表在农村政治生活中起着上传下达的作用。一方面，他们辅助村民委员会开展具体工作，使权力下沉到各小组，强化对村民的管理；另一方面，他们肩负着维护本组村民利益的责任，是村民和村民委员会沟通的桥梁，将村民迫切要解决的问题及时反馈到村委会，促使问题得到及时解决。其具体工作职责有：审议和决定本村的经济和社会发展规划、年度计划；审议批准村委会工作报告、财务收支报告；讨论制定村规民约；讨论决定涉及村民利益的重大事项；建议修改村民委员会不适当的决定等。

（二）村小组组长及村民代表选举流程

组长和村民代表均通过一次投票直接产生，实行组内每户一票的投票方式，不在家的户主可以委托可信之人代投，且参与投票户数超过该组户籍总数的一半时，投票结果方有效。得票最多的担任组长，排位靠前者顺次担任村民代表，有时组长也可兼任村民代表。

佑溪村组长的功能发挥充分，各小组组内事宜几乎都由组长代理。因各组组长由小组村民自己投票选出，故组长易得到村民的认可与信服，而组内的纠纷和矛盾问题也多由组长出面调解。村民代表则负责协助村小组组

---

① 吴理财：《村民小组的历史变迁及其基本逻辑》，《社会学评论》202□年第 4 期。

② 李秀峰主编：《长阳人大调研文集》，长阳土家族自治县人大常委会，1998 年，第 257页。

长开展工作，当组内出现需调解的纠纷问题时，村民代表会同组长一起进行调解，并在调解协议上签字，以示共同见证。

三、人民调解委员会

人民调解委员会是依法设立的解决村民矛盾和纠纷的群众性组织，而人民调解是指人民调解委员会通过说服、疏导等方式，促使当地人在平等协商的基础上自愿达成调解协议，解决民间纠纷的活动。① 每一个基层村民委员会都会设立人民调解委员会，佑溪村亦如此。佑溪村的人民调解委员会设治调主任 1 人，委员 3 人，对于维护乡村社会的和谐稳定具有重要意义。

据佑溪村《人民调解委员会纠纷调解登记簿》记载，佑溪村目前的矛盾纠纷主要有婚姻家庭（婚姻、继承、赡养和抚养）、邻里纠纷、房屋宅基地、赔偿、山林地界划分、用水问题等。其中，婚姻家庭、邻里矛盾、用水问题是目前发生频率较高的矛盾纠纷事件。而且，佑溪村矛盾纠纷事件发生频率不定，多时每个月有 7～8 起（即平均约 2 起/周），少时 1 个月都未有纠纷发生。其中，用水问题是目前村里最频发的纠纷事件之一，具体表现为养殖户与其他村民间的日常用水矛盾。例如，六组村民 ZHS 是养殖大户，年均养猪近 200 头。其养猪场为个体经营，规模大、投入多，因资金不足致使基础设施的修建并不完善，对污水的处理能力不佳。该养猪场位于黑儿冲上方，地势较高，而佑溪村一、二组位于地势低洼处，养猪场未处理妥当的污水在暴雨季节有时会污染一、二组村民的饮用水，从而引发用水纠纷。

佑溪村发生矛盾纠纷时，一般先由组长和村民代表进行调解，若调解无果，治调主任、副书记和书记则会出面调解；若仍无法调解，综治办则会介入调解。人民调解委员会成员在调解纠纷时，需进行调解记录，包括调解的时间、地点、主持人、记录人、申请人和被申请人、事情经过等。调解结束达成共识后，双方当事人需签字确认。而且，村民委员会后续需对当事人进行回访，并填写回访记录，以确保矛盾纠纷得到真正解决。此外，人民调解委员会成员需要在宜昌市社会治理一体化平台完成矛盾纠纷上报、认领、解决等流程。如今，人民调解委员会的调解程序越来越规范化，这对于佑溪村的和

---

① 《中华人民共和国人民调解法》，中华人民共和国人民政府网站，网址：http://www.gov.cn/flfg/2010-08/29/content_1691209.htm，下载时间：2023 年 1 月 20 日。

谐稳定起到重要作用。

四、道德评议会

　　中共中央颁布的《公民道德建设实施纲要》强调："要广泛进行道德教育，普及道德知识和道德规范，帮助人们加强道德修养。"[①]为充分发挥道德教化引导和舆论监督的作用，推进现代乡村道德秩序的重建，佑溪村于2021年成立道德评议会。佑溪村的道德评议会由 90 位成员组成，包括书记、副书记、工作队成员、组长、村民代表、普通村民等。其职责是负责评议身边的好人好事，通过明确的奖惩制度，培养邻里互助友爱、团结和谐、弘扬正气的乡村美德，培育乡村文明生活新风尚。

　　2022 年 5 月，为响应政府"建设美丽乡村"的号召，佑溪村开始实施"诚信积分规划"。在参考其他村和社区的条款后，村委会拟定佑溪村"诚信积分细则"（见表 3-1），在成功通过表决后开始实施。佑溪村的"文明诚信积分细则"是一套较为全面的积分评定准则，设置众多评价指标以规范村民的各种行为。同时，各项评价指标涵盖生育计划、子女教育、社会关系、文明行为、见义勇为、志愿服务、创业、法律等众多方面，以对村民相关行为进行加减分评定。

表 3-1　文明诚信积分细则

评价指标	具体内容	评分情况	备注
支持国家生育计划	生育第二胎	＋10	婚内合法生育
	生育第三胎	＋20	婚内合法生育
子女教育	考上大学专科	＋10	
	考上大学本科	＋15	
	考上研究生	＋20	
见义勇为	以政府、派出所确认标准为准	＋30	

---

　　① 《公民道德建设实施纲要》，中华人民共和国人民政府网站，http://www.gov.cn/gongbao/content/2001/content_61136.htm，访问日期：2023 年 1 月 20 日。

续表

评价指标	具体内容	评分情况	备注
志愿者服务	义务照顾空巢老人、留守儿童、残疾人等	+10	
	调解邻里矛盾,取得良好效果	+10	
	义务清扫道路,打扫公共卫生	+5	
	参加各种志愿活动一次,表现优异者	+5	
	为村集体或者公益活动提供各类场所和服务	+5	
热心公益事业	积极参与公益事业,道路加宽,沟渠整治等基础设施建设	+5	
	在征地及基础设施建设中,主动劝导协调周边邻居且收到良好效果	+5	
	顾大局,自愿用自家土地支持公益事业,零补偿	+20	
	年度无偿献血、以献血证为准	+2分/次	
	主动参与抢险救灾	+5分/次	
移风易俗	事前向各级举报违规操办红白事,经查实	+3	
	文明祭扫	+3	
扫黄打非	举报"黄""赌""毒"线索经查实	+5	
创业带富	发展产业并带动周边农户就业,取得一定效果	+5	
	为本村群众无偿提供致富信息和传授技术,有成效	+5	
触犯刑法	触犯刑法	−50	
社会治安处罚	扰乱公共秩序	−50	
	妨害公共安全	−50	
	侵害他人人身权利	−50	
	侵害公私财物	−50	
	妨害社会管理秩序,越级上访	−50	

续表

评价指标	具体内容	评分情况	备注
公益事业	漫天要价，"扯横皮"，提出无理要求	−50	
	不支持水、电、气、路等公益设施建设	−50	
	拒不支持村组干部工作和其他公益事业	−50	
	强占集体门面、场地、资产和设施等	−50	
移风易俗	不按村规定范围操办红白事	−50	
	进行封建迷信活动	−50	
	参与邪教组织和邪教活动	−50	
邻里关系	为田界、地界等产生矛盾，经居委会调解 3 次及以上未达成协议的	−20	
	邻里之间辱骂，无事生非，经居委会调解 3 次及以上未达成协议的	−20	
	挑拨离间，无中生有，制造他人家庭矛盾的	−50	
家庭和睦	子孙住楼房，老人住危房	−50	
	掌管老人的各项补助，不给老人支配的	−20	
	不给老人生活费，造成老人生活困难	−20	
	子女之间相互推诿，拒不按时支付老人医疗费用	−50	
	不履行对子女抚养和教育责任，对子女身心健康造成不良影响	−50	
	家庭年终在本组范围获得积分排名最后一名，且本年度不出具村级政治审查合格证明	−10	
	家庭成员之间不和睦相处，经常闹矛盾，经居委会调解两次以上不改	−10	

续表

评价指标	具体内容	评分情况	备注
环境卫生	个人家庭卫生评比(每年一次)脏乱差	−10	
	在他人管理、经营区域随意倾倒建筑垃圾,不进行覆盖、美化处理的;建筑垃圾不按指定位置处置或填埋的;粪污未处理直接排放到路边、河道或沟渠	−20	
	建筑垃圾及农作物废弃物倒入垃圾池及周边堰塘沟渠、道路,焚烧垃圾和秸秆	−3	
	饲养的动物、家禽对他人造成伤害的	−5	
文明行为	酗酒滋事,扰乱治安	−10	
	通过微信及其他传播媒体发布不实信息,或辱骂他人的	−10	
	占道经营,乱搭乱建,乱牵乱挂	−3	
	传播涉"黄""赌""毒"信息	−5	
破坏生态资源	破坏水资源	−5	
	非法捕猎	−5	
	违反禁渔规定,私自下河捕鱼、电鱼、毒鱼	−5	
	滥砍滥伐,破坏山林	−5	

村民文明诚信评价是在基础分上进行加减评分,即:每位村民拥有基础分 100 分,道德评议会每一季度或每半年根据条款细则对每位村民的行为进行加减分,大于 100 分进入红榜名单,小于 100 分进入黑榜名单。村民可以登录"云上长阳"APP 查看个人积分,积分可兑换成积分券,在有效期内(自积分券发放之日起的一年内)村民可以用积分券到村委会服务大厅的商城①兑换相应物品。"诚信积分规划"用明晰的奖惩方式,有效规范村民行为,并充分发挥佑溪村道德评议会的作用。

---

① 截至 2022 年 7 月 24 日,佑溪村的商城还未建成,一切准备事项正在有序开展中。

五、红白理事会

婚丧嫁娶不仅是每个人人生中至关重要的节点,还是促进人与人之间情感交流的重要形式,但村民在操办红白事过程中逐渐出现一些弊端和陋习。为了破除婚丧嫁娶中铺张浪费、愚昧落后的陋习,争取做到婚事新办、丧事简办,提倡文明、健康、科学的生活方式,佑溪村于 2021 年成立红白理事会。红白理事会共计 41 名成员,包括村党支部副书记、各小组组长及 33 名组员。2022 年 7 月下旬,经村内党员、村委会成员、组长、村民代表等开会讨论,佑溪村制定了红白理事会管理办法,参会人员一致通过。而后,佑溪村将该管理办法提交到高家堰镇政府审批,最终审批通过并予以公示。自此,红白理事会正式发挥其应有作用。

佑溪村红白理事会管理办法共十条,内容如下:

第一条　成立村(居)红白理事会,理事会在村(居)两委的领导下开展工作,实行自我管理、自我教育、自我服务。

第二条　积极向群众宣传党的方针政策,认真贯彻执行各级政府的政策、法令和规定,引导群众移风易俗,耐心做好群众的思想疏导工作。

第三条　理事会要主动热情地为婚丧事做好服务。

第四条　实行婚丧嫁娶事宜报备制度,实行台账管理。结婚、乔迁、打喜等事宜要提前一个星期到村(居)委会报备,对办事规模、参加人数要详细说明;丧事结束后一个星期内要向村(居)委会报告丧事举办情况。

第五条　按照县市场监管局下发的长食安委发〔2014〕2 号文件要求加强农村集体聚餐食品安全管理,对规模超过文件规定人数的红白喜事必须由村(居)委会报告当地食药监管部门并进行现场执法检查。

第六条　婚事要坚持新事新办,废除陈规陋习,既要气氛热烈,又要文明庄重。不讲排场,摆阔气;不索要彩礼,不大摆宴席。

第七条　丧事坚持从简原则,反对大操大办,实行播放哀乐、鞠躬、默哀、佩戴黑纱等文明健康的丧葬礼仪。

第八条　宴席操办标准。宴席规模一般不超过 50 桌,每桌菜品不超过 12 个,烟酒标准最高不超过当地中档水平。

第九条　遵守文明健康社交礼仪。非亲戚间人情往来不超过

200元。

第十条　村(居)民不按照规定执行的,村(居)委会、理事会取消其5年内一切福利待遇及评先表优资格,纳入黑榜张榜公示。

佑溪村红白事理事会的设立可以较好地规范和监督红白事的操办,使村民在遵守会规的前提下相互帮忙,更方便地办好婚丧嫁娶等人生大事,既节省时间,又节约资金。另外,红白理事会管理办法对办事规模进行限定,规定宴席提供的烟、酒标准,有助于整治乡村奢靡的风气,更好地实施村民自治。对于红白理事会的设立,村民褒贬不一。部分村民认为,红白理事的设立为当地人操办婚丧嫁娶等人生大事提供了高效优质的服务,可解决红白喜事人手不足等问题,缓减主家的压力,使仪式活动更加合理化。但亦有少部分村民对此表示不理解,他们认为,红白喜事为自家私事,不该受到他人的干扰和管控。这种认知的形成与红白理事会成立时间短、宣传不足等原因密切相关。

第二节　乡村治理规范

在乡土社会中,村规民约是调节不同家庭之间的行为准则与规范,家规家训则是村规民约的具体化,是调节家庭内部成员的行为准则与规范。[①]将村规民约、家规家训融入当代乡村治理之中,不仅可以节约乡村治理成本,还可以提高乡村治理效率,实现和谐乡村与美丽乡村的目标。佑溪村的村规民约、家规家训在当地的乡村治理中亦发挥着重要作用。

一、村规民约

相较于正式的法律制度,村规民约作为一种内生于乡土社会,调解村民日常行为的道德准则而存在,常被看作是具有一定权威性的民间规范。[②]村规民约形成于当地居民的生产实践,并随社会发展而不断变化、完善,推动村庄治理的进步。

20世纪60年代,原佑溪村村民存在赌博、偷盗、酒后滋事等现象,对当地社会的和谐稳定产生负面影响。因而,原佑溪村村委会商讨制定村规民

① 丁成际:《试论传统文化在乡村治理中的作用》,《湖湘论坛》2017年第3期。
② 沈费伟:《乡村秩序重构:实现乡村振兴的策略选择》,《学术交流》2020年第7期。

约,期望能在一定程度上改变这一现象。该村规民约涉及遵纪守法、尊老爱幼、互帮互助等内容。据村民介绍,"当时的佑溪村情况比较混乱,所以,就制定了一版村规民约,当时的多数人都遵守,只有少部分人不遵守"。由于各种原因,该规约虽没有留下完整的记录,但对佑溪村后续村规民约的制定奠定了良好的基础。

此后,佑溪村根据政情、村情不定期修订村规民约。根据现存的三版佑溪村规民约可以看出,不同时期的文本内容都是在前一文本的基础上根据当时社会情况的变化与工作任务的要求而有所增减。因此,不同版本之间呈现出较强的承接性。在2014年左右,佑溪村村委会制定了《佑溪村村规民约(十五条)》。该规约涵盖内容较全,不仅包含着尊老爱幼、勤俭持家等优良传统,也将中央出台的政策、上级党委和政府推出的政策等以具体条例的形式呈现出来。如第十四条规约"认真执行计划生育国策,提倡晚婚晚育……反对非法婚和计划外生育"。同时,该规约对违反村规民约者的惩戒也做了较为详细的规定,对佑溪村民有一定的警示作用。

佑溪村村规民约(十五条)

第一条　为切实保障村民的合法权益,维护农村社会稳定局面,创造和谐有序的生产、生活环境,促进本村物质文明、政治文明和精神文明的协调发展,根据我国有关的法律和政策,经全体村民代表讨论通过,特制定本村规民约,望全体村民自觉遵守,互相监督和共同管理。

第二条　本村规民约是群众性自我约束、自我管理的行为规范准则,适用于辖区内的全体村民,由村民委员会和公民道德理事会共同负责监督执行。

第三条　全体村民要自觉学习贯彻执行党和国家的路线、方针、政策,遵守国家的法律法规以及本村的各项规章制度,主动维护改革发展稳定的大局,创造和谐的发展环境。

第四条　积极支持各项社会公益事业,不在国家工程、重点项目以及村集体公益事业建设中"敲竹杠""扯横皮"。正确处理国家、集体、个人三者之间的利益关系,提倡奉献社会,在个人利益与国家和集体利益发生冲突时,要优先把国家和集体利益摆在首位。按政策程序依法维护自己的合法权益,不搞过激行为,不集体上访,不越级上访,不无理缠访,自觉遵守社会公共秩序。

第五条　生活方式健康,自觉抵制黄、赌、毒,反对封建迷信及其他不文明行为。不参加任何邪教，不在非宗教活动场所从事宗教活动。提倡喜事新办，丧事从俭，移风易俗，不请神弄鬼，不算卦相面，不看风水，不听、看、传播迷信和淫秽书刊音像制品。

第六条　建立和谐的人际关系，不搞宗派活动，反对家族主义。邻里之间和睦相处。与人为善，互相尊重，互相帮助，不吵架、不斗殴、不侮辱、诽谤他人；彼此坦诚相见，相互谦让宽容，有话当面说清，不在背后造谣惑众、拨弄是非。

第七条　尊老爱幼，不歧视妇女，不虐待老人，反对家庭暴力。子女必须依法对老人尽赡养义务，不得相互推诿责任，不得遗弃、虐待老年人，要为老人提供有保障的衣食住行、看病就医和文化娱乐生活等条件。

第八条　保护生态环境，搞好环境绿化、美化和村容整洁。不乱砍滥伐，不随意开山炸石，不在房前屋后堆柴草、乱倒垃圾，禁止畜禽放养，粪土污水要及时清理，日常穿戴整洁，庭院勤打扫，厕所常冲洗，室内摆设条理化，培养良好的卫生习惯。

第九条　在生产经营、经济借贷、生活交往过程中，应遵循平等、自愿、互利的原则，自觉履行诺言，依法诚信纳税，对自己的各种社会承诺主动承担责任，不偷奸耍滑，不投机取巧，不占小便宜。

第十条　谈吐文明，举止大方，待人处事不讲粗话、脏话。讲究公共卫生，不随地吐痰，丢垃圾，不在公共场所高声喧哗。自觉维护社会秩序和公共安全，不偷盗、不打架斗殴，不酗酒滋事，不聚众赌博，不阻碍公务人员执行公务，树立良好的公民形象。

第十一条　提倡奉献社会、乐于助人，主动关心和帮扶老、弱、病、残者，力所能及地帮助他们解决生产生活上的实际困难。提倡每个农村家庭一年至少要为社会做一至二件有益的事。

第十二条　爱护公共财产，不侵占集体财产和他人财产，节约用电、用水、用地，不得损坏水利、交通、供电、生产、广播电视等公共设施。

第十三条　父母、继父母承担未成年或无生活能力子女的抚养教育。不准虐待、歧视病残儿童、继子女和收养的子女。家长要依法保证子女完成九年义务教育。男女对父母遗产享受平等的继承权（同时应履行赡养义务）。

第十四条　认真执行计划生育国策，提倡晚婚晚育，优生优育，鼓励和提倡一对夫妇只生一个孩子。反对非法婚和计划外生育。

　　第十五条　违反村规民约的，轻者由村民委员会或公民道德理事会给予批评教育，或责令作出书面检讨，并向他人赔礼道歉，赔偿有关损失；经教育仍不改正的，记入公民道德档案；情节严重触犯刑律的，由司法机关依法处理。

2014 年，长阳土家族自治县公安局开始定点帮扶佑溪村。由于村规民约在脱贫攻坚、乡村发展中发挥着重要作用，其完善和改进得到佑溪村村委会和长阳土家族自治县公安局的重视。在 2017 年左右，佑溪村村委会根据村民和长阳土家族自治县公安局的意见、建议，拟定了《佑溪村村规民约》草案并不断修订完善，最终，高家堰镇审核通过了《佑溪村村规民约（八条）》。该版村规民约每条都为 13 个字，讲究对称性，避免了《佑溪村村规民约（十五条）》的冗杂，更加朗朗上口。该规约延续了《佑溪村村规民约（十五条）》的部分内容，如"爱党爱国""遵纪守法""尊老爱幼""保护环境"等；删减了《佑溪村村规民约（十五条）》中不合时宜的部分内容，如"一对夫妇只生一个孩子"等。同时，该规约根据现实需求，增加了"脱贫致富""强组织"等内容。

佑溪村村规民约（八条）

　　勤劳作、兴产业，脱贫致富有盼头。

　　等靠要、真不好，懒惰行为遭嘲笑。

　　讲卫生、护环境，宜居环境靠自己。

　　孝父母、爱子女，家庭和睦聚喜气。

　　树新风、讲文明，公序良俗别背弃。

　　遵法纪、守规矩，平安和谐齐努力。

　　听党话、跟党走，小康路上手牵手。

　　强组织、固阵地，福泽佑溪新天地。

2022 年，佑溪村基于新形势，针对所面临的问题而制定出最新一版《佑溪村村规民约（十二条）》。该版村规民约是佑溪村村委会在广泛征求群众意见的基础上商讨拟定草案，而后在村民代表大会上进行修改和表决，表决通过后提交高家堰镇审核备案，然后统一印发到各组各户。该版规约每条 19 字，讲究对称性，多使用"要"等引导性、倡导性副词和"不要"等禁令性、劝诫性副词，是对《佑溪村村规民约（八条）》的扩充和完善。其中，规约中的"遵纪守法""尊老爱幼""保护环境"等延续了《佑溪村村规民约（八条）》的内容，同时添加了"科技兴农""清正廉洁"等充满时代气息的新内容。事实上，该村规民约基本上是按照官方要求而拟定的,具体内容包括规范日常行为、维护公共秩序、保障群众权益、调解群众纠纷与引导民风民俗。[①]

佑溪村村规民约(十二条)

一、要遵纪守法、履行义务,不要违法乱纪、滋事肇事。

二、要相信科学、反对迷信,不要听巫信教、崇邪拜教。

三、要弘扬美德、尊老爱幼,不要虐待老人、歧视妇女。

四、要彼此谦让、互相尊重,不要恶语伤人、以强欺弱。

五、要艰苦创业、科技兴农,不要奢侈浪费、愚昧落后。

六、要礼貌待人、热情好客,不要污言秽语、伤害他人。

七、要男女平等、优生优育,不要性别歧视、违反国策。

八、要美化环境、爱护公物,不要蚊蝇漫飞、陋习滥行。

九、要群策群力、同心同德,不要独断专行、离心离德。

十、要邻里团结、家庭和睦,不要分裂斗争、反目成仇。

十一、要互帮互助、共同发展,不要自私自利、独自停滞。

十二、要大公无私、清正廉洁,不要自私自利、贪赃枉法。

随着法制的健全和社会的发展,佑溪村村规民约内容更加具体和完善。这些源于民间、用于民间的村规民约无形中规范和约束着村民的行为,维护着佑溪村的稳定和发展。正如村委会工作人员所说:“在疫情防控期间,红白事简办、停办事宜工作做得较好,除了村委会工作人员起着重要的引导作用外,村规民约也起到了潜在的约束作用。”

二、家规家训

家庭是社会的基本细胞,在中国的政治、经济、文化发展中处于基础性地位。家规家训是一个家族中祖先对后人、族长对族人、长辈对晚辈的训示或者规约,包含着丰富的道德文化,集中展现了中华民族生存发展的德性与智慧。[②] 家规家训自古以来就存在,无论是鸿篇巨制,抑或是片纸短章,一直在中国传统家庭伦理、社会风气、国家治理中发挥着不可替代的作用。

---

① 《民政部中央组织部中央政法委中央文明办司法部农业农村部全国妇联关于做好村规民约和居民公约工作的指导意见》,https://mzzt.mca.gov.cn/article/zt_cgmy/zcwj/201812/20181200013983.shtml,访问日期:2022 年 9 月 28 日。

② 李桂梅、张翠莲:《传承发展家训家规提高乡风文明水平》,《光明日报》2019 年 2 月 18 日第 15 版。

佑溪村以曾、周、颜等大姓为主，各家族在 20 世纪 60 年代以前都有祠堂。祠堂主要用于祭拜祖先、解决纠纷、收粮收款等。祠堂设有族长一职，由同一家族之人通过投票选举而产生，优先选择同族中德高望重、比较有威望的长辈，他们多是家规家训的执行者和监督者。如果族中发生矛盾纠纷，族长通常会在祠堂进行调解，并按照家规家训作出评判，给予相应的调解或惩罚。这对维护家族稳定和促进社会发展具有一定意义。20 世纪 60 年代，佑溪村祠堂破毁，其所发挥的作用也逐渐消失，但各家族中的家规家训仍发挥着重要作用。如当地周姓后人仍遵守祖先周旺发墓碑上刻的"永不许私自砍伐，若后之子孙窃砍此树，合族人□务，须同心协力送至公庭□，按律治罪，绝不姑宽……"规训，爱护山林、不乱砍滥伐。

受各种因素的影响，佑溪村许多记录成册的家规家训已消失，但仍有部分通过口口相传得以流传下来，成为佑溪村民不可忽视的思想、道德、文化财富，影响着当代的佑溪村民。村民 ZYZ 教育子女："做人要真实；任何时候都要孝顺，教导子女只有懂得孝顺奶奶，才会孝顺父母，感恩于人；任何时候都要勤，要勤于读书，因为读书可以改变命运，走出大山；任何时候都要诚，诚是立身之本。"村民 ZXP 家的家训则是："不读书，没出路；走正路，向好人学习；不能赌博打牌。"这些家规家训继承和弘扬着"孝道""勤劳""诚信""勉学"等中华传统美德，教育着子孙后代朝着仁、义、礼、智、信的方向成长成才。同时，这些家规家训与我国社会主义核心价值观高度契合，对于促进家庭和睦、亲人相亲相爱、老人老有所养、下一代健康成长、社会和谐等具有重要意义。

第三节　新乡贤

乡贤在《汉语大词典》中定义为"乡里中德行高尚的人"，是中国传统乡村社会中的一个比较常见的群体。[①] 乡贤是由"乡"和"贤"所构成。首先，要具备地域性，既是本乡本土人，并具有浓厚的乡情，对故土有责任感和归属感；其次，乡贤要有品德、能力和声望，在当地社会中具有较高影响力。在新的时代背景下，传统乡村已逐渐向现代化乡村转变，新乡贤作为乡村治理

---

① 李岁科：《新乡贤参与乡村振兴的价值、困境与优化路径》，《原生态民族文化学刊》2021 年第 4 期。

的新型主体参与到乡村治理的实践中。① 新乡贤是指"在新时代与乡村有着人缘、亲缘、地缘等渊源关系，拥有较强技能或本领，兼具良好的道德修养水准，且有意愿为乡村发展进步贡献力量的人士"②。目前佑溪村也出现了数位新乡贤，他们以自身能力带动和影响着其他村民，在乡村建设和治理中发挥着重要作用。

首先，新乡贤促进乡村经济发展。佑溪村的部分新乡贤多为在外工作后再回乡创业的人，他们视野广、头脑活、会经营、敢尝试，故而可以利用自身知识和经验，整合乡村自然与社会资源，发展农村特色产业，促进村民就业增收，推动当地经济发展，为乡村治理筑牢经济基础。

案例1：

ZHX为佑溪村致富带头人。他高中毕业后在一家化工公司工作，公司倒闭后返乡开始自主创业，成立了诸如咕噜垭木瓜合作社、润禾合作社等多个合作社。ZHX现种植有洪山菜薹、萝卜、黄瓜、辣椒等蔬菜，油桃、冬桃、李子等水果，菖蒲等药材，养殖鸡、猪等家畜，多元发展。正如他所说，"鸡蛋不能放在同一个篮子里"。到水果、蔬菜、药材等种植、收获的季节，他会为当地村民提供临时性岗位，带动佑溪村居民增收。同时，ZHX通过阅读、查阅相关书籍并向他人请教学习，学会了给猪打针、预防病虫等技术，有效减少了种植、养殖的成本和损失。此外，ZHX率先试种15亩地的优良高粱，此高粱是由三峡大学廖照江教授团队研发的新型农作物品种。若收成可观，他计划流转1000亩地，成立高粱合作社，带动佑溪村民致富。

案例2：

ZXP年轻时在外地从事保险工作，后回乡发展，为佑溪村的经济发展起着重要的带头作用。三峡大学孙翔林教授培养出一种新型蚯蚓，在佑溪村进行试养，以评估蚯蚓的生长情况及新型蚯蚓可获得的收益。如果新型蚯蚓收成可观，三峡大学驻村工作队将联合佑溪村村委会在佑溪村进行大规模推广，推动佑溪村产业振兴。但由于村民在一

---

① 张利庠、唐幸子：《新乡贤、变革型领导力与乡村治理——基于嵌入式多案例研究》，《农业经济问题》2022年第10期。

② 李岁科：《新乡贤参与乡村振兴的价值、困境与优化路径》，《原生态民族文化学刊》2021年第4期。

定程度上具有传统的保守思维,对全新事物不敢接受也不愿冒险,因而佑溪村几乎没有人愿意试养蚯蚓。而 ZXP 则成为与孙教授合作的第一人。目前,ZXP 的养殖工作正在顺利进行。

其次,新乡贤能有效化解矛盾纠纷,维护乡村秩序。佑溪村的部分新乡贤有着较为丰富的社会经验和广泛的人际关系,在村中有声望、口碑好,且关心村中事务,因此,他们在化解矛盾纠纷中发挥着重要作月,对于促进村庄善治、维护佑溪村的和谐稳定具有积极意义。

案例 3:

ZXP 在佑溪村有能力、有声望,多次化解村民之间的矛盾纠纷,维护了佑溪村的和谐稳定。ZXP 所在的村小组如果发生矛盾纠纷,便会联系 ZXP,让其充当中间人进行调解。一些纠纷矛盾在 ZXP 家中就可得到妥善解决。此外,ZXP 较为顺利的发动村民打通了佑溪村至原周家山村的公路。该公路的修建需要占用许多村民的山林、田地,容易引发矛盾纠纷。但由于 ZXP 的能力与声望,佑溪村民都比较信任他,同时他在前期做了大量土地占用的协调工作,因而在修公路的整个过程中没有发生任何纠纷。

最后,新乡贤能推动乡村文化发展,涵育文明乡风。佑溪村的部分新乡贤较为关注乡村文化的发展。他们利用自身较高的文化素养和道德修养,带动村民参与文化建设,丰富村民的文化生活,推动佑溪村民交往、交流,使村民更加团结和睦,促进形成包容、关爱、互助的文明乡风。

案例 4:

YXL 为佑溪村"打家业"团队的负责人,他努力学习"打家业"技能并积极鼓励村民学习"打家业",根据参与者的个人天赋为其安排适合演奏的乐器。为了扩大团队和不断培养传承人,YXL 联系佑溪村村委会借乐器以解决乐器欠缺的问题。YXL 表示:"'打家业'是非物质文化遗产,村民学习'打家业'不仅能促进其传承,而且能带动村民再就业。同时,一起练习'打家业',可以促进他们的交往、交流,增强凝聚力。"在 YXL 的带动下,佑溪村学习"打家业"的村民越来越多。

在佑溪村,有品德、有才能、有声望的新乡贤深受村民爱戴,这些人并不是官方认定的,而是在长期的生活中为村民所公认。他们在引领乡村价值取向、传承乡村文化传统、化解村民矛盾纠纷、帮劲村民发家致富等诸多方面发挥着突出的作用。他们成为建设美丽乡村、促进村民自治的重要力量。

佑溪村的发展离不开新乡贤,培养新生乡贤对佑溪村的发展具有十分重要的意义。

第三节　社会组织

社会组织一般有广义和狭义之分,前者泛指一切人类共同活动的群体,包括氏族、家庭、秘密团体、政府、军队和学校等;后者是指人们为了实现共同目标,将其行为彼此协调与联合起来所形成的社会团体。[①] 狭义的社会组织是人类组织形式中的一部分,是人们为达到特定目的而组建在一起的稳定的合作形式。本章所提到的社会组织均指代狭义的社会组织。佑溪村现有的社会组织大致可分为两类,一类是经济类社会组织,较具代表性的有长阳咕噜垭木瓜种植专业合作社和长阳润禾农业种植专业合作社[②];另一类是社会类社会组织,包括华琳红白喜事服务队、杀猪队等。

一、经济类社会组织

(一)经济类社会组织发展概况

佑溪村所拥有的比较典型的经济类社会组织是合作社。合作社就概念而言,是在农村家庭承包经营基础上,由生产经营同类农产品或提供同类农业生产经营服务的人,自行联合成立并且实行民主管理的合作经济体;就服务对象而言,是服务于合作社成员,并为其提供农业生产必需品的统一购买,农产品的储藏、加工、运输、销售及与农业生产经营相关的信息技术服务的合作经济体。[③]

1.长阳咕噜垭木瓜种植专业合作社

长阳咕噜垭木瓜种植专业合作社成立于 2019 年 1 月 23 日,注册资本

---

① 郑杭生主编:《社会学概论新修(精编版)》,北京:中国人民大学出版社,2009 年,第172 页。

② 除文中这两个合作社之外,佑溪村还设有宜昌优利可柠檬专业合作社和长阳红明养殖专业合作社(内含塔儿岩药材种植合作社)。但是,宜昌优利可柠檬专业合作社运营态势不良,长阳红明养殖专业合作社实由 ZHM 夫妻二人经营,内含的塔儿岩药材种植合作社又尚处投资阶段,故均未在文中作详细介绍。

③ 概念总结于《中华人民共和国农民专业合作社法》第一章总则第二条。

为 500 万人民币，法定代表人为 ZY，注册地址为长阳高家堰镇佑溪村七组 39 号，由五位村民共同持股，其中 ZHX 与 ZY 各自持股 30%，ZJC 持股 20%，ZSY 与 ZSL 各持股 10%。该种植专业合作社的成立依托于高家堰镇佑溪村退耕还林项目。林业局依据退耕还林政策为佑溪村规划了 500 亩的木瓜种植面积，并负责承担五年内的流转林地资金，咕噜垭合作社申领了其中 328 亩的种植指标。合作社的经营业务主要包括：组织成员从事木瓜种植与销售；为成员采购木瓜种植所需的生产资料；开展成员所需的产品运输、包装服务；引进木瓜所需的新技术、新品种、开展技术培训和咨询服务等。

2.长阳润禾农业种植专业合作社

长阳润禾农业种植专业合作社成立于 2020 年 7 月 7 日，主营果树、花卉、苗木、盆景、景观树、蔬菜、茶叶等经济作物种植。注册资本为 100 万元，由五位村民共同持股，ZHX 持股 60%，ZSY 持股 10%，LHQ 持股 10%，WZY 持股 10%，ZGF 持股 10%。该合作社的经营业务与咕噜垭木瓜种植专业合作内容相似，包括：组织成员从事的种植、加工、销售；为成员采购果树、花卉、苗木、盆景、景观树、蔬菜、茶叶种植所需的生产资料；开展成员所需的产品运输、包装服务；引进果树、花卉、苗木、盆景、景观树、蔬菜、茶叶种植所需的新技术，开展技术培训、技术交流和咨询服务等。

（二）经济类社会组织的功能

农村合作社是由民主控制、成员共同所有的一种特殊的企业组织形式，其不同于资本控制或政府控制的企业，合作社要满足社员的社会与文化需求，并促进其所在社区的持续发展。[①]

佑溪村的合作社虽然发展时间不长，但发展速度快且态势良好，为佑溪村带来了许多积极影响。首先，合作社促进了佑溪村农业种植水平的发展，合作社在运行过程中，会引进种植所需的新技术，开展技术培训、技术交流和咨询服务，帮助村民提高种植技术；同时，合作社注重标准化生产，明确农产品的收购标准，从而促使农户自主学习，不断改进种植技术。其次，佑溪村各种合作社的成立降低了农户与市场对接的门槛。单个农户想直接与市

---

① 张晓山：《合作社的基本原则及有关的几个问题》，《农村合作经济管理》1998 年第 2 期。

场进行对接需要耗费较大的成本,需要丰富的人际关系、信息渠道、销售本领等,这对于普通农民来说较困难,而合作社的建立可以将分散农户聚集在一起,使其充分发挥各自优势,实现资源共享、信息互惠,形成一张巨大的销售网络,解决农户的销路难题。再者,佑溪村合作社的成立,为当地村民提供了就近的务工选择,填补村民非农耕时间的收入空白,有利于提高农村常住居民的收入。最后,合作社的出现和发展是对国家政策的积极响应,有利于促进佑溪村的产业化发展,有效推动佑溪振兴,为农民创造更好的生活和更多的可能性。

二、社会类社会组织

(一)社会类社会组织概述

1.华琳红白喜事服务队

红白喜事是村民至关重要的人生仪式。传统红白喜事操办多采用互帮互助的方式,但随着农村青壮年人员的外流和人口老龄化的加剧,佑溪村逐渐形成了商业化的红白喜事服务队——华琳红白喜事服务队,成立于2011年,主要承接佑溪村及周边村庄红白喜事的帮厨工作。该服务队由村民ZHL成立,由两名厨师和数名服务人员构成,服务人员并不固定,多是从佑溪村临时雇佣的40～60岁女性。其中,队长ZHL(即负责人)主要负责红白事的工作接收与统筹,包括接收任务、人员招募、工作分配等。

服务队根据业主需求提供不同服务,并收取相应费用,主要分为不包场和包场两种形式。若雇主选择不包场,承办一场红白喜事,服务队需安排6～7人,只要承担后厨事务,包括做饭菜、提供餐具(桌椅、厨具、碗筷等)等,其他事务如食材采买、客人招待等由雇主自行解决。承办酒席30桌及以下,红事收费1600元/场,服务时长为1天;白事收费1900元/场,服务时长为2天,超过30桌的部分按30元/桌收费。实际上,佑溪村内办红白喜事,服务队并不会收取超过30桌的那部分费用,只有在承办外村红白喜事时超过30桌才会增收额外费用。若雇主选择包场,服务队需安排12个人,除记账和车辆停靠指挥外,所有招待事务均由服务队负责,包括收碗、洗碗、添茶倒水等。由于服务内容更多,收费相应更高,雇主需在1600～1900元/场的基础上额外支付服务队3000元。办事所需食材,雇主可自行购买,也可由服务队代购,若服务队代购则收取相应费用。

第三章 运行保障:佑溪村的乡村社会治理

2.杀猪队

佑溪村几乎家家户户都会养年猪,每逢农历的冬月(十一月)、腊月(十二月)便会开始"杀年猪"。杀猪并不是一件轻松容易的事情,需要几个有力气的壮年共同协作才能完成。佑溪村以前"杀年猪"多是采取互助形式,亲友邻里间互助帮忙。但随着外出务工机会增多,村里许多年轻人选择外出务工,留下的多是年老体弱的村民,到"杀年猪"时便会人手不足。有需求便会有市场,慢慢地就出现了专业的杀猪队。

佑溪村有两支专业的杀猪队,负责人分别为三组的 WDQ 和四组的 AP,每队由相对固定的 3—4 名村民组成。两支队伍的收费标准一致,2022 年的行价为 150 元/头,不存在恶意竞争的情况。因为佑溪村村民在杀猪日期的选择上会有一定忌讳,导致吉日集中杀年猪的人家会很多,因此请杀猪队杀年猪需要提前预约。杀猪队会根据预约情况决定出工人数,如果提前预约的人家很多一般就 4 人出工;如果预约的人家少一般就 3 人出工。到了约定时间,队员们会骑着载有烧水工具的三轮车到村民家中杀猪。他们分工明确、办事效率高,处理 1 头猪一般只需要一个半小时。

(二)社会类社会组织的功能

随着经济发展,农村很多年轻人选择在外务工,常居村里的年轻人逐年变少,出现红白喜事操办人员不够、家里杀猪人手不足等问题是一种必然。同时,随着村民收入的提高,他们也更愿意花钱解决人手短缺的问题,专业化服务便应需产生。如此,佑溪村如华琳红白喜事服务队、杀猪队等社会类社会组织成立的意义便显现出来。就服务对象而言,这些社会组织的存在给有需要的人提供了便利,满足了村民的必要需求;就服务者本身而言,这些组织也带来了更多的收入,有利于个人及家庭生活水平的提高;最重要的是在社会层面,这些社会组织的存在促进了经济的流动和人员的交往,增进了村内以及村与村之间的交流互助。

79

第四节　社会关系

　　社会关系是人们在社会共同活动中所形成的相互联系，即在社会生活中，人与人之间通过联系、沟通、交往或共同参与活动所必然形成的各种关系。[①] 随着时代的发展进步，农村村民的生存空间和生活方式发生巨大变化，他们可通过外出务工、加入专业合作社或开展个体经营等方式拓宽社交网络，从而丰富自身的社会关系。佑溪村村民的社会关系大致可分为亲缘关系和非亲缘关系两类。

一、亲缘关系

　　亲缘关系是人类社会关系中相对于地缘关系、业缘关系等而存在的亲属关系，包括由生育带来的血亲关系和由婚配带来的姻亲关系，在社会结构中属于传统的先赋关系范畴。[②] 亲缘关系既涵盖父系继嗣所形成的宗族群体，也包括由婚配构成的姻亲群体，本节将从家庭关系、亲戚关系和姻亲关系三个方面展开论述。

　　（一）家庭关系

　　家庭关系是家庭成员之间的固有关系，由具有婚姻和血缘关系的三代人一起构成，包括夫妻关系、父母与子女的关系和（外）祖孙关系等。

　　家庭代际关系。在佑溪村交通闭塞时，村民主要通过农业生产和养殖获取家庭经济收入。随着经济发展、交通日渐便捷，越来越多的年轻人开始外出务工，村里的年轻人越来越少，家庭代际关系亦发生了微妙变化。佑溪村的许多青壮年迫于家庭生活压力而四处奔波，多数在结婚生子后也依然常年在外务工，将子女留予父母抚养。他们长时间离家在外，虽能从经济上给予父母一些补偿，但是难以为父母提供及时的帮助与陪伴；其子女也只能长期与（外）祖父母生活，缺少来自父母的关心与呵护。

　　夫妻关系。在以农业生产为主的年代，由于男女体质上的差异，对体力要求更高的农业生产更加适合于男性，便形成了"男主外女主内"的传统家

---

　　① 孙立平：《"关系"、社会关系与社会结构》，《社会学研究》1996年第5期。

　　② 郭于华：《农村现代化过程中的传统亲缘关系》，《社会学研究》1994年第6期。

庭模式。女性没有过多的自由和决定权，主要负责照看孩子、承担家务、照顾老人和做些农活。自改革开放后，男女地位日渐平等，多数农村女性有了更多的选择，即在企事业单位上班、进工厂工作、到城里打工、个体经营等。女性有了自己的经济收入，这促使其在夫妻关系中地位不断提高、夫妻角色亦发生转变。调查发现，佑溪部分女性因外出工作收入有所提高，特别是高中及以上学历的年轻女性，其收入几乎可与男性持平，有的收入甚至高于同层次的男性。不少女性表示，"挣钱才是硬道理，有钱了在家中才能说上话"，佑溪村夫妻双方的家庭地位更加平等。

（二）亲戚关系

亲戚即与自己家庭有婚姻关系或血缘关系的家庭及其成员，不包括家庭成员及父系亲属。亲戚关系是家庭之间因婚姻或血缘关系建立起来的一个关系网络，是一种自己无法选择的关系。不论亲戚间是否交往，这种关系都是客观存在。通常情况下，互为亲戚的家庭成员间关系十分密切、来往频繁且感情深厚，但由于现代社会家庭的小型化、空间分离速度不断加快，亲戚关系又每每因当事双方的互动与互助情况而有关系亲疏之别。

随着生计方式、交通及通信工具的改变，佑溪村的亲戚关系呈现出新的时代特点。青壮年因外出务工就业，一年中待在村里的时间并不多，亲戚间的日常交往少之又少；而年长者因年纪大、行走不便等原因，亦很难频繁地进行亲戚间的来访互动。原有"面对面"沟通逐渐减少，只有在家里举办大型红白事（如儿女结婚、老人过世、建房修坟、生儿育女等）时，亲戚之间的这种来往互动才相对频繁。但是，佑溪村多数人都配有智能手机，随着电话、QQ、微信等现代通信工具的大众化普及，也为亲戚间交流沟通提供了便利。

（三）姻亲关系

姻亲关系是基于婚姻关系而形成的非血缘亲属关系，具体包括旁系血亲的配偶，如弟媳、姐夫等；配偶的血亲，如岳父、小姑等；配偶血亲的配偶，如妯娌、连襟等。其中，最核心的姻亲关系当属夫妻双方与伴侣父母间的关系，即丈夫与岳父母，妻子与公婆间的关系。[①] 在姻亲关系里，作为纽带的夫妻扮演着重要的角色，影响着关系网的密切与牢固。在曾经的佑溪村，姻

---

① 杨柳作：《当代家庭问题与社会工作》，北京：知识产权出版社，2020年，第106页。

亲关系密切,但随着生计方式的改变,这种关系逐渐发生了变化。一方面,夫妻双方的长期外出务工使得其常缺席与姻亲关系的日常活动,夫妻双方的父母及兄弟姐妹等日常来往也较少,关系较为疏远。另一方面,男性长期在外务工,而女性独自留守家中照顾老人小孩,更易导致婆媳关系的不和,从而加剧夫妻之间的矛盾。

二、非亲缘关系

(一)地缘关系

地缘关系是因居住在共同的区域,以地域观念为基础而形成的人际关系,如邻里关系、同乡关系等。[①] 佑溪村由地缘所结成的邻里关系、同乡关系较为融洽。

邻里关系。佑溪村的民居虽分布零散,同村异组的邻居平时来往相对较少,但是当邻居举办红白事时,大部分村民都会积极响应、随礼帮忙。在传统的乡土社会里,邻里是个人及其家庭相互帮助和获取重要资讯的关键渠道,"远亲不如近邻"是对传统农村邻里关系的最好表达。另外,佑溪村与邻村之间有乡村公路连通,各村间的距离被缩短,也慢慢地改变了村与村之间的邻里关系。佑溪村的地缘关系不断扩大,与邻村人们感情交流更加频繁,实现了农村从相对闭塞到开放与交融的转变。

同乡关系。佑溪村的同乡关系体现在两个方面。一方面,佑溪村存在由相同省份嫁入的女性搭建起来的同乡关系。这些女性多数保持对同乡关系的认可,心里也存有一定的"老乡"情结,但迫于生计前往外地就业,留在佑溪村从业谋生的并不多,虽然有同乡情结,但鲜少组织集体活动。另一方面,邻里结伴包工、带工的同乡关系也是佑溪村一种重要的地缘关系形式。在佑溪村及周边邻村,许多村民结伴到同一个工头名下或介绍同村人去同一家工厂务工。村民们自发采用了"大手拉小手"和"左手拉右手"的帮带模式,这也成为当地村民寻找外出务工机会的重要方式。

(二)业缘关系

业缘关系是指由共同的工作和事业结合而构成的一类人际关系,如师

---

① 刘培峰:《亲缘关系、地缘关系与乡镇私营企业主的生成》,《社会》2003年第8期。

生关系、同学关系、同事关系等，这种关系打破了血缘和地区的界限，而以工作、事业为联结人际的纽带。[1] 随着现代化进程的不断加快，村民兼业化程度提高，佑溪村村民的业缘关系越加凸显。比如湖南左氏集团长阳锰厂里形成的同事关系、因驾驶校车形成的雇佣关系、因售卖商品形成的买卖关系等。

同事关系。据不完全统计，截至 2022 年 7 月，通过帮带到长阳锰厂里上班的佑溪村民不少于百人次，仅 2022 年就有 21 名村民在厂里务工，一些村民的工龄达到十年以上。这些员工之间关系融洽，由同乡衍生业缘乃至朋友关系，拓宽了他们日常的生活圈子。

雇佣关系。自佑溪村小学合并迁至彭家河小学后，村里孩子读书远，孩子们上下学乘车成为困扰村民的大问题。1 组的 WZY 为解决村民的后顾之忧，便把家里闲置的面包车利用起来，将其变成佑溪村孩子们的"校车"，一干就是 5 年多。因此，WZY 受到村民的欢迎与高度认可，几乎所有老人和小孩都认识他的人和车。WZY 说："村里以前不认识的这些孩子现在都变成了他的亲人。"

买卖关系。佑溪村山上居住了许多老人和小孩，下山购买东西十分不便，1 组村民 ZLP 便提供蔬菜、糖果、大米、油、盐、酱、醋等副食品的送货服务，以满足村里人的日常生活需求。到了农忙季节，如果村民需购买化肥等农用品，他也乐意接受村民电话委托送货到家。在上山售卖商品时，ZLP 还会帮老人交电话费、社保费、医保费等，只要能在手机上操作，他都有求必应，并当场出示电子发票以让村民安心。ZLP 在热心帮助村民的同时，也为自己创造了更多销售商品的机会，与村民建立了坚实的信任基础和良好的朋友关系。

（三）拟血缘关系

拟血缘关系不是基于生物上的血缘关系，而是一种后天选择的亲情关系，如认干亲、领养、认同宗、拜把子等。[2] 佑溪村的拟血缘关系主要是认干亲和领养，未发现认同宗和拜把子情况的存在。

---

[1]　宋雁慧：《农村青年业缘关系中的"人情与面子"研究》，《中国青年政治学院学报》2012 年第 2 期。

[2]　何俊芳主编：《民族研究文集》，北京：中央民族大学出版社，2012 年，第 155 页。

在佑溪村，部分不具备生育能力或失去孩子的父母会选择领养，以实现情感的慰藉与寄托。建立在"情感"基础上的领养是一种比较稳定的拟血缘关系。另外，在佑溪村还存在父母为出生不久的孩子认干亲的情况。一般多发生于新生儿身体状况不良，父母会请先生算八字，在邻里或周边村寨寻找合适干亲。与其他社会关系相比，佑溪村认干亲的行为越来越少。

第五节　社会保障与安定

农村社会保障制度是中国社会保障体系的一个重要组成部分。它是由国家依法建立、政府依规主导，通过国民收入的分配和再分配，对农村社会成员的基本生产和生活给予物质保障的各项法令、规章、措施的总称，一般包括最低生活保障、医疗保险、养老保险等[①]。它在保障农村社会安全稳定、帮助农村居民及家庭规避风险、改善和提高农民物质生活水平等方面发挥着重要作用，不断推动着农村向前发展。

一、社会保障制度的实施

近年来，随着经济水平提高、居民思想转变和政府的大力支持，佑溪村的社会保障工作持续推进。一个以农村基本养老保险、农村居民基本医疗保险、最低生活保障、农村五保供养制度为主，辅之以其他社会保障制度或政策措施的农村社会保障体系正在佑溪逐渐形成，并逐步完善。这对于解决佑溪村村民"生有所靠、老有所养、病有所依"等问题具有重要意义。

（一）农村基本养老保险

随着我国经济发展水平及医疗水平的不断提高，居民生活水平提高，人均寿命增加，老年人数量逐渐增多。截至 2021 年底，全国 60 岁及以上老年人口达 2.67 亿，占总人口的 18.9%；65 岁及以上老年人口达 2 亿以上，占总人口的 14.2%。据测算，预计"十四五"期间 60 岁及以上老年人口总量将突破 3 亿，占比将超过 20%，进入中度老龄化阶段。[②] 农村老年人数量多于城

---

① 尹蔚民：《建立更加公平可持续的社会保障制度》，《人民日报》2013 年 12 月 20 日第 7 版。

② 金振娅、张晓华：《国家卫健委：近十年我国老龄工作取得显著成效》，《光明日报》2022 年 9 月 21 日第 8 版。

镇,农村老龄化程度和速度都高于城镇。[①] 在这种形式下,农村基本养老保险的落实和推进变得尤为重要,是我国养老保障体系建设中的关键一环。

在我国,各地的基本养老保险并不相同。目前,长阳土家族自治县根据《中华人民共和国社会保险法》、《湖北省人民政府关于实施城乡居民社会养老保险制度的意见》(鄂政发〔2011〕40 号)和《宜昌市城区城乡居民社会养老保险实施办法》(2012)等规定,结合县域实际情况,实施《长阳土家族自治县城乡基本养老保险制度》。佑溪村的农村基本养老保险按照《长阳土家族自治县城乡基本养老保险制度》执行(见表 3-2)。

表 3-2　长阳土家族自治县城乡基本养老保险

基本原则	保基本、广覆盖、有弹性、可持续
参保对象	凡具有我县城乡居民户籍、年满 16 周岁(不含在校学生、现役军人、服刑人员)、非国家机关和事业单位工作人员及不属于职工基本养老保险制度覆盖范围的城乡居民。
缴费时间	城乡居民养老的缴费时间为每年 1 月 1 日至 12 月 31 日(即全年)。集中时间以各村(社区)通知的时间为准。
参保手续	符合参保条件的城乡居民,携带有效身份证件和户口簿,通过户籍所在地的村(社区)或乡镇人社服务中心或县社保经办机构等服务窗口现场办理。同时,可通过湖北省政务服务网或自助终端或移动应用等互联网服务渠道,上传有效身份证件、户口簿首页和本人页,填写《湖北省城乡居民基本养老保险参保登记表》。新参保人员只有办理以上参保手续并审核通过后,方可缴费。
缴费方式	通过电子税务局注册缴费;通过"楚税通"APP、"鄂汇办"APP 缴费;通过农商行、邮政银行手机银行缴费;农商行、邮政银行签约批扣;税务办税服务厅缴费;所在村(社区)直接组织征收缴费。
缴费档次	城乡居民缴费标准档次设为每年 300 元至 3000 元。参保人员自主选择档次缴费,多缴多得,不同年度可选择不同档次;特殊困难人员可按 100 元档次缴费。

---

① 金昱彤:《乡村振兴背景下的农村社会工作:流动性冲击与家为核心的发展路径》,《探索》2022 年第 3 期。

续表

基本原则	保基本、广覆盖、有弹性、可持续
政府补贴	对选择 100 元档次标准缴纳当年费用的,财政每人每年补贴 30 元;选择 300 元至 400 元档次的,补贴 45 元;选择 500 元及以上档次的,补贴 60 元。
到龄待遇	待遇是由基础养老金和个人养老金两部分构成。 基础养老金:①国家规定的基础养老金目前为 120 元。②缴费年限养老金。按照缴费年限每满 1 年,每月加发 1 元标准的基础养老金,其中按年连续缴费 15 年以上的人员;对超过 15 年的缴费年限,每超过 1 年按 3 元的标准计算发放。 个人账户养老金:个人账户养老金的月计算发放标准为个人账户全部储存额除以 139。
死亡待遇	死亡后次月起停止支付其养老金,向其遗属发放一次性丧葬补助金,标准按参保人员死亡当月享受的基础养老金标准的 10 个月确定,个人账户余额一次性支付给其遗属。

资料来源:长阳土家族自治县人民政府官网。

养老金领取额度与缴纳时间及投保等级密切相关。根据农村养老保险政策,只有缴纳满 15 年,且投保等级越高,才能在年老时领取更多的养老金。据统计,佑溪村在 2020 年超过 60 岁的人口有 419 人,该数据在 2022 年底将达到 495 人。其中,仅 2022 年就新增 49 人,他们的缴费年限集中在 7 至 14 年(见表 3-3)。佑溪村的大多数老年人都没有缴纳到规定年限,同时所选择的缴纳档次也是最低的基本养老保险。

表 3-3　2022 年佑溪村养老保险到龄人员缴费年限

缴费年限(年)	7	10	11	14
人数(人)	1	1	24	23

资料来源:佑溪村村委会。

(二)农村居民基本医疗保险

新型农村合作医疗是一项由政府组织、引导、支持,农民自愿参加,个人、集体和政府多方出资,以大病统筹为主的农民医疗互助供给制度,是一种参与主体多元、决定因素复杂的制度。[1] 2003 年,长阳土家族自治县被纳入全国新型农村合作医疗试点县。2017 年,湖北省实施统一的城乡居民医疗保险制度,将城镇居民医保和新农合医保合二为一。城乡居民医疗保险实行统一筹款标准、统一待遇政策、统一经办流程、统一信息系统,使城乡居民享受"同病同保障"。目前,佑溪村居民基本医疗保险按照《长阳土家族自治县城乡基本医疗保险制度》执行(见表 3-4)。

表 3-4　长阳土家族自治县城乡基本医疗保险

参保对象	长阳土家族自治县城乡居民。
缴费时间	城乡居民医保实行年缴费制,参保人员在一个年度内按同一缴费标准一次性缴纳。缴费期原则上为每年 9 月 1 日至 12 月 31 日,具体缴费时间由相关部门及时向社会公布。新生儿、服刑人员、参军退役军人等可在中途参保。
保险年度周期	保险年度周期为每年 1 月 1 日至 12 月 31 日。
缴费金额	①城乡居民每年缴费金额不确定,但每年个人缴费金额一般只增不减。②新生儿可在出生 90 天内办理城乡居民医保参保登记手续,免缴当年参保金额,次年以新生儿本人身份参保缴费。③农村低收入人口及其他特殊人群参保,由相关部门对其身份进行认定,给予个人缴费资助。
缴费方式	①"掌上"缴:通过湖北税务手机 APP"楚税通"、湖北手机 APP"鄂汇办"、参保地代征银行 APP 即可为自己和他人缴费。②"就近缴":通过参保地代征银行网点窗口、自助设备、代征服务点智能设备缴费;通过参保地所在村(社区)缴费;通过参保地服务中心大厅自助设备或窗口缴费。
普通门诊医疗待遇	在签约医疗机构普通门诊就医,合规医疗费用累计金额在 50 元以上 850 元(含)以下的报销 50%,单日支付限额 20 元,年支付限额 400 元,一般诊疗费统筹支付金额不占居民普通门诊统筹日支付限额额度;其中,经二级及以上定点医疗机构规范诊断,确诊为高血压、糖尿病,或经卫健部门规范管理认定的患者,不设起付线,合规医疗费用累计金额 800 元(含)以下的报销 55%,取消其普通门诊统筹日支付限额,年支付限额 440 元。

---

[1]　孙淑云:《论"新农合管理条例"的制定》,《理论探索》2012 年第 6 期。

续表

参保对象	长阳土家族自治县城乡居民。
住院医疗待遇	①基本医疗报销:参保居民在协议医疗机构发生的合规医疗费用,起付线以上部分按比例报销,一个保险年度内基本医疗统筹基金累计最高支付限额为12万元。②大病保险报销:普通人员、三类检测对象、孤儿大病保险年度最高支付限额1200元;特困、低保、返贫致贫人员大病保险取消封顶线。③住院分娩报销:住院分娩发生的符合规定的住院医疗费用纳入医保基金支付范围,最高支付限额1200元。意外伤害报销:意外伤害发生的符合规定的住院医疗费用纳入医保基金支付范围,单次住院最高支付额度5000元。

资料来源:《长阳土家族自治县医疗保障政策解读手册(2022)》。

2014 年,佑溪村被纳入长阳县 54 个贫困村之一,全村共计贫困户 205 户 553 人,2020 年全部脱贫。佑溪村有较多家庭、个人享受着农村基本医保的全额或部分个人缴费补贴。目前,特困人员、孤儿等特殊人群仍享受着农村基本医保的全额补贴。2022 年,佑溪村有集中供养对象 6 人,分散供养对象 11 人,他们享受着全额个人缴费补贴。低保对象和稳定脱贫户的个人缴费资助标准将逐渐降低,到 2025 年,佑溪村稳定脱贫人口将个人全额缴纳农村基本医疗保险费用(见表 3-5)。

表 3-5　长阳土家族自治县 2019—2022 年农村居民医疗保险个人缴费标准

缴费年度	医疗待遇享受时间	个人缴费标准（元）	资助、免缴对象
2022	2023 年度	350	特困人员和孤儿给予 100% 的补贴; 低保对象按照个人缴费的 90% 给予补贴; 返贫致贫人口和监测户按照个人缴费的 50% 给予补贴; 稳定脱贫人口按不低于 2021 年个人缴费资助标准的 50% 给予资助。

续表

缴费年度	医疗待遇享受时间	个人缴费标准（元）	资助、免缴对象
2021	2022 年度	320	特困人员和孤儿给予100%的补贴； 低保对象按照个人缴费的90%给予补贴； 返贫致贫人口和监测户按照个人缴费的50%给予补贴； 稳定脱贫人口按不低于2021年个人缴费资助标准的80%给予资助。
2020	2021 年度	280	特困人员、孤儿、最低生活保障家庭成员、丧失劳动能力的残疾人、严重精神障碍患者、计划生育特殊困难家庭中的特困家庭夫妻及其伤残子女、重点优抚等特殊人群,给予100%补贴； 精准扶贫建档立卡贫困人员,个人缴费120元。
2019	2020 年度	250	特困人员、孤儿、最低生活保障家庭成员、丧失劳动能力的残疾人、严重精神障碍患者、计划生育特殊困难家庭中的特困家庭夫妻及其伤残子女、重点优抚等特殊人群,给予100%补贴； 精准扶贫建档立卡贫困人员,个人缴费120元。
2018	2019 年度	220	特困人员、孤儿、最低生活保障家庭成员、丧失劳动能力的残疾人、严重精神障碍患者、计划生育特殊困难家庭中的特困家庭夫妻及其伤残子女、重点优抚等特殊人群,给予100%补贴； 精准扶贫建档立卡贫困人员,个人缴费120元。

(三)农村最低生活保障制度

农村最低生活保障制度是国家和社会为保障收入难以维持最基本生活的农村贫困人口而建立的一种社会救济。[①] 2007 年,湖北省决定在全省的

---

① 薛兴利、靳相木、刘桂艳:《试论农村最低生活保障制度的建立》,《消费经济》1998年第 1 期。

各县区建立农村最低生活保障制度。随着社会的不断发展,湖北省农村最低生活保障政策不断调整,标准日益提高,覆盖面逐渐扩大,最大程度做到应保尽保、应救尽救,在提高农民生活质量、缩小城乡差距、促进社会公平公正方面发挥了重要作用。

农村最低生活保障制度实行地方人民政府负责制,按属地进行管理。各地从当地经济发展水平和财力状况实际出发,合理确定最低生活保障标准和对象范围。目前,佑溪村按照《长阳土家族自治县最低生活保障制度》的标准执行(见表3-6)。

表3-6　长阳土家族自治县最低生活保障制度

认定条件	1.对共同生活的家庭成员人均收入低于当地低保标准,且家庭财产状况符合当地人民政府规定条件的家庭,经共同生活家庭成员申请,给予最低生活保障; 2.对生活困难、靠家庭供养的成年无业、重度残疾人且无法单独立户的,经个人申请,可按单人户纳入最低生活保障范围; 3.低收入家庭中的重残人员(含三级精神、智力残疾)、重病(罕见病)患者等特殊人员,可按单人纳入最低生活保障范围。
申请审核审批程序	从2021年9月起,佑溪村居民申请低保只需要提供"一证两书",即身份类信息、填写《申请低保家庭经济状况证明事项告知承诺书》《居民经济状况信息核对授权书》。 ①居民可以通过线上申请,登录湖北政务服务网,实名注册后,点击"城乡最低生活保障对象认定"就可在线申请,或关注"宜格服务"微信公众号,在"我要查询和办事"模块在线申请。 ②居民可以以家庭为单位,由家庭成员或其代理人以家庭的名义向户籍所在地乡镇人民政府提出申请,佑溪村村委会可以代其向高家堰镇人民政府低保经办机构提出申请。
月保障金金额	2022年,长阳县人民政府办公室将农村低保由原来的480元/人/月调整为530元/人/月,530元/人/月为最高低保金额。
管理方式	备案管理。 动态管理,做到保障对象有进有出,补助水平有升有降。

资料来源:《长阳土家族自治县民政政策宣传资料(2022)》。

佑溪村现被纳入低保范围的农户有54户,共81人。低保人员每人所得月保障金金额因家庭、个人实际情况而异,具体由村委会、党员代表、各组组长及村民代表组成的评议会议共同决定。会议包括通告、评议、表决、审核等流程,在公平公开公正原则的基础上,根据低保政策要求及被评选人的家庭情况,判定其是否可被纳入低保范畴,及应享受何等级的保障金。

(四)农村五保供养政策

表 3-7　长阳土家族自治县农村五保供养政策

认定条件	五保人员认定标准主要为:城乡老年人、残疾人以及未满18周岁的未成年人或已满18周岁接受义务教育或者在普通高中、中等职业学校就读的,可继续享受供养待遇。 他们还需要满足"三无"条件:无劳动力;无生活来源;无法定赡养、抚养、抚养义务人或者其法定义务人无履行义务能力。
救助供养方式	五保人员有权选择救助供养形式,可选择当地供养机构集中供养,也可选择在家分散供养。 分散供养。自愿选择分散供养的五保人员,每月10日前,其特困救助生活费以社会化的方式直接发放到个人账户,护理费于次月考核合格后以社会化发放方式直达照料人账户。2022年,照料人每月371元,五保户每月689元。 集中供养。自愿选择集中供养的特困人员,由乡镇人民政府安排到公办供养服务机构。集中供养分为全护理和半护理。2022年,全护理补助为1694元,生活补助为910元;半护理补助为590元,生活补助为910元。集中供养全护理对象的护理标准按不低于上年度在岗职工社会平均工资的33%核算。
申请审核审批程序	本人向佑溪村村民委员会提出申请,由佑溪村村民委员会民主评议,并在佑溪村范围内公告,之后报送高家堰镇人民政府审核,再由高家堰镇人民政府报送县级人民政府民政部门审批,审批通过,颁发《农村五保供养证书》。
供养内容	主要是粮油、副食品和生活用燃料、服装、被褥等生活用品和零用钱、住房、疾病治疗、生活照料、义务教育所需费用和丧葬事宜等。

资料来源:《长阳土家族自治县民政政策宣传资料(2022)》。

农村五保供养,也叫特困人员救助供养,是指在吃、穿、住、医、葬方面给予村民的生活照顾和物质帮助,即保吃、保穿、保住、保医、保葬。① 近年来,农村五保供养条件不断改善,供养水平和服务管理不断提高,农村五保供养对象趋于稳定,所有符合条件的人员基本纳入供养范围。目前,佑溪村按照《长阳土家族自治县农村五保供养政策》执行(见表3-7)。

五保供养分为集中供养和分散供养。2022年,佑溪村的集中供养人员供养在流溪福利院,一共有6人,全护理5人,半护理1人。佑溪村分散供养的对象有11人。分散供养的五保对象需要有相应的照料人照顾,照料人一般为兄弟、外甥、侄子或邻居等,因为他们能及时掌握五保户诸如生病、死亡等基本情况,并进行有效救助。分散供养的五保对象需要与照料人签署供养协议,一式五份,县民政局、村委会、镇政府、特困供养人员和照料人各执一份。五保人员去世之后,其房屋、森林、土地等都要收归村集体所有。佑溪村村委会每年都开展五保核查工作,对已死亡的农村五保对象及时进行注销登记,对符合享受农村五保条件的人员及时纳入。

(五)其他农村社会保障政策

除了上述政策外,还有残疾人两项补贴、高龄津贴、优抚对象抚恤补助、农村治安保险等农村社会保障政策帮助农村居民及家庭规避多项风险,改善和提高农民的物质生活水平,使农村居民获得更多的资源配置,有利于维护农村社会稳定,促进农村加快向前发展。

残疾人两项补贴制度。残疾人两项补贴制度作为一项兜底线、保基本、惠民生的重要普惠性民生保障政策,对推动社会的发展具有重要意义。残疾人两项补贴分为困难残疾人生活补贴和重症残疾人护理补贴。困难残疾人生活补贴对象为低保家庭中的残疾人,重症残疾人护理补贴对象为残疾等级被评为一级、二级的重度残疾人。残疾人两项补贴需要个人申请、乡镇审核、县残联审批残疾人证及残疾等级、县民政局审批并公开公示后,才能获得。困难残疾人的标准为70元/人/月;重度残疾人护理补贴标准为100元/人/月。符合条件的残疾人可同时申领困难残疾人生活补贴和重度残疾人护理补贴。既符合残疾人两项补贴条件,又符合老年、因公致残、离休等福利性生活补贴(津贴)、护理补贴(津贴)条件的残疾人,可择高申领其中一

---

① 《农村五保供养工作条例》(国务院发〔2006〕456号)。

类生活补贴（津贴）、护理补贴（津贴）。

2022 年 5 月，佑溪村能领取困难残疾人生活补贴的有 32 人，能领取重症残疾人护理补贴的有 36 人。残疾人补贴虽然金额不多，但也能为他们减轻部分经济压力和生活负担。佑溪村村委会工作人员每年都需要入户，与残疾人见面，排除特殊情况，并鼓励持有即将过期或已过期残疾证的村民及时换证，推动佑溪村残疾人两项补贴的正常运行。

高龄津贴。高龄津贴是针对高龄老人实行的一种社会保障制度，旨为缓解高龄老年人基本生活压力，改善其生活质量。全国各地高龄津贴标准并不统一，佑溪村按照《长阳土家族自治县高龄津贴标准》执行。

2022 年，按照长阳土家族自治县高龄津贴的标准，80 岁以上老人按 20元/月领取津贴；90 岁以上老人按 100 元/月领取津贴；100 岁以上高龄老人按 400 元/月领取津贴。佑溪村 2022 年第一季度有 81 位老人领取高龄津贴，其中 90 岁及 80 岁以上的老人分别有 6 位及 75 位。高龄养老津贴是只要满足年龄条件，次月便可开始领取。因此，佑溪村 2022 年第二季度领取高龄津贴的老年人数量在持续增加。对于满足高龄条件的退休工人，则按照其他标准发放高龄津贴。如村里一位退休工人按照 70 周岁以上，每月40 元；80 周岁以上，每月 60 元的标准领取津贴。佑溪村有 6 位经济困难的高龄、失能老人，他们年龄均在 80 岁以上，按照要求每月可领 100 元补贴金。经济困难的高龄、失能老年人可以叠加享受高龄津贴。

优抚对象抚恤补助。优抚对象抚恤补助政策的落实和完善影响社会安定和国家安全，在军队的建设和我国民政事业的发展中发挥着举足轻重的作用。优抚对象抚恤补助资金包括：残疾抚恤金、定期抚恤金、定期生活补助金、农村籍退役士兵老年生活补助金。目前，佑溪村有 19 人领取优抚对象抚恤补贴。其中，因公八级伤残[①] 1 人；带病回乡退伍军人[②] 5 人；参战退役人员 2 人；农村籍 60 周岁退役士兵 11 人。

农村治安保险。农村治安保险是在党委、政府统一领导下，由社会治安综合治理委员办公室组织协调，由保险公司具体组织实施，贯彻合法自愿的

----

　　① 因公致残的等级，根据劳动功能障碍程度和生活自理障碍程度确定，由重到轻分为一级至十级。残疾等级的具体评定标准由国务院退役军人事务部门、人力资源社会保障部门、卫生部门会同军队有关部门规定。

　　② 带病回乡退伍军人是指在服现役期间患病，尚未达到评定残疾等级条件并有军队医院证明，从部队退伍的人员。

原则,以村为单位,以村委会为主体,以契约化管理为手段,约定治安联防和保险责任,形成以治安承包为基础,以出险理赔为补充的群防群治的工作机制。[①] 佑溪村农村治安保险分为 100 元和 240 元两个层次,生效时间为 7 月 31 日至次年 8 月 1 日,保障期为 1 年。佑溪村农村治安保险对于房屋、衣柜、房屋瓦片等都可以进行保障,如一块石棉瓦按照 13 元的价格进行赔偿,只要损失到达 100 元以上,就可给予理赔。

(六)成效与推进

1.取得的成效

农村社会保障体系旨在帮助农民抵御年老、疾病、受灾等各种风险,保障残疾人、孤儿等特殊社会群体的基本生活需要,在兜底线、救急难、保民生等方面发挥着重要作用,为乡村振兴保驾护航。佑溪村的社会保障体系正在稳步推进,并取得了良好的成效。

首先,社会保障制度愈加完善。保障对象越来越精准,如农村最低生活保障已实行准入和退出并存的机制,以做到应保尽保、应退尽退,在很大程度改善了之前存在的漏保、误保等情况。2019 年佑溪村取消低保户 5 户,共 7 人。村委会工作人员及时更新低保台账的建立情况,对于取消低保的,及时更新,并标明原因;对于纳入低保的,须符合纳入政策,讲明原因,同时需开评议会决定。农村优抚对象抚恤补贴标准在逐步提高,对增强优抚对象的幸福感、荣誉感、获得感具有重要意义。

案例 1:

YYL 为佑溪村 60 周岁退役士兵。2022 年 6 月,YYL 领取的退役士兵老年生活补助为 300 元[②],由于其服役 6 年,因而可知 2022 年 6 月的补贴标准为 50 元。而 2016 年 10 月 1 日起,农村籍退役士兵老年生活补贴标准为 25 元。相较于 2016 年 10 月,2022 年 6 月的农村籍退役士兵老年生活补贴标准已上涨一倍。

其次,佑溪村村民参保率愈来愈高。农村居民基本医疗保险、农村居民养老保险等社会保障制度已实现全覆盖。随着经济水平的提高、居民思想

---

① 王正仁、王宝鑫:《农村"治安保险"将推广》,《丹东日报》2008 年 7 月 7 日第 1 版。

② 农村籍 60 岁退伍军人每月的退役士兵老年生活补助按照国家补助标准×服役年数进行计算。

观念的转变等，购买、缴纳社会保障项目的佑溪村村民越来越多。同时，佑溪村村委会工作人员在社会保障项目上的大力宣传、推广对村民积极参保有着至关重要的作用。2022 年，佑溪村村委会入户宣传社会治安保险，在工作人员的耐心解释、宣传下，购买社会治安保险的村民增多，提高了村民抵御自然灾害的能力。

最后，社会保障项目在改善和提高佑溪村村民物质生活水平等方面效果突出，尤其是农村低保制度与居民医疗保险。佑溪村现有 81 位低保人员，他们每月定时领取低保，这有效地保障了该群体的基本生活需求，并一定程度上提高了他们的生活质量。农村基本医疗保险通过统筹的方式有效地分摊了村民的就医费用，减少了村民"因病致贫、因病返贫"的情况，让佑溪村民享受到社会保障带来的福利。

案例 2：

　　2019 年，ZCL 生病住院，合计产生 9000 多元的医疗费用，使用居民基本医疗保险报销 4000 多元。ZCL 说："一定要购买医保，如果不购买医保，生病住院产生的费用将会给家庭带来极大的负担，甚至会压垮一个家庭，买一份医保是买一份保障和心安，我们家里人都买了。"多数佑溪村民也认识到买农村基本医疗保险是买一份保障，能预防一些疾病和意外造成的家庭负担过重。

2.亟待改善的问题

农村基本养老保险、基本医疗保险、最低生活保障制度、残疾人两项补贴、高龄津贴等农村社会保障政策在保障内容上相互补充，对于推动佑溪村发展具有重要意义。目前，佑溪村的社会保障制度在取得成效的同时，还存在有待改进之处。

首先，社会保障制度还需不断完善。如最低生活保障、残疾人两项补贴、高龄津贴等保障项目的保障水平较低，对这部分群体生活质量的提高作用比较有限。随着佑溪村村民的日常生活消费水平和生活成本快速升高，这些社会保障制度的保障能力会有所下降。佑溪村民认为残疾人两项补贴难以满足残疾人生活和护理需求；对于一些健康状况不理想的老人，高龄津贴只是杯水车薪。

其次，基本养老保险、基本医疗保险等一些社会保障项目已实现了制度的全覆盖，但还未达到全员参与。第一，农村居民基本养老保险。虽然佑溪村有些人因为年轻，尚未思考基本养老保险的缴纳，但是也不乏一些村民因收入较低、收入不稳定而缺乏持续缴纳养老金的能力，导致他们能领取到的养老金额度较低。第二，农村基本医疗保险。佑溪村 2021 年大约有 40 人没有购买基本医疗保险。部分村民或认为医保个人缴费上涨过快，或抱着侥幸心理，而"小病拖，大病扛"的传统观念也使得他们觉得购买医保意义不大，这可能造成因突发疾病致贫情况的出现。第三，农村社会治安保险。2021 年，佑溪村只有大约 15 户购买了农村社会治安保险，购买人数少，积极性不高。这些情况导致一些村民受到自然灾害后生活困难。同时，村民的侥幸心理及理赔工作的困难制约着该保险在农村的推行。

案例 3：

> 村民 L 在 2021 年购买了农村社会治安保险。在保险期内，因大风大雨，村民 L 家的石棉瓦被连片吹掉了，房屋损失较大。事后，他及时报险以求理赔。虽然工作人员到现场进行了勘测，但经过甄别、商定后未及时处理。之后，工作人员一再推卸责任，最终没有理赔。2022 年 7 月，村治调主任入户动员农户购买农村社会治安保险。村民 L 以"明明说因自然灾害造成的损失能赔钱，瓦片也能赔，只要损失达到 100 元以上就能赔钱，去年我家掉了那么多瓦片，还不是没有赔。今年我就不买了"为由拒绝再次购买农村治安保险。

二、农村社会安定的维护

社会问题是社会发展进程中不可避免的现象。社会问题是指在社会运行过程中超出社会运行的正常状态，影响全体或部分社会成员的共同生活，引起社会成员的普遍关注，并需要依靠社会力量去解决的社会现象。[①] 佑溪村在发展的过程中也存在着如留守问题、单身问题、治安问题等社会问题，这些问题不可避免地会在一定程度上影响和制约佑溪村的发展与振兴。

（一）留守问题

留守问题是伴随农村劳动力大量外流而形成的普遍性社会问题。据国家统计局最新发布的《2021 年农民工监测报告》显示，2021 年全国农民工总

---

① 陈成文：《社会学》，长沙：湖南师范大学出版社，2005 年，第 293 页。

量29251万人,比上年增加691万人,增长2.4%。① 农村青壮年进城务工虽然能有效增加家庭收入,但受生活成本、工作机会等诸多条件的限制,劳动力较弱的父母、妇女以及不具备劳动力的儿童多被迫留守农村,形成了具有中国特色的"三留守"②问题。

1.留守儿童

佑溪村将留守儿童界定为"父母双方外出务工或一方外出务工另一方无监护能力(连续外出务工6个月以上)、无法与父母正常共同生活的不满十六周岁的农村户籍未成年人"③。按照此标准,佑溪村在2022年4月只有5人可被视为留守儿童。由于佑溪村多数村民学历较低且劳动技能有限,他们多从事与制造业、建筑业等有关的体力劳动,一般工作周期较短,工期结束后常常需要寻找新工作,在未联系到新工作时,便会回家住一段时间,待找到新工作后,便再次出门务工。因此,其子女多达不到佑溪村留守儿童界定标准中的"父(母)连续外出务工6个月以上",但实际上这类儿童有着与留守儿童相似的性质。他们在一年中与父母相处的时间并不长,缺乏与父母的沟通交流,并且未受到父母足够的家庭教育,其生活与留守儿童的生活具有极大的相似性。因而,将留守儿童定义为"父母双方外出务工或一方外出务工另一方无监护能力、不满十六周岁的未成年人"④更符合佑溪村的实际情况。

留守儿童相较于非留守儿童更容易出现情绪、行为和社交等方面的适应不良状况。⑤ 佑溪村的留守儿童大多缺乏父母的关爱照料,而平时承担儿童监护责任的祖辈文化水平一般较低,无法对其进行有效的学习辅导、思想教育、人格培养、日常引导等,家庭教育十分薄弱,且易因溺爱而对其百依百顺,导致他们不懂妥善处理群体内的矛盾,不能正确看待社会各种现象,

① 《2021年农民工监测调查报告》,国家统计局网站,http://www.stats.gov.cn/xxgk/sjfb/zxfb2020/202204/t20220429_1830139.html,访问日期:2022年9月28日。
② "三留守"是指在青壮年男性外出务工的背景下,老人、妇女、儿童留守农村。
③ 该定义是在国家政策和文件的指导下,结合地方实际情况制定,见于《2022年佑溪村三留守台账》。
④ 《国务院关于加强农村留守儿童关爱保护工作的意见》(国发〔2016〕13号文件)。
⑤ 张孝义、王瑞乐、杨琪等:《家庭环境对留守儿童问题行为的影响:交流恐惧的中介作用》,《中国特殊教育》2018年第4期。

缺乏对社会不良诱因的"免疫力"①,在一定程度上影响他们的健康成长与发展,从 WYC 的讲述中便可得到印证:

> 在我们学校,很多孩子的父母都在外边打工,爷爷奶奶也不管教。他们打扮成熟,抖音、快手风严重,他们接触了很多自认为"流行"的东西。同时,一些同学为了凸显自己的"酷"而说脏话,最初可能会有一点"羞耻心"和"突兀感",之后便习惯成自然,脏话也就自然而然脱口而出。很多学生还拉帮结派,养成了许多不好的行为习惯。(访谈对象:WYC,女,13 岁,父母在广东务工,其跟随爷爷奶奶在家上初中)

为了加强对留守儿童的保护与关爱,佑溪村村委会工作人员每个月至少要进行一次走访,即使在外读书,也需进行电话访问,及时摸清留守儿童现状,加强对他们的正确引导与帮助。但是由于部分留守儿童的内心敏感,以及相关工作人员在留守儿童的心理疏导、情感交流等方面经验不足,使得留守儿童不愿与不相熟的村委会工作人员吐露心声,多草草应付村委会工作人员的询问与关心,走访变为了例行工作,并未达到预期效果。

2. 留守妇女

佑溪村按照"丈夫外出务工,连续六个月以上不与丈夫共同生活,留在农村户籍所在地生活,20～59 岁的已婚妇女"②对留守妇女进行界定。按此界定标准,2022 年 4 月佑溪村只有 1 人可被视为留守妇女。实际上,佑溪村外出务工的丈夫大多从事工期较短的工作,同时他们保持着"无工时回家,有工时出门"的思想,一年中回家与妻子团聚的次数较多。因而他们的妻子多数达不到佑溪村关于留守妇女的预设标准,但她们有着与留守妇女相似的性质。因此,将留守妇女定义为"丈夫外出务工半年以上或 1 年内累计超过半年,而留居家中肩负起本应由夫妻双方共同承担的生产劳动、家庭抚养、赡养义务的农村已婚妇女"③更符合佑溪村的实际情况。

按照此标准,佑溪村的留守妇女虽不止台账上登记的一人,但实际人数也不多。首先,从福建、浙江等地嫁入佑溪村的女性较多,受经济收入、情感

---

① 胡燕佼:《新型城镇化进程中的农村社会治安问题探析——以海南省为视角》,《云南行政学院学报》2016 年第 3 期。

② 该定义是在国家政策和文件的指导下,结合地方实际情况制定,见于《2022 年佑溪村三留守台账》。

③ 钟斌、姚树桥:《农村留守妇女的抑郁症状及相关心理社会因素》,《中国临床心理学杂志》2012 年第 6 期。

等多方面因素的影响,外地媳妇一般不会独自在佑溪村生活,而是与丈夫一起外出务工。其次,近几年受疫情影响,外出务工不便,留在家中的青壮年男性增多,留守妇女也随之减少。最后,妇女之所以留守村中主要是因孩子年幼、父母重病或自身身体不适等原因,而待这些问题解决后,她们一般会再次与丈夫一起外出务工。在各种因素的综合影响下,佑溪村现仅有少数留守妇女。

佑溪村的留守妇女在家一般需承担农业生产者、子女抚养者、老人赡养者、人情维系者、社区事务参与者等多元角色[1],面临着较高强度的劳动、婆媳矛盾尖锐、缺乏安全感、婚姻关系脆弱等问题。目前,佑溪村村委会工作人员和驻村工作队成员对她们进行结对帮扶,关注她们的身心发展,了解她们的现实需求,尽可能帮助她们解决生活中的难题,推动佑溪村稳步健康发展。

3.留守老人

佑溪村按照"因子女全部外出务工或经商等半年以上、留在农村生活、身边没有赡养人或者是赡养人没有赡养能力的 60 周岁以上老年人"[2]对留守老人进行界定。按照此界定标准,2022 年 4 月佑溪村只有 1 人可被视为留守老人。目前,佑溪村留在家中单独居住的老人较多,但他们不能算作留守老人。一方面,佑溪村大多数老人都有两个及以上的儿女;另一方面,大多数子女的工作周期一般较短且不固定,因而,他们有空便可以回家看望父母,所以老人多数达不到佑溪村留守老人界定标准中的"子女全部外出务工或经商等半年以上"。但实际上,他们的生活与留守老人的生活具有较大的相似性。因此,将留守老人定义为"60 岁及以上长期在农村居住,子女及子女配偶不在身边居住的老人"[3]更符合佑溪村的实际情况。

儿女进城务工、经商在很大程度上能提高留守老人的经济条件和物质生活水平,但他们可能面临着生活照料不足、精神生活单调、安全隐患大、肩负抚幼与农活双重负担等问题。佑溪村的老人也面临着这些问题,如:佑溪

---

① 梁振华、齐顾波:《村庄虚空化背景下农村留守妇女多元角色分析——基于河南范庄的个案研究》,《西北人口》2013 年第 5 期。

② 该定义是在国家政策和文件的指导下,结合地方实际情况制定,见于《2022 年佑溪村三留守台账》。

③ 杨洋、许红、唐贵忠等:《重庆市农村留守老人饮食情况对体质量指数的影响评价》,《重庆医学》2016 年第 9 期。

村地形崎岖,小路和公路的坡度和弯度较大,老人的出行存在安全隐患;佑溪村的大多数留守老人知识水平普遍不高,且患有慢性疾病,在饮食、就医等方面存在较多问题;佑溪村外出子女与老人之间联系较少,且多不愿与老人沟通,老人们的孤独感较为强烈。目前,佑溪村村委会工作人员会对登记在册的留守老人定期探访,并及时给予救助或帮扶,尽可能防范留守老人的生产生活安全风险。

（二）单身问题

在我国人口结构的变迁中,单身群体规模较大且增长速度较快①,而男性则是农村单身群体的主体②,佑溪村亦是如此。多数佑溪村民认为村里适龄女性未婚只是偶然的、暂时存在的现象,相较于男性更容易摆脱单身状态,而本书所关注的亦是佑溪村的单身男性。

农村单身男性之中既有"主动单身"的情况,也存在"被动单身"的事实。佑溪村的男性多是因客观原因而导致的"被动单身"。首先,由于佑溪村老一辈村民受"重男轻女"传统思想的影响,导致目前佑溪村适婚男女性别比失衡,男性多于女性。随着佑溪村人口流动的增加,更加剧了这一情况。佑溪村的女性大多通过读书或外出打工留在经济条件更好的地方,鲜少会回村择偶。男性则一般需要通过外出务工在外寻找婚恋对象,但他们的婚恋也受到自身学历、物质条件、经济基础、社会关系等的影响,能用来谈婚论嫁的"资本"一般较少,从而使他们在婚姻市场里不占优势而单身,或是降低择偶标准来寻找潜在配偶。那些无法外出务工的男性谈婚论嫁的"资本"则更少,被迫单身的可能性较大。

受个人经历和社会环境的影响,佑溪村"主动单身"的男性也逐渐增多。部分男性因受到原生家庭的负面信息、过往消极的情感经历等的影响而选择不婚。同时,社会转型与经济发展正在改变着青年人的婚恋观和婚恋行为。村里越来越多年轻人开始"推崇"只恋爱不结婚,也不再遵循"男大当婚、女大当嫁"的传统。有人甚至认为婚恋会影响他们的事业成功和自我价值实现,因而单身现象越来越突出。

---

① 蓝宇蕴:《"异军突起"的单身群体与我国社会经济政策走向》,《学术研究》2021年第12期。

② 张翼:《单身未婚:"剩女"和"剩男"问题分析报告——基于第六次人口普查数据的分析》,《甘肃社会科学》2013年第4期。

案例1:

　　村民Z,男,1989年出生,至今未婚。他曾经谈过一个女朋友,两人一起向男方父亲借十余万开店,后来店铺倒闭,两人分手。此后,村民Z未谈新的女朋友,其父亲于2019年试图给他介绍女朋友也被拒绝。他父亲说:"他很有主见,现在只愿聊工作,对感情不上心,对爱情没兴趣,认为不结婚更自由,怎么劝都不听。"

农村单身男性不断增多,不但会使农村人口再生产受到阻碍,致使社会再生产的后备劳动力不足,同时,也会对农村社会治安稳定的维持产生一定影响。单身男性游离于家庭和婚姻之外,受到家庭的束缚越来越少,缺乏养家糊口的责任意识,成为诱发社会风险的潜在因素。[1] 在佑溪村也偶有发生单身男性骚扰女性情况,但尚未对当地社会产生较大的负面影响。

(三)社会治安问题

社会治安问题是指侵犯了刑事法律和治安行政法律所调整、保护的各种社会关系,使社会的安定团结和经济发展以及社会成员正常活动受到影响、阻碍、破坏,而造成的治安格局紊乱的非正常状态[2]。乡村社会的治安问题类型多样,如杀人抢劫、盗窃财产等各种刑事案件;打架斗殴、酒后滋事等各类治安案件;因征地拆迁、财产分配、土地承包等各种矛盾引起的群体性事件;家庭婚姻、债务纠纷、赡养老人等民事问题以及农村黑社会等问题。[3] 这些社会治安问题影响着农村社会的和谐稳定,给农村的发展带来了很大的阻力。

在20世纪80年代至90年代,原佑溪村的治安问题突出。盗窃财物、打架斗殴、赌博等较为常见,村里还存在帮派,扰乱原佑溪村民心的稳定,影响村民的正常生活秩序。在这些帮派中,青龙帮是其中的代表:

　　当时,我们青龙帮里有八个兄弟,小仔最多的时候有39个。帮会欺软怕硬,我们主要帮别人催债、追债、解决矛盾纠纷等,按照追回债务金额收取保护费。帮会里的小仔经常到农户家里行窃,做些偷鸡摸狗

---

① 刘威:《悖论及治理:爱情"剩"世背后的"新城乡二元结构"》,《学术论坛》2017年第5期。

② 熊一新、王彩元等主编《治安管理学基础理论教程》,北京:中国人民公安大学出版社,2005年,第70页。

③ 沈费伟:《乡村秩序重构:实现乡村振兴的策略选择》,《学术交流》2020年第7期。

的事情。同时打架斗殴的现象也不少，帮会里有成员把别人打残了，还因此坐了两年牢。（访谈对象：村民 L，男，48 岁，是 20 世纪 90 年代青龙帮的成员之一）

随着法治的健全和社会的发展，对违法犯罪打击力度加大，农村社会治安问题减少，村民的安全感和满意度不断增强。佑溪村目前的治安问题虽然大幅减少，但偶有存在，主要集中在偷盗、打架斗殴、家庭婚姻、邻里矛盾、赡养老人等方面。如佑溪村一些村民爱面子、不愿吃亏，从而发生因饲养家禽、收农作物、排水灌溉、路基边界等的摩擦和矛盾。摩擦冲突发生后，如果未能得到妥善解决，有可能导致当事人之间矛盾升级，容易由"小事"变成"大事"。但目前，佑溪村发生的矛盾纠纷基本上都能在治调主任的调解下得以化解，较少出现由"小事"变"大事"的情况。

案例 2：

村民 YDY 回家把车停在村民 LQ 家岔路口，LQ 不愿让 YDY 把车停在该处，并以他女儿回家不好停车为由，希望 YDY 能把车开走。YDY 便反问道："这路是你私人的吗？道路这么宽，停这儿关你什么事。"由此发生语言冲突，并发生拉扯，LQ 的老婆去劝架，但刚巧被跑过来的 YDY 哥哥看见，以为 LQ 和他老婆要欺负他妹妹，便把 LQ 的老婆打了。周围人报了警，警察介入调查，并在第二天双方去医院检查伤情，双方都无大碍。在派出所和村委会工作人员的调解下，双方达成和解，防止了矛盾的升级、恶化。

虽然农村治安问题大幅度减少，但治安易受政治、经济、文化等多方面因素的影响，情况仍较为复杂，是美丽乡村建设中一个亟待解决的问题。为加强农村治安治理工作、建设美丽乡村，应厘清引发矛盾和治安问题的原因，佑溪村亦是如此。首先，村民受教育程度是农村社会治安问题产生的一个重要原因。研究表明，受教育程度越低的人，由于知识水平、认知程度、是非观念、控制能力和自我约束能力都较为欠缺，他们违法犯罪的比率会越高。[1] 佑溪村居民受教育程度普遍不高，多为初中学历，文化程度较低。较多村民不知法、不懂法，在发生矛盾纠纷时容易采取一些不合法的解决方式，治安问题由此产生。其次，佑溪村经济较为落后，大量青年劳动力外出

---

[1] 胡燕佼：《新型城镇化进程中的农村社会治安问题探析——以海南省为视角》，《云南行政学院学报》2016 年第 3 期。

务工,农村防御力量不断减弱。同时,基层派出所位于乡镇,离佑溪村较远,公安部门不能及时管控,让一些不法分子看到了偷盗、聚众赌博等的作案机会,引发社会治安问题。同时,佑溪村村委会工作人员短缺,一人往往需身兼数职,分身乏术,在治安治理工作方面可能落实不到位,这也成为该村治安问题产生的一个重要原因。

（调查及撰写:张玉、李小梅、潘明荣）

第四章

繁衍生息：佑溪村民的婚姻与家庭

　　家庭是人类自身生产和再生产的一种社会组织形式①。婚姻是组成家庭的重要纽带，基于婚姻的缔结关系，产生了最基本的家庭形式。婚姻家庭的和睦与否关系着百姓生活幸福与社会稳定。在不同时空下，人们的婚姻家庭观念及其表现形式并非一成不变。改革开放后，村落与外界联系不断加强，尤其是外出务工人员越来越多，村民的婚恋观深受外界各类思潮影响，当地的婚姻家庭也随之发生显著变化。因此，本章以改革开放为时间节点，将其划分为传统婚姻家庭与现代婚姻家庭两个阶段进行论述，以更好地反映当地婚姻家庭的变迁。

第一节　婚姻关系

一、恋爱形式

　　恋爱是一种社会活动，是培养爱情的过程，而爱情是婚姻的重要基础。恩格斯指出："只有以爱情为基础的婚姻才是合乎道德的。"②两性之间的相悦、生理及心理的和谐同婚姻美满与否密切相关③。然而，中国传统婚姻主要重视婚姻的社会意义而忽视男女两性之间个人的情愫，但随着社会发展，个人情愫在婚姻中的重要性逐渐上升。佑溪村年轻男女婚前双方的关系经历了从陌生到媒婆介绍浅显了解、再到自由恋爱的变迁过程。村民对于婚

---

　　① 林耀华：《民族学通论（修订本）》，北京：中央民族大学出版社，1997年，第302页。

　　② 中共中央马克思恩格斯列宁斯大林著作编译局：《马克思恩格斯选集（第四卷）》，北京：人民出版社，2012年，第94页。

　　③ 祝瑞开主编：《中国婚姻家庭史》，北京：学林出版社，1999年，第4～5页。

前双方情感培养逐渐重视。

(一)传统的恋爱形式

改革开放之前的年轻男女经由媒婆介绍相识,多秉持"父母之命,媒妁之言"而成婚。男女双方婚前多素不相识,在父母安排下结为夫妻。传宗接代和养老送终是缔结婚姻的主要目的,但缺少婚前的爱情基础。即使是早有认识的本村男女,在当时也不敢私下直接接触,因为互相爱慕而私下恋爱是不被允许的。如果彼此有意、暗生情愫则需请媒人上门说媒,只有在征得双方父母同意并订婚后,他们之间的交往才会被当地社会所认可。

在传统婚姻中媒人扮演着重要角色。通常父母不太方便直接向未来亲家"推销"自己子女,为避嫌而由媒人传递双方信息。媒人一般为父母的亲戚朋友,对男女双方及其家庭非常了解,而子女则听从父母的一切安排,少有反抗,因此早期村民的婚姻几乎没有失败的案例。20世纪70年代初开始,人们寻找配偶的方式逐渐由父母安排发展为自己认识,但仍然需媒人牵线,其中最主要的变化在于男女双方可自由选择是否接受这个结婚对象。这种选择多通过向旁人打听,或在媒人陪同下见面后做出决定。亦有少部分青年男女因为各种社会活动相识而产生情愫,但彼此间爱慕的表达非常隐晦含蓄。两人独处直接表达爱意的情况较少,而是多借助他人帮助向爱慕对象表明心意。

(二)现代的恋爱形式

改革开放后,人们的恋爱形式发生了很大变化。随着中国土地制度改革及工业化进程的加快,佑溪村大批剩余劳动力开始外出务工。他们走出相对封闭的村落后,视野不断拓宽,社会关系亦由亲缘关系和地缘关系逐渐扩展至业缘关系。此时,由业缘关系发展至姻缘关系成为可能。人们的恋爱空间、对象及方式均随着社会的发展而发生改变。与传统的恋爱形式相比,现代恋爱以自主结识和自由恋爱的方式为主,不再需要媒人从中牵线。

20世纪80年代初至90年代末,当地人的恋爱因群体不同而略有差异,即外出务工者与在村者的恋爱形式不同。外出务工者因工作与另一方相识并相恋,其恋爱形式则以在外工作和生活中的陪伴与互相帮助为主。因工作需要增加了同事之间的交流与互动,拉近了异性同事的距离,使得背井离乡的人们在同事与朋友的关系之中得到安慰与陪伴,于是逐渐由这种

"业缘关系"转换为恋人关系。而村里的恋爱形式则以村内活动为平台，尤其在一些喜庆活动中，年轻男女趁机寻找心上人。如村里放电影便是他们相识相会的媒介，偶尔邻村的年轻男子也会前来观看电影，事实上大多数是为凑热闹和寻找心爱的姑娘而来。恋爱被认为是一件私人的事情，而父母对成年子女的寻偶往往持"睁只眼，闭只眼"的态度，甚至希望子女多趁机寻得良婿或贤妻。村民 ZWM 的恋爱就是这一时期自由恋爱的典型代表：

> 20 世纪 90 年代，周家山小学有个操场，那是村里重要的活动场所。村民们喜欢在那儿打篮球、乒乓球和聊天，而那也成为年轻人寻找配偶的重要场所。村里有办喜酒时，偶尔也会请人来操场放电影，村里的男女老少便会前去观影。电影一般会放到晚上 12 点，而未婚年轻男女也会借此机会寻找心上人，有的外村年轻男子也前来寻觅对象，甚至会因为抢姑娘而打情架。那时候我老公 24 岁，他在操场旁边开小商店，我经常去学校操场玩，有时候也会去商店买东西，顺便聊聊天，就这样相识了。他爱打篮球，我爱打乒乓球，所以我常看他打篮球，他也会陪着我打乒乓球，慢慢地相处时间长了，我们便产生了感情开始恋爱。
>
> （访谈对象：ZWM，49 岁，19 岁结婚）

进入 21 世纪后，村民的恋爱形式更加多样，择偶地域范围也进一步扩大。学校提供给年轻人更好的相识交流场所，通常恋爱的种子在人们读书时就已埋下。中学毕业后，离开了学校的严格管束，加上年龄的逐渐增大，人们便大胆追求爱情，以充实自己的情感生活。当然，大学生是被允许谈恋爱的，并且父母也以不耽误学习为前提，鼓励他们谈恋爱。其他社会人士可借助昔日同学或者校友的身份接近对方，在相处中慢慢了解，进而相恋；有的是在省外务工时认识，朋友、同事的介绍以及调侃等也能促成一段姻缘；又或是通过网上聊天认识。总体来说，佑溪村目前的恋爱对象包括同学、同事和朋友等，对象的地域亦涉及全国各地，恋爱的具体方式虽各有不同，但自由恋爱是其共性。

二、通婚原则与婚姻圈

（一）通婚原则

1.通婚原则与择偶标准

婚姻孕育了生命，也维系了社会的发展。随着时代的进步，人们逐渐认识到兄弟姊妹间通婚的弊端，于是"同姓而婚"制度逐渐被废除。而与其相应的"同姓不婚"制度在先秦时期的《周礼》中便已有明确规定①。中国传统婚姻的重要特点是不以个人意愿为主，而将婚姻建立在家族利益之上；反观现代婚姻更注重个人幸福感。婚姻自由和男女平等原则在现代婚姻法中有明文规定。在改革开放前，佑溪村一直秉持同姓不婚的原则。具体地说，当地人认为同一家族不可结婚，即同一个祠堂内的兄弟与姊妹之间不能通婚，实行家族外婚制。"外婚制规定必须从自己所属某种群体之外选择配偶"②，禁止亲属群体内部进行婚配。20世纪50年代前，祠堂在当地的影响深入人心。村民也秉持家族外婚制。改革开放之后，同姓出五代便可通婚的观念已经流行，但当地人仍然传承祖宗留下的同姓不婚原则，在择偶时，默认地排除掉同姓对象。

择偶标准反映着人们对婚姻生活的看法，不同时期，人们选择配偶的标准亦不同。佑溪村传统的择偶标准为：先看家庭，后看人。"看家庭"主要指家庭所在地的自然环境以及人文环境，前者主要表现为当地的生态背景是否利于人们生存，后者主要指其父母在村里的口碑是否良好以及家庭的经济状况等，通常选择门当户对或家境优于自身者。"看人"指男女双方在选择配偶时对其个人的评判标准，女方选择男方时，通常以勤劳能干、心地善良和懂礼节等为标准，并且关注男方在村里的口碑；男方选择女方时，一般以贤惠和孝顺父母为标准。较之于传统择偶标准，现代择偶偏重于配偶本身。对于女性来说，男子的个人能力被认为是择偶第一要素。只要男子有能力就不怕未来家庭经济入不敷出，也不必担心与婆家人的相处问题。另外，现代择偶标准中，不论是对男性还是女性，除了心地善良、孝顺、勤劳等基本条件的考虑外，亦会对容貌、性格、文化程度及上进心等方面进行考虑。

---

① 祝瑞开主编：《中国婚姻家庭史》，北京：学林出版社，1999年，第117～119页。
② 汪宁生：《文化人类学调查》，北京：文物出版社，1996年，第116页。

2.婚恋观的变化

婚恋观是指人们对恋爱和婚姻的看法及态度,它直接影响着婚姻家庭的和谐程度。随着社会的变化,不同时期的婚恋观各有不同。以 20 世纪 70 年代及改革开放为时间节点,佑溪村的婚恋观也经历了三个时期的变化。

20 世纪 70 年代以前,婚姻自主性低,以父母包办为主。婚前无恋爱基础是传统婚姻的普遍现象,先结婚后恋爱,夫妻感情培养主要在新婚后的一年内。婚姻忠诚方面,当地大多数人认为一生只有一个伴侣,尤其女性认为嫁一人即一生。尽管婚后生活艰苦,但她们也任劳任怨,为了家庭和睦而宁愿妥协。婚姻角色方面,始终以男性为主,男性在婚姻家庭中的地位要高于女性。当夫妻双方发生矛盾时,通常女性以体谅丈夫劳作辛苦为由而多加忍让,缓和矛盾。性观念方面,当地人认为婚前发生性关系是不妥行为,只有结婚之后夫妻同居才会得到家人及村里人的认可。

20 世纪 70 年代到改革开放时,婚姻不再完全由父母做主,年轻人开始与父母讨论自己对婚恋的看法,而不是直接顺从父母的意愿。面对生活,部分人表现为不愿与他人攀比,不人云亦云,而更愿意同自己的配偶一起努力奋斗,改变生活困境,创造属于自己的幸福,具有知足常乐的心态。与前一时期的婚恋观相比较,该阶段的年轻人在婚恋观上表现出更强的主见。

改革开放后,婚姻自主性进一步增强,自由恋爱成为婚姻的前提,人们更多强调结婚是两个人的事,能够牢牢把握婚姻自主权,不再以父母意见为主。父母对于子女的婚姻更多起到帮衬作用而不是主导作用,通常表现为向年轻子女提供经济资助。当地人择偶地域范围逐步扩大,省外通婚成为常态。男女平等观念在恋爱与婚姻中得到加强,甚至女性会获得更多的呵护。人们的性观念逐渐开放,若男女有意,婚前可以同居,而婚外性关系则是现代婚姻的一种失范行为。当地人认为婚姻之外的性欲能够被道德约束,夫妻之间应自尊自爱,彼此信任。即使因生活所迫,夫妻两人暂时分居,她们也不会感到委屈。此外,佑溪村良好的自然环境与人文关怀也是外嫁媳妇愿意定居下来的重要因素。

> 我是通过朋友的丈夫介绍才认识我老公的。那时候我在广东打工,他在北京打工。我们在网上认识没多久我就去北京找他,五个月之后我们就一起来他家。我一心想要走出大山,离开原生家庭的环境,来到佑溪之后,我觉得这里的女性能够得到尊重,家中儿媳的地位通常比

较高。比如儿媳生孩子,都由"婆老妈"(当地人称婆婆为"婆老妈")来照顾小孩,让儿媳能够得到充足的时间休息。我从不担心我老公在外面耍,外面的诱惑肯定有,但人是会被道德所约束的,从他的言行举止当中,我可以感受到他给我的安全感,夫妻之间都是互相尊重的。当夫妻之间有矛盾时,丈夫不能动手,通常他要让我一些。在经济上,我觉得钱够用就行,并且我婆婆很通情达理,不会为难我,我也能够与周围的邻居和睦相处,整体来说幸福感还是比较高的。(访谈对象:WHX,37岁,由广西嫁入佑溪村)

改革开放后,人们不再坚持"男大当婚,女大当嫁"的观念,"不着急结婚"体现出当下佑溪村年轻人的普遍心理状态,而父母在几次催婚无果之后也就随子女自己决定。当地大多数人认为25岁结婚刚好,但村中却还普遍存在40多岁尚未结婚的男性,亦有几位中年未婚女性。除了未找到意中人之外,也有部分人因不想承担婚后的生活责任而选择单身,秉持不婚主义思想。佑溪村的未婚女性多要求婚前要有一定的经济基础,认为只有经济独立才能够使自己在未来的婚姻生活中更有发言权,才能为子女提供更好的生活条件。

> 我不想太早结婚,我觉得肯定要拥有一定经济基础之后再结婚。害怕结婚之后更穷,反正我父母也不催。他们觉得我的婚姻应该由我自己做主,否则担心我结婚后有矛盾会责怪他们。高不成低不就的那种婚姻不是我理想的婚姻状态。如果找不到满意的对象还不如不找,自己一个人也可以过得很幸福。我有的同学不到20岁就结婚,现在自己领着两个孩子,丈夫也不关心。我看她很辛苦,想离婚吧,又怕影响孩子,委屈只能往肚子里吞。所以我不希望自己的婚姻那么将就,一定要有足够的经济基础才结婚。(访谈对象:ZM,女,25岁,未婚)

纵观佑溪村的婚恋观变化,男女性之间的交往从保守走向开放,婚姻话语权从以父母为主转变为以自身为主。年轻人婚前的考虑要比传统时期更多更全面,包括双方的经济独立和性格匹配等。他们认为结婚是为了让生活过得更好,如果结婚不能达到此目的,那么更愿意享受单身的自由。

(二)婚姻圈

婚姻圈是指某一婚姻个体在择偶时可能选择的地域或群体范围[1],包括地理婚姻圈与等级婚姻圈,前者就通婚地域范围而言,后者指一定的阶层、种族、宗教和教育标准范围内进行择偶[2]。关于该村的婚姻圈此文主要以前者作论述,即地理婚姻圈。

传统婚姻圈以镇内婚为主。村里姑娘虽向往嫁到经济条件好的乡镇,比如县城所在地龙舟坪镇,但由于社交网络和地域的限制,加上人们对"跟前"人(当地人称周边村寨为"跟前")的信任,故大多数以镇内婚为主。基于"父母之命,媒妁之言"而形成的婚姻自然是以父母与媒人熟悉的圈子为主,熟悉地域的婚配家庭更易赢得他们的信赖。20世纪60年代以前流行定娃娃亲,父母在自己知根知底的周围村寨中为子女选择婚配家庭。之后娃娃亲虽逐步消失,但媒婆的介绍依然以附近村寨为主。除此之外,近距离的婚嫁能够带来一定的婚姻效益[3]。佑溪村婚后的居住方式多为从夫居,俗话说:"嫁出去的女儿如泼出去的水",但在农忙季节或者家里有红白喜事时,住在附近的女婿和女儿总能及时回娘家帮衬父母,岳父岳母也会及时帮助女儿女婿。总体来说,镇内婚形成是当地人以熟悉地域为主,出于对"跟前"人的信任,且"近距离通婚能够为亲戚之间的互相帮助与合作创造现实条件,有助于姻亲关系家庭之间的互助合作"[4]。

传统的婚姻圈鲜少涉及县外,而现代婚姻圈则逐步扩展至县外,甚至省外。21世纪以来,佑溪村有来自福建、贵州、云南、广西以及内蒙古等地的外省媳妇,亦有嫁往江西、江苏和浙江等地的本地姑娘。父母对子女婚姻的看法也逐渐发生改变,尤其对于儿子娶媳妇,父母表示只要姑娘愿意嫁过来,他们不会持反对意见。与此同时多数人更希望女儿能够嫁在本地。现

---

[1] 郑杭生主编:《社会学概论新修》(精编版),北京:中国人民大学出版社,2009年,第231页。

[2] 严由健、吴信学:《社会转型背景下农村社会通婚圈变迁刍议》,《中国农业教育》2007年第3期。

[3] 李万伟、张红:《陕西关中地区农村婚姻圈历史变迁研究》,《咸阳师范学院学报》2016年第3期。

[4] 雷洁琼主编:《改革以来中国农村婚姻家庭的新变化》,北京:北京大学出版社,1994年,第123~155页。

实中，如果家里有兄弟，女孩想要远嫁，其父母也尊重女儿的意愿。村内婚容易产生间接性的近亲婚，而与省外人婚配，就避免了近亲的可能，当地人也多认为远距离的婚姻能使孩子更聪明。如此，婚姻圈的扩大也在一定程度上使当地的人口素质得到提高。

当地婚姻圈的变迁是多种因素共同作用的结果，其内因是传统婚恋观的改变、择偶方式及恋爱形式的多样灵活，外因则与经济文化的快速发展、人口流动范围的扩展、交通通信的快捷便利等密切相关。通婚圈的扩大意味着人们择偶范围的扩大，远距离交往交换得到扩展[①]，不同群体间的交往交流交融更加密切，人们的思想亦更加开放。

三、婚姻类型

（一）嫁娶婚

嫁娶婚是最常见的婚姻类型，即男子娶妻，女子嫁人，婚后从夫而居[②]，这也是佑溪村最主要的婚姻形式。具体表现为男方到女子家向女方父母提亲，再迎娶女子到男方家成为男方家里新的一员。从此，女子要以男方家为主，包括同男子一起为其父母养老送终，而女子回娘家则是客人身份，不能参与娘家财产的分配，同时也不需要承担自己父母的赡养任务。

（二）入赘婚

入赘婚是女招男，当地人称"坐堂招夫"。在佑溪村，入赘婚虽数量不多，但也是重要的婚姻类型。佑溪村入赘的情况分为三种：一是男方兄弟多，家庭经济条件较差；二是女方家没有儿子，招上门女婿方便以后继承家里财产及为女方父母养老；三是女方家庭经济条件远优于男方家庭。

入赘婚与嫁娶婚在婚礼仪式、婚后居住、男方婚后改姓以及孩子随母姓等方面都有差别。婚礼的举行与嫁娶婚中男女要求刚好相反。女方为男方缝制数套新衣服，带着迎亲队伍去接男方到女方家住，男方家也会陪送一些木制家具以及生活用品。陪嫁物品一般为棉被、衣柜、箱子、桌子、凳子及盆

---

① 周皓、李丁：《我国不同省份通婚圈概况及其历史变化——将人口学引入通婚圈的研究》，《开放时代》2009 年第 7 期。

② 李欣：《台湾地区汉族人婚姻类型的探讨》，《陕西广播电视大学学报》2016 年第 2 期。

等,数量因男方家境而异。20 世纪 50 年代之前,入赘婚男方需改姓,婚后子女随母姓,子女随母姓方能进祠堂族谱,而赘婚需改姓方可在女方家获得女方亲属的认同。男子入赘改姓可在三代之后归宗,即第四代孩子改为其曾祖父(入赘女婿)原来的姓氏。20 世纪 50 年代之后,入赘婚的孩子一般随父姓,但如果女方父母比较强势,孩子则随母亲姓。男子在女方家可继承财产,并且有义务为女方父母养老送终,而对于男方父母,则只要尽孝心即可,如外嫁女一样,无需承担养老责任。

入赘家庭的劳动分工为男主外女主内,这一点与一般的嫁娶婚无异,但入赘女婿的家庭地位通常比妻子低。相对于赘婿,女方对于家庭经济等各方面更了解,更有话语权,在与外人说话时通常表现更自信,而男方则显示出不确定及讲话声音小等特点。女性成为负责与家族人沟通联络的纽带,如此便逐渐弱化男性的社会地位。事实上,男性在家庭中非常想强调自己的地位,并试图通过一些外在形式来表现自己。比如,特意在衣服上印上自己的姓氏,通过穿这些衣服来表明自己的姓氏,以此来强调自己在女方家庭中的地位。①

(三)童养婚

童养婚是 20 世纪 50 年代前流行的一种婚姻类型。男方家从小抱养女童,待其长到一定年龄后就与家中儿子"圆房"结婚。童养婚也一样需举行婚礼仪式。若女方家庭条件差,其生下来一到两岁甚至还更早就被"合八字",然后再被抱到男方家养育;若女方家庭条件稍微好一点,其父母会将女儿养到 10 岁左右再合八字,后将女儿送到男方家养。据了解,20 世纪 20 年代左右,童养婚在当地很常见,女性年龄一般比男性年龄大。童养媳在夫家的地位取决于男方父母的态度,有的童养媳在男方家相当于仆人,地位低下,也有的家庭把童养媳当自己的子女对待。村民 ZYZ 的伯母就是童养媳:

---

① 52 岁的村民 ZYZ 与其现任丈夫是二婚,亦属于入赘婚。男方 L 较女方小,婚后两人共同生活于女方家中。访谈中有几个细节明显地展示出了二人在家庭中关系的差异性:其一,访谈中包括家庭收入、资产等问题一直由 ZYZ 回答;其二,访谈开始时,L 在门口转了转,然后慢慢坐在了 ZYZ 旁边,目光在屋外风景和我们的访谈中移动;其三,L 身着一件白色 T 恤,左胸前印着一个黑色的楷体字"李",当被问及衣服缘由时,他不好意思地笑着表示"这是一种纪念"。

1940 年，我大伯因为不满意家里的童养媳婚姻而离家出逃。离家前，他写了整整一个笔记本的留言信，讲述他对婚姻的看法，倾吐心声，然后离家并辗转到了台湾。20 世纪 60 年代后，我的大伯才回家。他回来的第一件事是去见当年父母养育的童养媳。对于童养的女孩，我大伯心里还是很愧疚的。他当年留下信就走了，而童养媳依然在等着他，盼望他能够回来，可终究没有等到。我奶奶对那个童养媳说："你不要等了，他没有良心，但是我一定会风风光光地把你嫁出去。"最后，她的婚礼也热热闹闹地举行了。（访谈对象：ZYZ，女，52 岁，本村人，现与第二任丈夫在娘家生活）

（四）填房婚

填房婚是一种特殊的婚姻类型，改革开放前曾少量存在过。当地人对填房婚的说法是：女方嫁去男方家，其丈夫死后，女方再招进一位男子与其共同生活并且抚养女方和前夫的子女。填房婚最主要的特征是男方来填房后需要把自己的姓氏改为女方前夫姓氏，他们婚后生育的子女也随原丈夫的姓氏。填房男子三代过后可以改回原来姓氏。一般需要填房的女方婆家家庭条件比较好，女方也具备一定掌管家庭能力，而男方家庭条件则相对较差。女性在原丈夫去世之后，其为了寻求劳力、保守家业以及抚养孩子而再招男子结婚。结婚时可举行简单的婚礼。

入赘婚与填房婚的区别在于，入赘是婚后居住在女方娘家，填房则是婚后居住在女性的原配丈夫家，姓氏随原配丈夫姓，而入赘男子则是随女方姓，但改革开放后，部分入赘婚也不需要更改姓氏。

（五）从妻居婚姻

李鉴踪认为："从妻居婚姻，是指丈夫到妻子家居住，并与妻子及其家属共同居住的一种居住模式"[①]，这种婚姻类型在当地至今依旧存在。从妻居与入赘婚具有相同之处，即婚后均居住在女方家；而其不同之处在于，入赘婚男子需要改姓氏等问题，从妻居则不需要男子改姓，只是因为女方父母家庭条件更好，能够为子女提供更多的帮助而选择居住在女方家。当女方家还有兄弟时一般会选择从妻居婚姻而不是入赘婚。从妻居婚姻的女儿对其

---

① 李鉴踪：《中国民间婚恋习俗》，成都：四川人民出版社，2009 年，第 22～27 页。

父母财产继承不参与，家中财产只有儿子才能够拥有继承权。婚后从妻居时，女方可利用生产大队分的一块田作为屋基建新房，而这块田不属于父母分配的家庭财产。从妻居婚姻的男子在自己家仍然可以继承财产，且婚后孩子随父姓。关于赡养老人问题，一般双方父母都得赡养，但主要以赡养女方父母为主，毕竟女方父母离得更近一些，他们对子女婚后生活的付出也更多一些。总体来说，从妻居的婚姻形式只是为解决生计问题，并没有"嫁"男儿的意思。

> 我们两个领了结婚证之后就一起住在娘家。我婆家有 4 个儿子，1个女儿，人太多没有地方住，所以就住在娘家。我婆家人自然没有什么怨言，加上婚后他又去服兵役几年，我在娘家父母也能够多照顾我一些。那时候，生产大队给我分了一块田，我老公回来之后我们就在那块田上建房子和种菜，自己生活。只要婆家需要帮忙我们都会去，比如有人结婚或者去世等都会去帮忙，偶尔过年过节也互相来往。婆家人对我也照顾，如生孩子之后，婆婆送来面条、猪蹄和一些鸡蛋等，但月子里主要是我母亲照顾我和孩子，而孩子则跟他爸爸姓。结婚 15 年后，我们又搬下来了（搬来婆家住），在这里买房置地。那时候我父母都去世了，在婆家住，也是为给他的父母养老送终。（访谈对象：ZCY，女，65岁，20 世纪 70 年代结婚）

（六）不招不嫁

不招不嫁是指在婚姻关系中，男子不是入赘到女方家，而女子也不是嫁到男方家，这种新型的婚姻形式在我国各个乡村都有出现。[①] 这种婚姻类型的家庭情况通常为：女方没有兄弟，其父母不希望女儿外嫁；而男方家只有一个儿子，其父母也不想让儿子做上门女婿。当两边父母都需要孩子养老送终时，慢慢地就演变出新型的"不招不嫁"婚姻类型。这种婚姻一般子女随父亲姓，但部分家庭会有一个孩子随母亲姓。

"不招不嫁"婚姻的特征主要体现在婚礼仪式上，有的为避免麻烦而不办婚礼，免去了嫁妆以及迎娶新娘等步骤，或者求取平衡两边各办一次酒席。有的在婚礼上，女方家庭不送嫁妆，但男方家庭却仍然按迎娶新娘和送

---

① 杨海燕：《无差序格局：广西福村"不招不嫁"婚中的姻亲关系》，《黔南民族师范学院学报》2017 年第 3 期。

女方父母见面礼等嫁娶婚标准去办婚礼。婚后两边家庭均可居住,并且要给双方父母养老,这种新型婚姻形式,其目的在于解决双方父母养老及家产继承的问题。

> 我和我妹妹都不算是出嫁,结婚的时候都没有办婚礼。反正婆家娘家两边住,也不需要嫁妆或者彩礼什么的,就懒得办酒席,只要两个人好(幸福)就好。我们户口也都没有迁。但是我生孩子时,给孩子办"大喜"了,当时是在婆家办的。生下孩子一岁之后就把孩子留给婆婆照顾,我跟老公在工地打工,他开着吊塔,我在地面上指挥。现在怀二胎后回了,等生下孩子,照顾孩子长大到一岁后又给我婆婆带,然后出去打工。我们现在压力大,而我妈也老了,没有劳动能力,只能把孩子留给婆婆帮带着。我婆婆一家人也愿意帮忙,我们也凭良心真诚地对待父母。我娘家这边的财产继承和父母赡养是我和我妹一起承担,'不招不嫁'就是两边都要照顾嘛。(访谈对象:ZSX,女,33 岁)

四、婚姻关系的缔结与解除

婚姻具有一定的维持社会稳定的功能,诸如婚姻的缔结使性得到制度化,可避免或减少因性方面带来的冲突问题,为繁衍后代提供了良好的成长环境和经济条件,也助于不同群体之间的往来。婚姻的缔结不仅是男女两性的结合,更是男女双方家庭及社会关系的融合·因而缔结过程繁杂。佑溪村传统嫁娶婚的缔结过程主要有说媒、过门、求恳、出嫁、迎娶和回门等程序,而现代婚姻缔结过程则有所简化。

(一)传统的婚姻缔结

1.说媒

说媒,即有娶嫁意向的男女双方通过父母请媒人为双方家庭相互作介绍。媒人在得到邀请后,向男女双方父母分别介绍对方的情况并询问他们的意见;或由媒人先单独向男女双方当事人介绍另一方的情况,包括姓氏、年龄、性格及基本家庭情况。双方了解对方的大概情况之后,如若有意便进行下一个环节。

相亲,即媒人与男女双方约定时间,并邀请他们至媒人家中,以便双方互相认识并简单交流。双方可在后续进一步向旁人打听对方,了解一段时间后,若相中则告知媒人,媒人再安排双方到对方家里了解家庭情况,即"过门"。

2.过门

过门，是指由媒人带着男女双方第一次到对方家里，其目的是了解对方的家庭环境等基本情况。通常媒人会先带女方去男方家，了解男方家的基本情况。离开时，男方父母会把提前准备好的红包送给女方，若女方接受，则代表女方对男方家境满意，这段姻缘极有可能得到进一步发展。回去之后，女方将自己的想法告知媒人。若女方同意，媒人就与男方约好时间带他去女方家拜见女孩父母。男方去女方家时则需带"茶礼"（即人们常说的见面礼，主要包括烟、酒、糖和花糍粑等），若女方父母同意，此后男女之间便可以正大光明地交往。

3.求恳

媒人与男方带着"茶礼"去女方家"求恳"，征求女方父母的同意，即提亲。女方父母同意之后，便可选定领取结婚证日期和办婚礼日期。办婚礼的日期，多要求偶数月份和偶数日期，寓意成双成对。如果没有办婚礼，那么双方父母商量之后领结婚证便算完婚。

4.出嫁

女方父母会在女儿出嫁前请人"打嫁妆"。打嫁妆指打造衣柜、箱子、书桌、餐桌、凳子和盆等木制家具。这个过程往往需要一个月左右的时间。此外还需准备棉被等床上物品，嫁妆数量多少因家境而异。嫁妆是父母为女儿成立新家庭所添置的基本生活用品。当地人认为嫁女儿不是卖女儿，因而不收彩礼。但是男方父母亦会准备一些见面礼，以对亲家养大儿媳表示感谢。

"上头"，即梳妆打扮。出嫁前三天，女方便开始为梳妆打扮做准备工作，如用细线卷掉脸上多余的汗毛和眉毛，再约同龄姊妹在新娘出嫁当天早上来帮忙化妆，而男方则在婚前提前为女方送来结婚当天所穿的衣服。"上头"完成之后女方就不再去厨房，以免妆花。

送亲。女方出嫁时有四个娘家人陪同，同时，除男方本人，婆家的迎亲队伍也是四个人。陪同者分别为两男两女，既有父辈也有同辈。通常男性是叔叔、哥哥或者弟弟，女性是妈妈或者姑妈、嫂子和姐姐或者妹妹。

出嫁。出嫁当天，女方家宴请宾客之后，女方与父母亲戚一一道别，在送亲队伍的陪同下，女方从跨出娘家门槛后就不再回头，并与迎亲队伍会合，直到进男方家门之后才解除此禁忌。这样做是为了让女方能够在男方家生活顺顺利利,幸福美满。

5.迎娶

缝制婚服,即男方家庭为新人缝制新衣服,部分有钱的家庭会准备首饰,包括发簪、耳环等。男方父母会提前打听附近的裁缝,了解哪家的裁缝技艺高一些,然后去集市上挑选上等布料,请裁缝为新人缝制新衣。通常衣服颜色是红色,表示喜庆,新娘装一般为四套,厚薄各两套。新郎装也是厚薄各两套,颜色通常为蓝色,也可选红色。

婚前准备。打扫房前屋后,准备婚房,有讲究且家境较好者,会提前请木匠打造新的婚床,提前告知亲朋好友届时光临,再另外通知接亲的人和婚礼主持人。此外,备好婚礼长桌上的必需品,尤其是柚子,“柚子”寓意“有子”,父母都希望娶媳妇能为家门延续香火。最后,准备好宴请宾客的烟酒茶以及餐食等。

迎娶。进门前,女方撑着红骨伞,男方邀请村里懂得礼仪的人拿着玉米、黄豆和绿豆往女方身上撒,以驱除其身上可能带有的恶鬼。进门后,男方亲友陆续前来看新娘子,在大家共同享用酒席之后,由两张餐桌拼成礼仪长桌。桌上摆着几个装有糖、花生和瓜子等零食的盘子,盘子两侧摆着两个柚子,选柚子时要选择长在一起的两个柚子。柚子寓意“有子”,花生则寓意孩子的数量像花生一样多。接下来拜堂,由村里具有权威的人喊口令“一拜天地,二拜父母,夫妻对拜”。拜堂结束之后,亲戚朋友抢着吃桌上的水果、花生、糖,并由迎亲的女性亲友把新娘子送去新房。次日早晨,敬茶。两位新人需早起,男方端着茶壶,女方端着茶杯,向男方父母敬茶,父母接过茶杯并送红包给女方,表示对儿媳的欢迎。

6.回门

回门即女方嫁到男方家几天后回娘家。回门方式分为两种,第一种:“十天回门歇一夜”,即婚后第十天回门,并在娘家歇息一个晚上,第二天才回家。第二种:“三天回门当天返”,即婚后第三天回门,但仅在娘家吃一顿饭后当天即返。回门时两位新人需带一些烟酒等礼品送给女方父母。女方回娘家后是客人的身份,一般不去厨房做饭。父母也会像对待客人一样,用最好的东西去款待女儿与女婿。

(二)现代的婚姻缔结

20世纪80年代以后,婚姻的缔结过程简化了许多,男女双方因自由恋爱使得诸如提亲、过门等环节均被省略。结婚之前,男女双方会协商好,再与双方父母谈论关于嫁妆与彩礼等事情。当地没有彩礼之说(虽有见面礼,但相对于其他地方来说,见面礼金额可能没有彩礼金额高),但是外地嫁进来的女孩要彩礼,因此婚前有一个商议过程。

1.出嫁

女方父母会提前准备好嫁妆,嫁妆通常包括家电、家具等生活用品。具体来说,家电包括空调、微波炉、冰箱、电视机、饮水机和洗衣机等;家具包括梳妆柜、皮箱(箱里有压箱钱)以及棉被等生活用品。嫁妆数量视家庭情况来定,多由父母带着新人一起挑选和购买。此外,出嫁前一天女方亲属会聚集在女方家吃酒席与送嫁,送嫁的人数不固定。

2.迎娶

首先,男方家需提前准备五金、彩礼和茶礼。五金指五种金首饰,包括耳环、项链、手镯、手链及戒指。彩礼是相对于娶外省媳妇来说,在双方家庭商量好之后由男方家庭送给女方父母;对于娶本地媳妇,男方家不需要送彩礼,但有见面礼,见面礼主要指礼金,由男方送给女方父母。礼金金额不需要同女方父母商量,最近三年来村中所送见面礼金约五万元左右。茶礼是男方送给女方父母及叔伯等亲属的礼物,一户一份,通常包含一条烟、一提酒、一箱牛奶加一盒点心。其次,迎娶当天的早晨,男方派出十几辆婚车接新娘,除了支付邀请钱之外,男方还需额外送红包给每一辆婚车的司机,每个红包约二百元。上午,婚庆公司主持了结婚典礼,典礼结束之后,宾客们享用酒席。现代的婚礼酒席不再由主人家亲手制作,而由村里红白喜事后厨队承包。社会的发展加快了人们生活节奏,有些新人因着急上班而免去了回门环节,但多数人结婚后仍然回门,只是许多规矩不再严格遵守。

改革开放后的婚礼流程不再像传统婚礼繁多,嫁妆不用请人打造,多是直接购买,其种类也有所增加,除了木制家具,还多了各种家电。男方家准备的物资种类也有所变化,如准备的"新房"不再是一个房间,而是指一套房子;婚礼主持人由村里人演变为婚庆公司的人员主持。与传统婚礼相似的是仍然非常注重婚礼举行时间,需要请风水先生根据男女双方生辰八字挑选合适时间点,一般婚庆时间是上午十一点零八分。

（三）婚姻关系的解除与重组

1.离婚

改革开放前，我国一直是世界上离婚率最低的国家之一。[①] 当地亦少有离婚之事，他们认为这是一件极其不光彩之事，当事人会遭受非议，因此夫妻之间总是尽可能地去维持婚姻关系。女性从婚后回门那一刻起，对于娘家来说，已经是客人，需以婆家为己家。当受到委屈时，女性很少回娘家向父母诉苦，一方面是担心因此而增加父母的担忧，另一方面父母也没有办法帮助自己，最终还是会被劝回婆家。离婚的女性，其父母也多会受到他人的另眼相看。当一位女性得不到丈夫的关爱时，别人兴许会为她惋惜一时；但是，当一位女性离开丈夫后，居所飘忽不定，便会受到他人冷嘲热讽。村民 Y 的姑姐 Z 的婚姻以及 Y 的公婆的婚姻就是如此，即便感情不和也仍然同住一个屋檐下。

Y 谈及其姑姐 Z 的婚姻时说道：

> 我老公的姐姐 Z 嫁在本村，姐夫脾气暴躁，他们俩经常吵架，感情不好。儿女都已成家，女儿嫁去江西，儿子在津洋口定居，家里就剩老两口，各自生活。他们两个现在虽然同住在一个屋檐下，但分开种地，分开睡觉，吃饭也不是同一时间吃，自己煮自己的饭。俩人虽然不合，但似乎很默契，谁也不提离婚。

Y 谈其婆婆与公公的婚姻：

> 我公公脾气很古怪，他经常晚上喝酒，酒后就骂我婆婆，整个家庭吵吵闹闹的。有一次我公公把我婆婆的头发压在桌角下，把她的脸打得青一块、红一块的。当我们赶到时，我婆婆的身上被浇了油，我公公扬言要把她烧了。到了晚年，我公公生病，生活不能自理时，我婆婆还一直煮饭给他吃，照顾他起居。我婆婆不愿意走（离婚），如果她走了，这个家就散了。（访谈对象：XHY，简称 Y，55 岁，其姑姐简称 Z，60 岁）

传统婚姻家庭中，女方通常处于弱势地位，而离婚的人也不容易被社会所接纳，因此宁愿受委屈也不肯离婚，或是为了子女能够有完整的家，或是为了自己及家人的名誉而尽力去维护"家庭"的外壳。倘若夫妻之间的矛盾已

---

① 范海燕、胡泳：《改革开放以来中国妇女婚姻观念的变迁》，《中华女子学院学报》1997 年第 4 期。

发展到难以挽回,且双方或其中一方提出离婚时则办离婚手续。在离婚一事上,需请生产大队干部以及双方父母一起商量,再由娘家兄弟抬回嫁妆。

20世纪80年代以后,村民自我意识逐渐增强,并开始在婚姻家庭中寻求自我价值,相应地,村中离婚率也逐渐增加。当夫妻之间发生矛盾闹离婚时,由村委会工作人员进行调解,设置一段磨合期。若磨合期后仍无法挽回,方才办理离婚手续。20世纪90年代以后,当地的离婚率越来越高,尤其以早婚群体居多。其中,不乏省外嫁进的媳妇,因婚前涉世未深,盲目崇尚爱情,对婚后所需承担的责任和将要面对的生活困难认识不足。婚后要面对的生活琐事远比两人恋爱阶段预想的更加复杂,再加上经济等各方面因素的影响,双方间的一些小矛盾在生活打压之下可能被无限放大,从而逐渐造成女方内心不平衡感加剧。当女方在婚后生活中无法实现自我价值时,大多只能以离婚来结束现状。这也是当前村内单亲家庭增多的重要原因,与前文所述的婚姻圈扩大亦存有一定关联,毕竟并非所有省外嫁入的媳妇都能适应当地的生活。

2.再婚

改革开放前,在当地婚姻的伦理观念中,白头偕老是婚姻关系最理想的状态。再婚,在民间则被称之为"二婚",其说法本身就带有一定贬义。于再婚者而言,尤其是再婚女性,受到的影响极大。

> 我前夫去世多年之后,我与现任丈夫结婚,我丈夫的父母非常反对,亲戚朋友也不看好我们。因为他是头婚,我是二婚,又带着两个孩子。后来他父亲过60大寿,宴请宾客时,家里的事全都是我在操持,亲戚朋友也都拍手称赞。尽管我表现得很好,但仍然得不到他父亲的认可,我也只能尽可能地去为他父母尽孝。(访谈对象:ZYZ,女,52岁,本村人,现与第二任丈夫在娘家生活)

改革开放后,女性离异后再婚多于男性,男性离异后往往不太容易再婚,其客观原因有以下几方面:一是村里未婚男性多,而离婚男性更不容易找到合适的结婚对象。二是结婚时大部分费用由男方家庭承担,而头婚时男性多已耗尽家中财力,甚至负债,导致无力承担再婚费用。三是由男方过错致使婚姻失败者较多,而男方的人品问题使得女性不愿嫁入。四是离婚时未成年子女多由男方抚养,不仅增加了男方家庭负担,而且继子问题会使女性望而却步。在村民眼中,再婚并不是一件可喜可贺的事件,因此,再婚夫妻双方一般也不再举办婚礼,仅领取结婚证。

第二节　家庭关系

一、家庭结构

　　家庭结构是社会结构的重要组成部分,指家庭成员的组成方式以及内部结构,它包括代数结构、规模结构和类型结构,其中类型结构为主体结构。家庭类型结构分为核心家庭、主干家庭、单身家庭以及联合家庭,此外还有其他家庭类型,如残缺家庭,即无父母而由同胞兄弟姊妹组成的家庭。为了了解佑溪村家庭结构,田野调查时随机抽查 100 个家庭,制成家庭结构表(见表 4-1),其具体统计如表 4-2。

表 4-1　佑溪村家庭结构表

序号	户主	性别	家庭成员组成	人数	家庭类型
1	周 YQ	男	妻、2 子、媳、孙、2 孙女	8	主干家庭
2	周 JH	男	妻、子、媳、女、孙、孙女	7	主干家庭
3	颜 ZB	男	妻、子、媳、2 孙	6	主干家庭
4	颜 ZF	男	女婿、2 女、外孙子、外孙女	6	不完整的主干家庭
5	赵 YF	男	妻、2 子、媳、孙女	6	主干家庭
6	方 HR	女	夫、子、母、姐、妹	6	不完整的主干家庭
7	向 XG	男	妻、2 女、母	5	不完整的主干家庭
8	周 GB	男	妻、子、媳、孙女	5	主干家庭
9	周 ML	男	妻、女、女婿、2 外孙女	5	主干家庭
10	邓 CS	男	妻、子、2 女	5	核心家庭
11	周 XP	男	妻、女、女婿、外孙女	5	核心家庭
12	覃 XL	女	2 女、女婿、孙女	5	不完整的主干家庭
13	周 KH	男	妻、子、媳、孙	5	主干家庭
14	吕 XL	男	母、妻、子、女	5	不完整的主干家庭
15	周 KF	男	妻、子、2 女	5	核心家庭
16	黄 HT	男	妻、子、媳、孙女	5	主干家庭
17	曾 LG	男	妻、子、女	4	核心家庭

续表

序号	户主	性别	家庭成员组成	人数	家庭类型
18	颜 ZP	男	妻、子、子	4	核心家庭
19	覃 SM	男	妻、子、女	4	核心家庭
20	曾 YY	男	妻、2 女	4	核心家庭
21	颜 QY	女	3 女	4	不完整的核心家庭
22	周 JG	男	妻、2 女	4	核心家庭
23	颜 XC	男	母、妻、子	4	不完整的主干家庭
24	周 KZ	男	妻、2 子	4	核心家庭
25	姚 SX	男	妻、子、女	4	核心家庭
26	王 ZX	男	妻、子、女	4	核心家庭
27	向 CX	男	妻、子、女	4	核心家庭
28	向 DP	男	妻、子、女	4	核心家庭
29	向 DS	男	妻、子、女	4	核心家庭
30	颜 XX	男	妻、子、女	4	核心家庭
31	颜 YC	男	妻、子、女	4	核心家庭
32	周 DL	女	夫、孙、非亲属女	4	核心家庭
33	颜 ZF	男	妻、子、女	4	核心家庭
34	赵 YJ	男	妻、2 女	4	核心家庭
35	曾 FJ	男	妻、2 子	4	核心家庭
36	曾 FB	男	妻、2 女	4	核心家庭
37	周 GY	男	妻、2 子	4	核心家庭
38	周 KW	男	妻、2 女	4	核心家庭
39	赵 YQ	男	妻、2 子	4	核心家庭
40	王 ZY	男	妻、2 女	4	核心家庭
41	曾 LC	男	子、女	3	不完整的核心家庭
42	邓 BH	男	母、子	3	不完整的主干家庭
43	周 GM	男	妻、女	3	核心家庭
44	周 WB	男	妻、子	3	核心家庭
45	颜 AG	男	父、母	3	核心家庭

续表

序号	户主	性别	家庭成员组成	人数	家庭类型
46	周 ZX	男	妻、女	3	核心家庭
47	周 HC	男	妻、子	3	核心家庭
48	向 CG	男	妻、女	3	核心家庭
49	周 GY	男	妻、子	3	核心家庭
50	向 JY	男	母、弟	3	不完整的核心家庭
51	曾 FG	男	妻、子	3	核心家庭
52	周 GQ	男	妻、子	3	核心家庭
53	郑 JW	男	妻、子	3	核心家庭
54	曾 FP	男	母、弟	3	不完整的核心家庭
55	向 DH	男	妻、女	3	核心家庭
56	颜 YW	男	妻、女	3	核心家庭
57	周 GY	男	妻、子	3	核心家庭
58	周 XP	男	妻、女	3	核心家庭
59	王 JZ	男	妻、子	3	核心家庭
60	颜 XD	男	妻、子	3	核心家庭
61	颜 YX	男	妻、子	3	核心家庭
62	陈 FY	女	媳、孙子	3	不完整的主干家庭
63	曾 SP	男	父、母	3	核心家庭
64	曾 XH	男	妻、女	3	核心家庭
65	王 KH	男	妻、子	3	核心家庭
66	向 ZJ	男	妻、子	3	核心家庭
67	周 JC	男	妻、女	3	核心家庭
68	吕 Y	女	父、女	3	不完整的主干家庭
69	邓 SH	男	妻、女	3	核心家庭
70	周 HQ	男	妻、子	3	核心家庭
71	王 ZQ	男	妻、女	3	核心家庭
72	王 CH	男	妻、女	3	核心家庭
73	张 KQ	女	母	2	不完整的核心家庭

续表

序号	户主	性别	家庭成员组成	人数	家庭类型
74	周 GQ	男	妻	2	不完整的核心家庭
75	姚 KC	男	子	2	不完整的核心家庭
76	李 Q	男	女	2	不完整的核心家庭
77	方 ZF	男	父	2	不完整的核心家庭
78	向 DH	男	母	2	不完整的核心家庭
79	邓 SQ	男	妻	2	不完整的核心家庭
80	向 ZP	男	兄	2	残缺家庭
81	颜 ZH	男	妻	2	不完整的核心家庭
82	方 BC	男	母	2	不完整的核心家庭
83	周 JJ	男	母	2	不完整的核心家庭
84	周 KG	男	兄	2	残缺家庭
85	周 YC	男		1	单身家庭
86	赵 YJ	男		1	单身家庭
87	颜 XG	男		1	单身家庭
88	颜 ZM	女		1	单身家庭
89	黄 HP	男		1	单身家庭
90	陈 ZS	男		1	单身家庭
91	曾 FH	女		1	单身家庭
92	曾 XY	男		1	单身家庭
93	周 KQ	女		1	单身家庭
94	向 LX	女		1	单身家庭
95	王 HY	男		1	单身家庭
96	黄 SL	男		1	单身家庭
97	姚 XL	女		1	单身家庭
98	周 HL	男		1	单身家庭
99	颜 XL	男		1	单身家庭
100	颜 ZG	男		1	单身家庭

表 4-2　佑溪村家庭类型统计表

	核心家庭		主干家庭		其他家庭		总计
	完整	不完整	完整	不完整	单身家庭	残缺家庭	
户数	51	14	8	9	16	2	100

　　由表 4-2 可知,目前佑溪村的家庭类型以核心家庭为主,主干家庭为辅,此外还有部分单身家庭。其中,核心家庭占 65％,主干家庭占 17％,单身家庭比例亦高达 16％。核心家庭中以完整的家庭为主,不完整的核心家庭(即单亲家庭或老年夫妻家庭)比例亦较高,约占 14％。随着时代变化,人们逐渐意识到,已婚子女应该有独立的空间,在婚后脱离父母家庭,便形成了一个个新的核心家庭。也有一部分子女成婚后,依然与父母共同居住,由此形成主干家庭。单身家庭多是由于父母与儿子分家,而老伴去世后的状态,即单身老人户,此外还有部分独居的大龄未婚者。

（一）核心家庭

　　核心家庭又称为基础家庭,由一对夫妻以及未婚子女构成的家庭[①]。在传统联合家庭的瓦解下,分出一个个核心家庭。据表 4-1 可知,一个核心家庭中,家庭成员 2～4 人,包括父母及 1～2 名未成年或未婚子女。不完整的核心家庭指单亲家庭或者无子女共同居住的老年夫妻家庭。其中老年夫妻家庭在该村的表现形式是:子女已经结婚,且婚后分家,而老两口自己居住;或家中只有女儿没有儿子,女儿出嫁后虽未迁移户口,但实际上常住于婆家,而少回娘家。子女是家庭的重要组成部分,佑溪村几乎没有不想生育子女的家庭,若没有生育能力,他们也会通过抱养的方式来解决子女缺失的问题。核心家庭中的经济来源主要来自男性,丈夫在外挣钱养家,而妻子在家相夫教子、操持家务。现今,家庭地位逐渐往男女平等方向发展,虽然在家庭劳动分工上仍未改变,但家中事务越来越多由夫妻双方共同协商决定。

（二）主干家庭

　　主干家庭是指父母与一对已婚子女及其后代共同居住的家庭[②]。主干

---

① 徐若兰:《中国家庭结构变迁、特征、走势》,《民政论坛》2001 年第 5 期。
② 徐若兰:《中国家庭结构变迁、特征、走势》,《民政论坛》2001 年第 5 期。

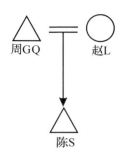

图 4-1a　核心家庭结构图

备注：陈 S 的曾祖父是入赘女婿,他入赘前原本姓陈,入赘后改姓周。因实行三代归宗制,则其曾孙便可改为陈姓。

说明：△代表男性,○代表女性,▲代表去世的男性,●代表去世的女性。＝代表婚姻关系,│代表亲子关系,⌐代表同胞关系,后同。

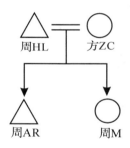

图 4-1b 核心家庭结构图

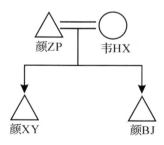

图 4-1c　核心家庭结构图

家庭的形成通常是家中只有一个孩子并已成婚,尤其是只有一个儿子的家庭。多个儿子的主干家庭是短暂的,即儿子成婚初期暂时与父母共同居住,

126

待其具备独自处理家庭事务的能力时便与父母分家。主干家庭中，父母帮儿子照看孩子，但这种三代同堂的家庭在佑溪村仅占少数，因为年轻人更愿意婚后与父母分开居住。主干家庭的家庭关系体现为以儿子的意见为主，一般是母亲帮忙照看孩子，父亲务农，偶尔也外出临时务工以补贴家用。在暂时的主干家庭中，儿子与儿媳挣的钱大部分用于其准核心家庭的支出，即购房、购车以及孩子的养育费用。当儿子与儿媳的经济收入与支出稳定向好时，其主干家庭便可能解体为两个核心家庭。

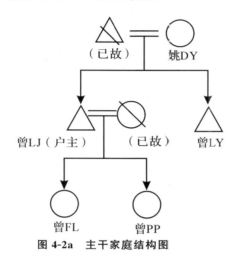

图 4-2a　主干家庭结构图

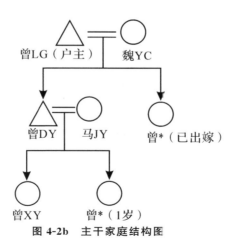

图 4-2b　主干家庭结构图

127

(三)单身家庭

单身家庭指孤老户以及终身不娶或者不嫁而又独自居住的男人或女人组成的家庭①。单身家庭者多数是具备独立生活的能力，能够劳逸结合，并自我消化各种情绪。除了家境因素导致的不婚外，还有一部分人主观上不愿意结婚。他们认为独自生活能带给自身相对的自由和轻松，既不用去参加大量酒席和送礼，又不用为抚养子女而劳累。当地人认为，有些单身汉并不是不婚主义，而是因为年轻时眼光高，虽有旁人介绍过一些对象，但其觉得不急一时或不太中意，从而导致帮其做媒之事逐渐减少，且随着年龄的增长，同龄女性又几乎已嫁为人妻，因此其婚姻之事更是难上加难。各种因素使得村里的单身汉越来越多，单身家庭也因此逐渐增加。

(四)联合家庭

联合家庭指父母与多对已婚子女以及孙辈组成的家庭②，家庭成员拥有共同的财产，共同的房屋。20 世纪 60 年代以前，佑溪村以联合家庭为主，人们不谈节育，并持有多子多福观念，当全部儿子成婚之后就构成了一个大家庭。儿子结婚之后，每个小家庭拥有一间卧室，所有人共同居住在一个屋檐下，同吃住，共劳动。家中事务由母亲或者父亲掌管，并进行家庭劳动分工。儿媳们负责做家务、照顾孩子，不论子侄，同一家庭中孩子均被同等对待；父亲与儿子们则负责种地等户外粗活。

> 我有三个弟弟，我最早结婚，婚后与父母及弟弟们住在一起，一直到老四结婚两年之后才分家。那时，我们一起吃饭的人数最多达到 16 人。父亲在外工作很忙，老二是生产队队长，老三是裁缝，我和老四都有自己的工作。家里母亲当家，她安排二弟媳与三弟媳做饭，我媳妇和四弟媳带孩子、打杂。（访谈对象：ZXT，男，83 岁，1964 年结婚）

分家使得传统的联合大家庭被分解为一个个核心家庭，但当地仍存留有少量类似联合家庭。这种家庭介于联合家庭、核心家庭与主干家庭三者之间，即多对已婚子女共同居住在一个大院里，而每个核心家庭都有独自的住所及灶房，父母可任意选择加入其中一个儿子的小家庭。儿子小家庭的

---

① 徐若兰：《中国家庭结构变迁、特征、走势》，《民政论坛》2001 年第 5 期。
② 徐若兰：《中国家庭结构变迁、特征、走势》，《民政论坛》2001 年第 5 期。

财产及支出各自负责,父母的财产则平均分配给每个小家庭,而山林、土地等则是共同财产。父母是维系这种家庭存在的重要因素。村民 ZXS 一家便是如此:

> ZXS 的两个儿子设计了两栋房子,这两栋房子从外看是一个整体,实际上内部并不相通,是两栋独立的房屋,ZXS 夫妇与大儿子居住。两兄弟虽分开居住,但是父母的财产,包括山林、土地等却是共同拥有的。其两个儿子均外出务工,大儿媳有工作,小儿媳因身体状况不佳,在家养病。ZXS 和妻子住在大儿子家,两个老人尚种植玉米和红薯等作物秋收后平均分配给儿子们。儿子们赚的钱用于自己小家庭的开支以及父母医疗费用等。待 ZXS 和妻子老了之后由两个儿子各自负责照顾一位老人。(访谈对象:ZXS,简称 ZXS,男,74 岁)

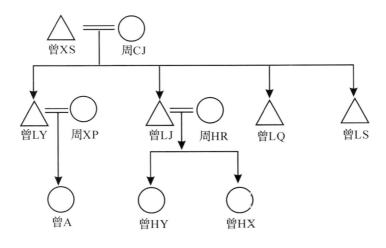

图 4-3　类似联合家庭结构图

二、家庭分工

在改革开放前,打工浪潮还未兴起,村民的家庭经济来源主要靠农业生产。在实行家庭联产承包责任制之前,人们以生产队为单位进行集体劳动。身体状况健康者均去劳动挣"工分",老人、小孩或者身体患有疾病者则待在家中做相对轻松的工作。通常男性负责挣工分,女性以照顾家庭为主,挣工分为辅。家中子女也学着帮助父母承担相应的责任,做一些力所能及的事情。年长的儿子与父亲一起挣工分,年长的女儿则协助母亲照顾年幼的弟弟妹妹，如穿衣、喂饭、洗衣服和做饭等家务。在联合大家庭时期，家庭劳动分工按个人体力来分配。在实行家庭联产承包责任制之后，佑溪村形成"男耕女种"的家庭分工模式。男性从事重体力农活，女性则从事轻体力农话同时兼顾养育孩子和照料家务。于在集体劳动过程中，容易存在偷懒之人，劳动积极性不高，致劳动成效不理想，导致联合家庭解体，形成多个核心家庭或者主干家庭。改革开放以后，村内大部分年轻男性外出务工，已婚妇女留守在家带孩子以及照顾老人。不同家庭类型，其家庭分工会有所差别。

（一）代际分工

对于主干家庭与联合家庭这类父母与已婚子女共同居住的家庭类型，代际分工必然存在，即父代与子代的家庭劳动分工。在一个大家庭中，于父代而言，子代家庭是父代家庭的延续，帮助子代完成家庭再生产以及早日实现更好的生活是父代家庭之责任[①]。通常只要父母身体健康，尚具备一定劳动能力，他们便会为子女提供力所能及的帮助。在当地，"半耕半工"是普遍存在的一种家庭经济类型，父代主要负责在家务农和照顾孩子，子代多为外出务工。父亲主要通过农业生产以供给家庭生活所需，如承担耕地、薅草、挑粪和搬运玉米等重力活；母亲则协助父亲播种和薅草等一些劳动强度不大的农活，同时承担煮饭、扫地、洗衣、照顾孩子及喂养家畜等家务劳动。对于家里走亲戚送礼等人情开支，主要由父代负责，如果是儿媳娘家的人情来往则由子代负责。在三代同堂家庭中，若母亲帮忙子女照顾孩子，儿媳就外出务工；若母亲身体健康并且选择工作，那么儿媳便在家照顾孩子。照顾孩子需要花费大量的时间与精力，如果母亲能够帮忙照看孩子，便可为年轻人减轻负担。这样，子代夫妻不仅能外出务工以缓解家庭经济压力，还能使年轻夫妻有更多独处的空间，有利于增进夫妻感情。代际分工的家庭，有利于年轻一代的事业发展。

（二）夫妻分工

夫妻分工主要体现在核心家庭。改革开放后，面对教育、医疗、农资等家庭开支，村民常选择外出务工，以补贴家庭的生活花销，而外出者多为丈

---

① 张建雷：《家庭伦理、家庭分工与农民家庭的现代化进程》，《伦理学研究》2017年第6期。

夫。当地人认为,较之于男性,女性养育子女更细心,整理家务更加有条不紊,女性天生细腻的性格更能胜任家庭琐碎之事。丈夫外出务工之后,除了带孩子,家里农活全由妻子承担,不管是翻地还是除草,挑粪还是搬玉米,这些本由丈夫承担的重力活,通常是由女性独立完成。

除了外出务工,现今部分村民的生计方式已发生变化,例如在村里开小卖部,或者发展养殖业,或者种植蔬菜水果。这些工作由夫妻二人共同承担,其家庭经济收入来源也源于夫妻的共同工作,家中的各类决策亦逐渐由夫妻二人共同协商。夫妻分工灵活,双方的家庭地位趋向平等。

三、分家与继承

分家即家庭的分裂,家庭发展到一定的规模必然分裂,因此分家是家庭发展的一个自然过程。[①] 分家就意味着财产的分配与继承。在佑溪村,通常儿子结婚之后就会分家,父母把自己的财产平均分配给每一个儿子,分家后各自努力,有利于家庭发展。分家时父母还处在中年,若家中孩子多且尚有未成年子女,分家方式也会不同:部分家庭在第一个儿子结婚生子后就从大家庭中分出,而未婚儿子则继续与父母同住,直至结婚生子后再分出;另一部分家庭是等所有儿子都结婚生子之后再分家。分家后父母的赡养问题一般有以下三种情况:一是分家后,父母固定与其中一个儿子同住,该子便负责父母的养老问题。二是分家后,父母独自生活,几个儿子共同为父母养老,大家平均承担父母的吃穿用等生活必需品。三是分家后,父母身体不好,跟随其中一个儿子住,所有儿子轮流照顾。无论是哪种类型的分家,父母去世之后,所有儿子都需为父母办理后事。女儿则无继承权,也无赡养义务,尽孝心即可,入赘婚以及不招不嫁的婚姻家庭除外。

改革开放前,通常有两个儿子以上的大家庭才会分家,若只有一个儿子一般不分家。因为,同在一个屋檐下,家里兄弟越多,则妯娌之间关系越复杂,矛盾积淀多了便会引发争吵。村中俗语称"拿着绳子不出力",村民认为若不分家,人多干活没有动力,而分家之后,孩子各自生活,各有安排,更有上进心。大家庭家长是父母,分家后的小家庭家长通常是丈夫。虽有极少部分家庭分家之后父母仍干涉小家庭,但被父母掺和的家庭容易导致其夫

---

① 尚会鹏:《中原地区的"分家"现象与代际关系——以河南省开封县西村为例》,《青年研究》1997 年第 1 期。

妻之间的感情破裂，最后导致婚姻崩溃走向离婚。

当分家意向确定后，首先要清点家庭财产。父母需要清楚家里的山林、土地、房屋、家具及一些必备的生活用品能否满足各自小家庭基本生活。只有最基本的生活得到保障后才能分家。分家时需邀请见证人，一般为三人，即村干部、调解委员和有声望的长辈。在分配财产过程中，若出现矛盾，见证人可以协调；倘若分家后有意见，也可再找当时的见证人一起开会商讨。

分家流程：

（1）处理好父母的意愿。父母是自己住还是与某个儿子住，需要先协商好。父母通常跟着小儿子住，因为他们刚结婚不久，父母与之同住能够给予他们一些生活上的指导与帮助。

（2）分房屋。建好房子后，一个儿子一间，属于"同檐屋"类型。虽然他们同住一个屋檐下，但是各自的灶火分开，各自生活。20世纪90年代以后，所分房屋逐渐由一间房屋演变为独立的房屋。

（3）分家具。家具包括锅碗筷等厨房用具及棉被和床等物品。一般而言，一个小家庭会分得两床棉被和一张床。家境较好的家庭还会单独为儿子的小家庭打好一套桌椅，以满足小家庭的基本所需。分家通常是由父亲分配，但若有争议，不便于处理的话，则实行"狗蛋子"的方法。该方法即将同类物品分成若干份，并采用抓阄方式决定各自所分配之物。

分家意味着儿子继承父母的财产，从父母家庭中裂变出一个新的家庭。在乡土社会里，具有继承权的往往是有血缘关系的直系亲属。若无子女，老人的财产通常由旁系亲属来继承。下面这个案例则说明了亲缘关系在乡村社会中的重要性：

> 在佑溪村二组，有个无子女的老人。2004年，村里修建高速公路时，征用了老人的土地，他由此得到一笔丰厚的补偿金。对于这笔补偿金，许多人都虎视眈眈。老人不想让自己的亲属来给他养老，于是就想找一个没有血缘关系的人给他养老，以后他的财产也由养子继承。有个异姓小伙子看中了老人的钱财，便答应给老人养老，并从山上搬到山下居住。老人为养子修建了一栋房子，但等房子修好之后，养子却没有让老人住进来，而是让他单独住在一个一层楼的房子里，老人生病了也不照顾。后来老人去世的时候，在身边照顾的仍是他侄儿侄女们，葬礼也是他们操办，老人的财产也是由侄儿继承。血浓于水嘛，最后还是得靠亲人。（访谈对象：ZYZ，男，60岁）

传统社会的分家是灶火分开，现代分家则是在空间上的分离，但分家不会使父母与儿子家庭之间的感情变淡。虽各家庭之间的生产生活、人情来往上彼此分开，但家庭之间仍互相往来，互帮互助。平日里，父母会帮助儿子们做一些诸如照顾孩子等力所能及之事，而儿子亦会随时提供给父母各种帮助与照顾。年节期间，各兄弟家庭会聚集在父母家吃团圆饭，或兄弟间轮流举办团聚宴，以增进与父母及兄弟之间的情感。

四、生育与赡养

（一）生育

生育是家庭的延续，是人口再生产的重要环节。其中，生育观是支配人们婚育行为的主导因素[①]，常常涉及生育态度、理想子女数量、子女性别偏好以及对子女质量的期望[②]。生育是当地新婚夫妻的义务。一般婚后一年内，女方怀孕并生育孩子，是女性成为一个好妻子和好媳妇的重要标志。改革开放前，因为家境经济条件较差，人们结婚时多不办婚礼，但第一个孩子出生后却要为孩子庆生办"大喜"。这不仅体现了当地人对孩子的喜爱及对生命延续的重视，更表明生育子嗣后新媳妇方能正式被新家所认可。孩子有利于稳固新媳妇的家庭地位。如果女性婚后两年内尚未怀孕生子，婆婆就会悄悄地关注儿媳情况；若长时间不见怀孕，家人便会四处求医，寻求药方以补其身体。部分村民还会祭拜神灵，求神赐子。求子者多会带上一些黄纸钱以及数根香（要求单数）前往特定地方"敬老爷"，请求神灵赐子，并在求子成功后再次前去还愿。

计划生育政策实施之前，当地人偏好于生男孩。若前几胎均为女孩，则会继续怀孕以期诞下男孩。人们执着于生育男孩的原因在于在以一家一户为经济单位的社会中，男性多是家庭兴旺发达的一个重要标志[③]。加上当时没有节育的观念，一个家庭通常有 5 个甚至更多的孩子。男孩不仅可以增加家庭的劳动力，而且能为父母养老送终，而女儿却要出嫁只能为他人父母养老，因此许多人更偏好生育男孩。

---

① 潘贵玉主编：《中华生育文化导论》，北京：中国人口出版社，2001 年，第 94 页。

② 朱国宏：《传统生育文化与中国人口控制》，《人口研究》1992 年第 1 期。

③ 范海燕、胡泳：《改革开放以来中国妇女婚姻观念的变迁》，《中华女子学院学报》1997 年第 4 期。

计划生育政策执行之后，佑溪村开始落实每户二孩的生育政策，且两个孩子之间需间隔5年。因受到生育子女数量与生育年龄的限制，子女数量变少，而这也使得人们更加重视子女的培养。在生育观上，从倾向追求子女数量向提高子女能力方面转变。无论是男孩还是女孩，父母都会供其读书，希望他们能有更好的未来。即使只有女儿的家庭，也可通过婚姻的形式（如入赘婚、"不嫁不娶"婚）来解决养老问题，重男轻女的观念在逐渐弱化。

（二）抚育

抚育指父母对自己所生子女（包括抱养子女）的养育。当地非常注重孩子的养育，孩子出生之后就要操办"大喜"，邀请亲朋好友来庆祝，希望孩子能够在大家的祝福下健康成长。在孩子的养育方面，从小教育孩子先做人，后做事。父母总是尽可能将最好的留给孩子，倾尽自己所有力量去帮助子女。婚前，供养其读书，并为其准备一笔丰厚的财产供其结婚所用；婚后，帮忙照料孙子女或者外孙子女，以减轻其生活压力。若孩子未满十八岁时父母去世，通常由爷爷奶奶抚养，或者叔伯代养。若父亲没有兄弟或者其兄弟不愿意抚养时，孩子才会被送往福利院。

按照我国《收养法》规定，抱养是指将他人的子女作为自己的子女。[①]当地抱养子女的情况并不多见，通常有以下三种情况：一是夫妻双方或者其中一方没有生育能力时会抱养孩子，通常会选择抱养男孩以传宗接代和养老送终。二是没有女儿或者没有儿子的家庭，若想儿女双全，在时机合适的情况下则可能抱养他人孩子。三是婚后五年左右还没有生育孩子，则可领养一个孩子来"引窝子"，当地人认为这样可把婴儿的魂魄引到家里来以促进自己怀孕。

抱养可分为明抱与暗抱两种方式。明抱是指抱养这件事别人都知道。一般明抱的孩子，其原生家庭比较贫穷，或者兄弟姊妹比较多，父母没法养育时会选择将其中一个孩子送出去。亦有将自己兄弟的孩子抱来养育，当地人称"过房"。暗抱则是悄悄地抱养孩子，通常孩子的身世不太愿意为人知晓，比如未婚生子者。20世纪90年代以前，未婚生子和婚外生子是不能被社会所接纳的，除非孩子的身份能得到有效转换，而送人抱养则是一种很好的方式。抱养既在一定程度上帮助孩子生母解决未婚生子或者婚外生子

---

① 杨彦：《关于"中国农村抱养子女"的调查报告》，《人口与经济》2004年第1期。

带来的负面影响，也给予了孩子能够被接受和认可的身份。明抱的孩子，若是外姓，三代之后可归宗。归宗是抱养孩子的权利，但三代之内不允许归宗，这是对其养父养母的感恩，而三代之后归宗是对抱养孩子的一种补偿。

抱养通常是人们讨论时的忌讳话题。为呵护孩子的心灵，免遭社会舆论的影响，父母不会轻易告诉他人孩子是抱养的。孩子的"大喜"及周岁宴都会正常举行，并邀请亲戚朋友前来庆祝，祝福孩子健康成长。待孩子长大后，养父母会选择告知事情真相，但抱养子女通常仍会选择与养父母生活在一起，继承财产，并为其养老送终，而亲生父母则很少会再次出现在其生活中。

（三）赡养

赡养在原则上是子女对老年父母的经济支持和生活照料。[①] 农村社会通常没有统一标准的赡养年龄，只要力所能及村民晚年时仍在劳动，直到"不能动"为止。村民养老主要依靠儿女，通常是谁继承家产谁负责赡养老人，外嫁女没有财产继承权，亦无需承担赡养义务。赡养的方式与分家方式息息相关，若父母单独居住，赡养义务则由儿子们共同承担，平摊赡养费用；若父母与其中一个儿子居住，则赡养义务主要由同住的儿子负责，通常为小儿子，因为分家时其年纪最小，得到父母帮助多，理应担负起主要的赡养义务；若只有一个儿子，则由其全权负责。赡养包括照顾老人的吃、穿等日常生活起居，承担老人看病的医疗费用，承办老人的身后事等。

女儿承担赡养义务在佑溪村也较常见。入赘婚姻家庭，其目的就是为赡养父母和继承财产。若家里有女无儿，大女儿一般会招上门女婿，以承担起赡养义务。总的来说，继承家产的子女具有赡养老人的义务，外嫁的女儿或者去做上门女婿的儿子只需要尽孝心即可。但在当下农村，随着子女数量的减少及重男轻女思想的改变，女儿在父母晚年的照料和赡养中扮演着越来越重要的角色。

第三节　家族关系

费孝通先生认为："家族在结构上包括家庭，最小的家族也可以等同于

---

① 王跃生：《中国家庭代际关系的理论分析》，《人口研究》2008 年第 4 期。

家庭。"①不同姓氏代表不同家族,不同家族下分布着若干子家庭。佑溪村有四大姓,周姓与曾姓最多,颜、姚两姓次之。

一、祠堂象征

祠堂是一个家族的重要象征物。1949 年以前,村里设有祠堂,同姓氏者属于同一个祠堂,同一个家族。如村中颜姓祖先在很早之前由江西迁来湖北,定居佑溪村后,历经长期繁衍发展成为当地的一大姓,并修建祠堂,用来管理与解决家族日常事务及矛盾,祠堂也因此成为家族的重要标志。虽然这些祠堂陆续被征作它用,不断遭到破坏甚至不复存在,但老一辈村民对其仍记忆犹新。

祠堂的结构为三间一偏,中间为堂屋,无门,左右各一间,外加一偏房。堂屋内主要陈列家族祖先之灵牌,以阶梯形式摆放。最上面一排是辈分最高的祖先灵牌,依次往下摆放,大概有 10 排。左右屋放辈分较小者以及嫁进本祠堂女性的灵牌,同姓的灵牌上均有完整的名字,而嫁入女性的灵牌上只有姓氏,如张姓女性,其灵牌为"张氏"。偏房用作厨房或者杂房。当族内有人逝世,其灵牌需要放入祠堂时,要求在完成全部葬礼之后,择期由专门的负责人将灵牌供入祠堂。每年清明时,族人均先入祠堂缅怀和祭拜先祖后才会再去墓地行祭祀之礼。对于鳏寡孤独的逝者,财产由祠堂管理。族内若有上门女婿者,则需要改名换姓方可开祠堂上族谱。

祠堂内设有族长及相应管理人员。族长一般由同族中辈分比较高者担任,且多为大房的儿子,其需要具备说话算数、做事有道和一定的管理能力,负责家族内外部事务的领导和协调,并需不定期更新族谱。其他成员则协助族长管理本族事务,诸如在日常生活中考察族人是否有违反族规之事,帮助家族调解矛盾等。日常生活中的家庭小纠纷通常不用去祠堂解决,只有发生较大的、难以自行解决的问题时方由祠堂介入,而此时需通知族内人,由族长以及其他调解成员共同参与。若族中出现不孝等事件时,族长会在祠堂内主持家法,对当事人施以打板子等身体上的惩罚以示教育与警戒;当出现族长无法解决的严重问题时,往往由族长出面上报地方行政部门,而族长则作为本族代言人在其中发挥协调和沟通作用。

除供奉祖先灵位、处理日常事务外,祠堂也是族人在面对不可抵御的外

---

① 费孝通:《乡土中国》,北京:北京出版社,2004 年,第 55 页。

力时，寻求心灵慰藉的重要场所。在人们心中，祠堂内的祖先似乎无所不能，能提供给他们各种世俗的帮助及精神的慰藉。如当遭遇严重干旱，庄稼难以存活时，族人会先到祠堂祈求祖先庇护，然后再到庙里祭拜求雨，每天一次，直到下雨为止。

在传统的家族观念里，同一祠堂同条心。现今祠堂虽已不复存在，但同一姓氏者仍多聚居于同一地方。如现今佑溪村六、七组所在的周家山曾皆为周姓，外姓家庭多由入赘婚姻所形成；颜姓主要聚集于四、五组所在的香花岭；而曾姓主要聚集在现今村委会周边的一、二、三组。同一家族的人们毗邻而居，不仅增强了族内的凝聚关系，也有利于族人的互帮互助，当有红白喜事等重要事情时，邻近的族人往往会自发前去帮忙。

二、族谱象征

族谱是家族的另一重要表征，是家族记忆的反映，记载着家族的历史由来、重大事件及成员组成等。佑溪村各家族现存的族谱很少，而年轻人更是很少关注相关事宜。村内曾氏老族谱上记载着各房系男性后辈子孙的姓名及事迹，而新修的族谱打破传统模式，以"房系为主线，平铺家族名录。男女兼修，力求记载真实、图文并茂"为编纂原则[①]。在族谱中，增加曾氏祖先迁徙路线等历史由来以及图集、曾氏家规家训家风等有关的知识介绍和曾国藩等名人的名言。这样可以增强族谱的文化底蕴，为后人提供学习资料，使得族谱更加丰富、丰润以及更具有创新性。《湖北·宜昌长阳县曾氏族谱》记载，曾姓共有 15 个字派，而从鄫国太子巫把"鄫"去了偏旁后为"曾"起，迄今已经繁衍 130 多代人，其成为我国最古老的姓氏之一。曾氏早在西汉初建谱，经汉、晋、唐、宋、元、明、清各朝代，代代承袭，从未间断，至今已有 2000 多年历史。西汉曾炜始修《武城曾氏世家》，师承《汉普》，东汉曾谭续修《曾氏世家》，后世称《武城谱》或称《老谱》。明嘉靖年间，曾子启、曾鼎访天下曾姓之谱，汇成《新谱》。清嘉庆至同治年间，又编修了《武成曾氏重修族谱》，并留传至今。此外，还有现代版的族谱《湖北·宜昌长阳曾氏族谱》。

---

① 当地人曾 XT 提供重新修订的老版族谱，即《武城曾氏重修族谱》，于清代嘉庆开始修订；当地人曾 XG 提供新版族谱，即《湖北·宜昌长阳曾氏族谱》，于 2020 年 12 月修订。

图 4-4a　武城曾氏重修族谱

图 4-4b　武城曾氏重修族谱

村中两位曾姓老人曾代表村内曾姓族人参加长阳县曾家大会，会上对修族谱之事做了讨论，但村中很少有人知道此事，现今只有几位老人对族谱之事有所了解。

佑溪村的家族源于父系的亲属关系，最初是以血缘关系为纽带，后来逐渐发展成了地缘形式的同一姓氏家族。象征家族存在的祠堂与族谱现虽已淡化，但本家人（当地对同姓之人的称呼，即同一家族之人）的家族意识依然存在，并反映于村民日常生活的互帮互助中，成为维系农村社会的重要纽带。

图 4-5　湖北·宜昌长阳曾氏族谱

（调查及撰写：莫明仙）

138

第五章

人神之间：佑溪村民的信仰与习俗

信仰产生并发展于民众的日常生活中，为了满足民众的心理需要，并解决现实生活中的困惑。信仰有民间信仰与宗教信仰之别。较之与宗教信仰系统的教义教规、完备的组织形式，民间信仰则是在人类漫长的发展过程中，民众自发形成的一种复杂信仰方式。因地域、时间差异，民间信仰并没有形成完全统一的仪式和制度，但却能在人类生产生活的诸多习俗中得以体现，房屋建筑、人生礼仪等习俗中均可体现出民间信仰的传承及变迁。本章通过对佑溪村民的信仰方式、生活习俗等分析，以更好地呈现佑溪村的传统文化和村民的思想观念。

第一节　民间信仰

民间信仰是最普遍、最真实、最基本的中国宗教文化传统①，它与民众的日常生活息息相关，其精神面貌也融合在丰富多彩的社会习俗中，在地方建筑、丧葬、节日等习俗中均可体现民间信仰的传承以及变迁。在佑溪村中，民间信仰以原始信仰为主，主要体现在祖先崇拜、自然崇拜、地方神崇拜等。

一、祖先崇拜

祖先崇拜是人类将已故祖先加以神化的结果②，它以血缘关系为纽带，承载着后人对先祖灵魂的尊崇和缅怀。佑溪村的祖先崇拜主要体现在丧葬仪式和节日祭祀方面。村民认为，人死以后，灵魂不灭，生死轮回。基于这

---

① 张志刚：《民间信仰：最真实的中国宗教文化传统》，《中国民族报》2004 年第 6 期。

② 钟敬文：《民俗学概论》，北京：高等教育出版社，2010 年，第 148 页。

种意识，人们为逝者举行的丧葬仪式也以自由、高亢、激情来代替痛苦、悲伤、低沉，展现了当地人对生死的豁达观，如充满欢乐激情地跳丧舞。在祭祀仪式中，当地人认为，如果不祭拜祖先，祖先会惩罚后代。因此，每逢清明节、中元节、春节等时节，或红白喜事时均要举行一系列仪式，以祭祀祖先。此类祭祀仪式较简单，主要体现在饭前需要先祭拜祖先（俗称"叫饭"），而中元节和春节时，"叫饭"时还需给已故先祖烧纸钱。当村民频繁梦见某位已故先祖，或突然梦见许久未曾想念过的祖先时，他们认为这是祖先因某种原因在给后人托梦，可能是先祖在地下缺乏钱财了，需为其烧纸钱。祭祖仪式一般以家庭为单位完成，代表了人们对已故先祖的崇敬之心。

二、自然崇拜

（一）灶王崇拜

灶神俗称"灶王爷""东厨司命""灶君菩萨"等，是中国民间信仰中的一个古老神灵。[①]《礼记》中记载："（王）立七祀，曰司命，曰中霤，曰国门，曰国行，曰泰厉，曰户，曰灶。"[②]由此可见，灶王崇拜起源较早。目前佑溪大部分村民家中仍使用传统土灶做饭，因此祭灶王的传统并没有消失。每年的农历腊月二十四日，村民会将煮熟的猪头和猪尾巴放在一起，然后在猪头上插两根香，在大门外进行祭拜，俗称"祭灶王爷"。佑溪村民认为，灶王是掌管饮食的神，如果不敬重它，就会缺少好吃的食物。家中打新灶的时候，亦需要择吉日并祭祀灶王爷，否则灶火就不会旺盛。

（二）土地神崇拜

"土，地之吐生物者也。"[③]土地是人类生存的重要物质基础，由此村民会神化土地，想象出了各种土地神，在路边或者田边专门为土地神建造房子。在民众心中，土地神不仅能够管万物生长，保佑风调雨顺，还能保佑人的祸福，因此民众会通过祭祀土地神的方式来祈求平安，消灾避祸。佑溪村民对土地神的祭祀方式大致有三种：一是逢年过节时，村民会到土地庙去烧

---

① 廖海波：《世俗与神圣的对话》，华东师范大学文艺民俗学专业 2003 年硕士学位论文，第 9 页。

② 孙希旦：《礼记集解》卷十三，北京：中华书局，1989 年，第 12 页。

③ 许慎：《说文解字》，北京：中华书局，1963 年，第 286 页。

三炷香和三张黄纸,祈求丰收;二是农历二月初二日时,这一天是土地神的生日,村民多会带着猪头和黄纸去路边的土地公神龛祭拜;三是村民自己选定黄道吉日,带上纸和香前往土地公神龛前许愿,祈求土地神保佑人畜平安、农作物收成好等。

（三）植物神崇拜

植物神崇拜是民众将植物视为神灵并加以崇拜。在佑溪村的邻村,有一座观音庙,庙前有两棵大约 500 年历史的银杏树。每年农历八月十五日,佑溪村民都会去观音庙上香,然后在银杏树前磕头许愿,保佑自己家庭和谐,家人健康。到了

图 5-1 路边的土地庙

还愿的时候,则需带上红布条挂在树上,以示已经还愿。

三、地方神崇拜

地方神是指民众将某种物或某个人神化,并赋予他们某种超自然的力量。在佑溪村,村民口中时常会出现一个"王先生"。传说在清朝时期,王先生独自一人从四川流浪至佑溪村,因没有房子居住,最后在一处岩洞落脚。白天,王先生出去行医,救死扶伤,晚上才回到岩洞,经过王先生治疗的病人都痊愈了,村民都夸赞王先生妙手回春,堪比华佗。他死后托梦给当地村民,如果要去看他,或者有事情找他,就去那个岩洞。于是,村民们在

图 5-2 银杏树祈福图

岩洞中放上了一个大约 2 米长的抽屉,抽屉上搭着红布,以此来供奉王先

生。从那以后,但凡村民家中有小孩生病久治不好、没有子嗣、家中的牲畜生病等问题都会到岩洞前许愿,希望王先生能保佑他们平安如愿。待所求愿望实现后,村民则会带着香、纸钱、爆竹等祭品到岩洞前还愿,感谢王先生的保佑。

四、灵魂崇拜

人们认为人是由肉体和灵魂组成的,而人做噩梦或者生病都是由于灵魂离开了肉体①,病人要痊愈,就需要举行招魂仪式。佑溪村民认为小孩子哭闹不止也是灵魂丢失的一个表现。在给小孩子招魂时,孩子的母亲要在晚上七八点刚入夜时,给孩子端上一盆清水,让孩子看着自己的倒影,然后母亲说:"快回来吧,快回来吧……"连着三天做相同的仪式,小孩就会停止哭闹。

五、行业神崇拜

行业神崇拜是指各行各业信奉的行业祖神和保护神②,最常见的是工匠神鲁班。《鲁班经》中记载:"凡造作立木上梁,候吉日良辰,可立一香案于中亭,设安普庵仙师香火,备列五色线、香花、灯烛、三牲、果酒供养之仪,匠师拜请三界主、五方宅神、鲁班三郎、十极高真,其匠人秤丈竿、墨斗、曲尺,系放香桌米桶上,并巡官罗金安顿、照官府、三煞凶神,打退神杀,居住者永远吉昌也。"③佑溪村民在建房前或者上梁时均需祭祀鲁班,以起到吉利、保护的作用,使建房过程顺遂平安。祭祀时多在堂屋放置一张桌子,将杀死的公鸡放在桌子上,然后给鲁班师傅烧香和烧纸,以求得其保佑。

六、巫　术

巫术是企图借助超自然的神秘力量,对人或事物施加影响,以达到某种目的的手段④。巫术可分为招魂巫术、驱疫巫术、放蛊巫术等,其中多掺入鬼神观念。通晓巫术的人被称为巫师或巫医,是赶鬼驱邪、招魂治病等活动的主持者。在佑溪村,当家中有人生病,且久治不好时;或者突然病重,遇事

---

① 钟敬文:《民俗学概论》,北京:高等教育出版社,2010 年,第 146 页。
② 钟敬文:《民俗学概论》,北京:高等教育出版社,2010 年,第 149 页。
③ 午荣编,张庆澜、罗玉平译注:《鲁班经》,重庆:重庆出版社,2007 年,第 56 页。
④ 钟敬文:《民俗学概论》,北京:高等教育出版社,2010 年,第 156 页。

不顺等状况时，就会请巫医前来治疗。巫医会在特定时间带有专门的工具，如布、红袋子、自制的符水来到病人家中进行治疗。治疗时，一般有一至两个巫医共同完成，一个巫医将布蒙在病人头上，另一个巫医则一直在病人身边转圈，同时以边唱边说的形式念叨咒语，并做出驱赶某种东西的动作，最后将自制符水给病人喝下，病人即可痊愈。

第二节　宗教信仰

　　宗教是一种特殊的社会意识形态，也是一种复杂的社会文化现象，它与人们的社会生活、思想观念、心理状态乃至文化习俗，都有非常密切的关系，并产生一种无形的力量，支配着人们的精神生活[①]。一个地区的宗教信仰极其复杂，宗教信仰对象、宗教仪式繁复多样。就佑溪村来看，村中的宗教信仰包括佛教信仰、道教信仰以及少数村民信奉的基督教。民众也会通过不同的仪式活动来展现自己的心理诉求和精神状态。宗教发展中"世俗化"的现象不可避免，不同的信仰形式相互交融，甚至难分彼此；同时，宗教的发展使其越来越走出自身，走向社会，并呈现出多种宗教混合交融的特点[②]。

一、佛教信仰

　　长阳地区的佛教活动大约起于唐朝，在全县家梅红签流传较广。《长阳县志》记载："孟夏八日，乃浴佛日。俗用僧人建佛祖会家，家梅红签作十字形，书韵语四句贴壁。借佛力使屋上不生毛虫，名曰嫁毛娘。"[③]除了有相应的节日习俗外，村民也会专门修建庙宇来供奉菩萨。位于佑溪村五组的龙潭河有一座约 10 平方米左右的观音庙，此庙大约在 20 世纪 50 年代由村民自发建造而成。庙宇是沿着悬崖底用石头砌起来的二层露天庙，底层为弧形状，上层为不规则的宝塔形，前面挂着菩萨像。此处虽交通不便，但从庙中残留香火、爆竹、纸钱等祭品残留物中可以看出有很多村民前来祭拜和许愿。附近村民在农事祭祀、出远门、结婚生子、家人生病的时候，均会来此处许愿，以求菩萨保佑平安。

---

　　① 史继忠：《中国南方少数民族的宗教信仰》，《贵州民族研究》1991 年第 1 期。
　　② 岳小国：《鄂西宗教及其管理调查研究——以长阳土家族自治县为田野点》，《云南民族大学学报》2015 年第 5 期。
　　③ 同治《长阳县志》卷一，《风俗志》，南京：江苏古籍出版社，2001 年，第 469 页。

图 5-3　观音像图

二、道教信仰

唐朝时期,道教传入长阳,道士开始在长阳县境内开展宗教活动,并修建道观。随着道教的发展,它逐渐渗透到了人们的日常习俗中,并主要表现在以下方面。

(一)葬礼中的"二十四神"

在佑溪村现存的丧葬仪式中,有一个环节是为死者烧二十六个纸包,分别是为"二十四神"及地畔业主和老先人所准备之物。逝者出殡后,在坟前将其烧毁,表示逝者到了阴间就能够买下这二十四座山,顺利到达祖先故地。二十四座山分别为:甲山、乙山、丙山、丁山、辰山、巳山、酉山、亥山、子山、壬山、癸山、庚山、中山、辛山、戌山、寅山、坤山、午山、震山、艮山、乾山、巽山、申山、未山。二十四神实则是根据道教中的八卦所写,二十四山的名称也为八卦图中的名称。

(二)风水

在佑溪村,风水先生很受尊敬,村民在建房子、红白喜事时都会请风水先生到家里看风水和择日。风水先生结合主人家的生辰八字、建筑的方位和布局，以求达到四大和谐效果，即人与自然的和谐、建筑与自然的和谐、建筑与建筑的和谐、人与人之间的和谐，这也是道教所崇尚的"天人合一"思想的反映。

（三）建筑

道教思想在佑溪村民所居住的房屋中也体现得淋漓尽致，尤其在 20 世纪所修建的房屋建筑中。村民会在家中的大门上方或者主梁上绘制半红半黑的八卦图，主梁的两边还刻有日、夜二字。据称，绘制八卦图是为了求吉利和辟邪，保佑家中平安。八卦图的样式讲究红进黑出，代表喜事进、邪祟出。

图 5-4　房屋八卦图

（四）五龙观

五龙观是曾经位于佑溪村五龙山的一座道观。明朝时一位道人在此山顶修建了道观；清朝时，曾姓道人对其进行修葺。五龙观所在之地为五道沟发源之地，当地村民称五道沟为五条龙，且上面有五座山峰围绕，状如莲花，所以修建的道观被叫作五龙观。

图 5-5　五龙观碑刻图

《长阳县志》中记载："五龙山，县西北三十里，五峰挺峙，形似莲花。明初建观其山，暮鼓晨钟，响彻天半，亦胜地也。"①在五龙观未损毁之前，观中香火旺盛，时时刻刻都能听见鞭炮声。村民在初一F、十五日、过节时多会带着猪头、香等物品去观里上香。因战争损坏及年久失修，五龙观现已不复存在，只有一小截围墙和三块残碑留存在其遗址处。残碑上依稀可见字迹，内容为："自有明前清时，几经修葺，无如代远年，湮墙垣倾圮，瓦塝□坏亟，力有不足。清宣统间，道人曾教薰挂锡，斯庙主持一切又值乡中，分去庙稞一

---

① 同治《长阳县志》卷一，《山水志》，南京：江苏古籍出版社，2001 年，第 443 页。

半,其存者仅足养二三人,兼之兵荒,频仍盗贼蜂□,□□有席卷一空,幸道人尚简约,善居积廿余年间,颇有余蓄。观音张仙二殿,越三年,癸酉又修祖师灵观各殿及围屋等前。"

三、基督教信仰

1991 年,基督教传入长阳地区,最初由工地施工人员中的基督教徒在附近传播,后来范围逐渐扩大,宜昌基督教三自爱国运动委员会派人来长阳传教;1998 年,全县的基督教徒达到 200 人;2001 年,设立长阳基督教堂;2002 年,成立长阳土家族自治县基督教三自爱国运动委员会[①]。基督教作为外来宗教,其传播受到中国本土文化及社会环境的影响,同时由于基督教在长阳传入较晚,因此基督教在长阳的信众占比较少,仅在部分地区少量可见。

佑溪村目前仅有极少数村民信仰基督教,身处困境时该宗教带给他们希望是其入教的主要原因,而基督教教义的宣传又使他们产生了依赖感和神圣感,他们的行为亦受到相关教义的规约。村民的信仰方式主要表现为日常生活中对教义的基本遵循,诸如饭前或睡觉前的礼拜、定期的家庭聚会等,同时也会遵守相关戒律,但多私下隐晦进行,亦很少去专门的宗教场所。

第三节 生活习俗

生活习俗是人们在衣食住行等有关的社会物质中逐渐形成并共同遵守的习惯和风俗[②]。佑溪村民在漫长的社会生活中逐渐形成了独具特色的建筑、饮食等生活习俗,这些习俗承载着村落的传统文化及村民的思想观念。作为佑溪村传统观念、思想文化的外在表现形式及重要载体,这些生活习俗中蕴涵着亲和自然、崇尚节俭、长幼有序、尊老敬老、热情待客、礼尚往来、便于劳作、勤劳为美、乐天达观、求福趋吉、维护伦常、表现礼仪等丰富的伦理道德观念,具有重要的道德教育功能和深远的道德影响,是当地伦理教化和传承的生动有效的道德教科书,对村落伦理道德的传承和社会道德风尚的

---

① 宜昌市民族宗教事务委员会网站,http://mzzjswj.yichang.gov.cn,访问日期:2014年 5 月 7 日。

② 唐凯兴:《壮族生活习俗中的伦理意蕴析论》,《百色学院学报》2018 年第 4 期。

维护产生了深刻影响。

一、房屋建筑

民居建筑是人类社会发展到一定阶段的历史积淀,受社会经济、政治、文化等各方面的影响,具有鲜明的地域特征。从地理分布上来看,佑溪村七个村民小组共同组成了一个环形,即以村委会所在一组为中心,二组到七组环绕其周。村民整体居住较为分散,但亦有部分地区聚集而居,其中村委会所在地区居住最为集中,其他地区则三五户聚集而居,形成了"大分散,小聚居"的居住特点。从建筑形式上看,当地现有的民居多以砖混结构的二层小楼房为主,兼具少量土木结构和石木结构的单层房屋,前者为近十年逐渐兴起的新式建筑,后两者为当地的传统民居。房屋是村民最主要的生活场所及固定资产,建房则是村民生活中最重要的事情之一。他们往往集全家之力,倾尽几年甚至十几年时间为建房而努力,而修建过程亦显得十分重要,并伴以各种仪式。

(一)房屋的类型

佑溪村传统的房屋多为土木结构的土房(见图 5-6)和石木结构的石屋(见图 5-7),修建过程因材质不同而略有差异。土房造型精美,用料丰富。房屋一般只建造一层,框架用木头搭建,以石头作地基,墙壁以黄土填充而成,门窗则均为木制。木制的堂屋大门上一般都会雕刻"万页书"、鱼麟和花纹等图案,既显美观,更是对未来美好生活的祝愿与向往。堂屋的大门处均建有门槛,用一段或数段原木制作而成,或用整块石头雕刻而成,亦有以石头为基底再用木头修建而成,其高度一般为 40 厘米左右。门槛高度象征着主家的社会地位和经济能力,门第较高、名声较盛者,其堂屋门槛越高,据说当地曾有位地主的门槛高达 50 厘米。同时,一定高度的门槛对于小孩还具有相应防护作用,使得小孩在较小时无法跨过门槛,从而起到保护作用。屋顶与地面之间常用木板搭建上短下长的隔热层,隔层上可放置各种家用物品,隔层下则用于人们日常居住。屋顶多为悬山顶,便于排水,以土瓦或砖瓦覆盖。以泥夯实而成的房屋墙体裂缝少、承受力大,且保暖效果较好,冬暖夏凉,同时就地取材的泥土和树木降低了建房成本,因而土木结构的土房成为早期村民的首要选择。

147

图 5-6　佑溪村的土房

图 5-7　佑溪村的石屋

石屋则主要由石头堆砌而成,除房屋顶梁、檩条、椽为木头外,墙体及屋顶均由大小不同、厚薄不等的石头堆砌或铺盖而成。较之于土屋,修建石屋在建房地域上有一定选择,要求房址附近有足够的片状页岩,以确保石料丰裕及取石方便。通常在房屋选址附近的 100～200 米处就近取材,以节省人力,减少建房开支。石料取出后,将其打磨成大小合适的石块,再运回并直接使用。墙体所需石块较小,而屋顶所需则为厚度较薄、面积较大的片状石块。墙体堆砌时需保持整齐、紧实,且不使用水泥等物凝固。墙体的修建完全依赖于石块间的相互契合,因而在修建过程中要对石料进行打磨和调整。

无论是土房还是石屋,当地房屋的布局多为"一正两厢",即正房一共有三大间,堂屋及两边的厢房,而厢房则可再分隔成若干小间,以满足不同的功能需求。此外,正房的一侧或两侧会建有一个比较小的偏房,用于养殖家畜或储存农具等杂物,将生活区与生产区分开,更干净整洁。

(二)房屋修建过程及仪式

不论是何种结构的房屋,佑溪村房屋修建过程十分复杂,需要消耗大量的人力、物力和财力。当地人严格遵循房屋修建程序,并非常重视房屋修建过程中的各种传统习俗,如在选址、动土和上梁等房屋修建过程中,均会举行仪式,以祈祷和祝愿屋主在建房过程中一帆风顺,居住时称心如意。

选址:建房前需请阴阳先生实地查看以确定建房的地址、方位及时间。首先,阴阳先生会根据主家提供的建房地点进行筛选确认,看选地的土质是否合适、宅基地是否受力均匀;其次,查看风水,选择风水好的地点,并确定朝向等具体细节,若风水方面有小问题,则需进行化解;最后,选址确定后再选择动土下基脚的良辰吉日。

破土：破土是房屋修建的第一步，亦为房屋建造的重中之重，关系着房屋修建过程的顺利与否。破土时需举行一个鬼神祭拜仪式，主家将一只活公鸡放置于屋内香火板下，待阴阳先生焚香烧纸、念完祭词后再将公鸡杀掉，并留取一碗鸡血放置于香火板上。公鸡在当地是吉祥物，公鸡一叫，牛鬼蛇神就不会出现，鸡血亦可以辟邪。此外，还需在将建成的新房堂屋前祭鲁班，一般需烧纸焚香和摆三升（升为量具，三升即三个米斗）。三升内分别装有猪肉、鸡蛋和米，俗称"发呆"，寓意着发财和高中，且有"太阳升起，高高在上"之意。"破土"当天，参与房屋修建的所有人都必须到场参加相关仪式，寓意着房屋修建有个美好的开始，同时希望房屋建造能圆满地完成。主家则要备好茶礼，即用四种点心来招待阴阳先生和来宾。

下基脚：下基脚即打地基。地基是在建筑物下起支撑作用的土体或岩体，牢固的地基对于房屋建造至关重要。打地基亦需择日进行以保证后续修建过程的顺利。阴阳先生一般以黄道日（除、维、定、执、陈、开）为吉日、黑道日（建、收、满、平、壁、破、黑）为不吉来确定下基脚的日期。敲定好日期，工人开始施工。施工时往往由泥瓦匠等专业人员根据建房地的实际情况，采取不同措施以达到提高地基承载力、增强地基稳定性的效果。

打墙角：打墙角即修建房屋的主体框架，亦需请阴阳先生择吉日，忌讳主家随意定日期，以免不吉利。打墙角时讲究"四裁四敛"，即一栋房子要建四个屋子，住四户人，每个屋子要打两次墙。据村民介绍，旧时家中人口众多，房屋修建时需考虑房屋面积和房间数量，以能够满足一家人居住所需。

打墙角要选择结实坚硬的石头走墙角，以达到隔潮的效果。打墙时一般至少需五个劳动力共同劳作，按照由正面向反面、由下方向上方的顺序依次进行，且需用土四担，寓意着四季发财。打墙主要有夹板、做龙口和"找尖子"封顶三道程序。打墙时当地人称堂屋为夹板，需建墙以规划房屋的主体结构。打龙口简单来说就是要给堂屋留门，做龙口的时候要用八块糍粑（寓意"要想发，不离八"）、钱（一般放硬币共八枚，寓意"发"，吉利）和五颜六色的线（寓意吉祥）放在龙口。做完龙口意味着打墙已完成两道工序，还需一道工序打墙工程圆满结束。打墙之所以分三次完成，是为保证墙体质量，忌讳"墙如豆腐"，墙湿而不干容易不结实，所以一定要确保墙晾干后再进行最后一道工序。当墙晾干后便开始留尖子封顶，当地人口中的"尖子"就是放置房屋主梁的凹点。顺利找准"尖子"这也意味着打墙工序正式完成。

建"望楼"：当房屋墙体完全干涸牢固后，工匠们开始修建"望楼"。"望楼"为当地房屋建筑中较常见的半阁楼式造型（见图 5-8），一般建在堂屋大门前墙上方，或其对面的后墙上方。"望楼"不仅是架通各房间的"桥梁"，同时也是家用仓库，可以用来堆放各种杂物。"望楼"的层数因房屋高度而异，一般房屋高九米左右可建两层望楼，六米左右较矮的房屋则只有一层望楼。

a   b

图 5-8 传统民居中的"望楼"

封顶盖瓦：封顶盖瓦前主家需要举办"上梁"仪式。上梁的时间一般选择寅时，即凌晨 4～5 点，素有"寅卯不添光"之说。上梁前，木匠和瓦匠需要先祭拜鲁班，之后两名木匠、两名瓦匠各带两名助手共八个人去山上伐树，用作"上梁"所需的顶梁。树木要选取结过果实的杉树、松树、柏树等树，寓意着主家子孙后代繁衍昌盛。选好所需树木后，木匠与瓦匠需同时砍树，边砍边念吉祥祷语（村民统称为"说四句"，具体内容不详，但因场景不同而略有差异，多为祈祷平安顺遂、人丁兴旺、财源广进的吉祥话语），以防止树木炸裂，炸裂的树木被认为是不吉利的。其他人则用绳子拉住树木使其向树木生长地的上坡方向倾倒，因为用作顶梁的树在其伐倒的过程中其上端必须向上，而往下倒被认为不吉利，意味着主家人以后会走下坡路。所砍树木去除树叶后，众人合力抬至屋前，由木匠进一步加工成顶梁，并在其上画八卦图、写福字，记录下上梁时期和时辰，再在其上搭盖长约 8 米的红布。之后，木匠与瓦匠上房顶开梁口，两边的梁口各放置两枚铜钱，暗示财源广进，以图吉利。随后为顶梁着色，师傅们需说祝福语："一说天长地久；二说地久天长；三说银发富贵；四说金银满堂；五说五子丰登；六说六六大顺；七说七上八下；八说好事成双；九说九九长寿；十说状（元）榜（眼）探花郎。"最后木匠和瓦匠开始把"发绳"分别绑在梁的两端后再站在屋顶一边用斧头敲一边往上拉发绳，屋主则在梁口处接顶梁。

当顶梁放好后，主家开始"撒包子"。主家用两个斗（斗为计量工具，一斗约可装十斤粮）装满包子，送到房顶上方的木匠和瓦匠手中，两位师傅"说四句"后与该家主人一起向房前屋后的众人撒包子。撒包子时师傅要问："哪里有人啊？"屋檐下接包子的人则答："这里有人。"师傅们再问："后面有人吗？"接包子的人们再答："后面（子孙后代）有很多人。"无论包子大小都要有人捡，捡的人越多证明主家以后的日子越兴旺。在这个过程，接包子的众人不能闲聊，更不能说不吉利的话，这是佑溪人所忌讳的。"上梁"仪式中，该家的一家之主需参与接主梁及撒包子两个环节，传统情况下为男主人参加，目前亦有夫妻双方共同参与，意在告知亲朋好友自家新居落成，与其分享喜悦之情。仪式结束后，人们开始吃席，为主家贺喜。饭后，继续进行檩条、椽等铺设，以及瓦片放置等工作，完成盖瓦封顶。盖瓦封顶结束后，标志着房屋修建正式竣工。

（三）房屋修建禁忌

房屋修建作为佑溪村民生活中的一件大事，修建过程中有诸多禁忌需严格遵守，以确保建房过程的顺利及主家搬迁新居后生活幸福，主要体现在选址、地基、量尺寸、房屋坐向和绿化等五个方面。

首先，当地人在房屋选址上整体讲究风水相和、四神相应，即左青龙、右白虎、前朱雀、后玄武。具体有以下要求：一、背山面水，即山区人家的房屋后面是山，房前要有小溪经过，忌讳将房屋建在山脊上或山岕出口外，而且房屋正门前不能有大树遮挡，更不能有快枯萎的树木。二、坐北朝南，即房屋应面朝南而建，民间俗语道："有钱不坐东西房，冬不暖，夏不凉。"东西两面有炎气和潮气，风水上称之为杀气、孽气，从而使家庭气运变坏。三、背死面活，忌房屋建在死胡同、丁字形或Y字形交叉路口，免招官司。四、房屋选址忌前低后高，且房屋不可建立在庙井之上，不可呈三角形，忌前尖后宽。

其次，地基的选择上讲究七喜七忌：一是喜沙壤土实土，忌黏土松土；二是喜地下水位低，忌地下水位高；三是喜水土非地方病源，忌水土是地方病源；四是喜没有污水积存或流来，忌有污水积存或流来；五是喜没有发生过火灾，忌发生过火灾；六是喜地下没有坟场、垃圾池，忌地下原是坟场、垃圾池;七是喜地下没有放射性污染源,忌地下有放射性污染源。

再者,建房时对毗邻形式的选择有三喜三忌。一是喜毗邻间距合理,忌毗邻间距太小;二是喜毗邻整齐划一、高低相当,忌毗邻布局错乱,尤忌本宅低于毗邻;三是喜毗邻无污染无干扰,忌毗邻有污染干扰。

最后,房屋的坐向选择上也有相应的禁忌。在房屋坐向上要根据风水来选择,结合房前屋后的山脉走向,选择最佳的房屋坐向。村民在修房子时,多会请当地有名的阴阳先生来选择房屋坐向。

另外,村民还十分重视房前屋后的绿化环境。当地人多认为屋后靠山,房前的篱笆院里种植应季的蔬菜水果为最佳。他们不追求城市人的高端绿化小区,而是享受淳朴的乡村泥土气息,这里的人们对泥土有着天然的喜爱和尊重。

二、饮食服饰

饮食与服饰是人类社会生活中尤为重要的物质内容,也是人类社会文化的表现形式。它们作为人类在物质文明发展过程中的产物,也是民族文化的有机组成部分和重要表现形式,在人们的生活中占有十分重要的地位。佑溪村虽隶属于长阳土家族自治县,但与宜昌市区相隔并不远,加之社会、历史等相关因素的影响,该村在饮食服饰方面的民族特色并不明显,但依然具有一定地域特色。

(一)饮食

饮食是人类生存的头等大事,不仅能满足人们的生理需要,因其具有丰富的文化内涵且还能在一定程度上满足人们在精神层面的某些需求。[①] 受自然环境、生产力水平、文化习俗等诸多因素的影响,每个民族或地区都有自己的饮食结构和饮食习惯,这些饮食习惯经过长期发展逐渐形成了独具特色的饮食文化,如特色菜、酒桌礼仪以及饮食的信仰、禁忌等。随着社会经济文化的不断发展变迁,这些习俗或文化有的在继承传统的基础上又有新发展,但亦有部分逐渐消失。

佑溪村人民在长期的劳动生活中也形成了具有地方特色的饮食结构及文化。目前村民以大米为主食,猪肉为主要肉类食品来源,尤爱腌制腊肉,

---

① 郭益海:《试论民族地区的风俗习惯改革》,《实事求是》2019 年第 5 期。

而蔬菜则以自产的各类应季蔬菜为主。虽无明显的饮食禁忌，但仍有一定的饮食偏好。受地理环境和气候条件的影响，当地大米产量不高，但盛产土豆和玉米，长期以来当地人以土豆为主食。如今，随着生计方式的改变及生活条件的好转，大米取代土豆成为主食，但土豆仍是村民餐桌上最受欢迎的食物之一，从主食到各种相关菜品，烹饪方式繁多，如炕土豆、炒土豆、蒸土豆等。

金包银是当地继土豆之后的另外一种有名的主食。鄂西南地区有"金建始，银利川"之说，该谚语源于建始和利川两地所盛产的不同作物。由于地理气候环境不同，建始盛产玉米，其色呈黄色，似黄金，而利川盛产大米，其色白似银。玉米的产量虽高于大米，但其价值却远低于大米，在山区更是如此。在粮食不充裕的时期，大米并不能完全成为人们的主食，因此人们常将大米与玉米混合蒸熟食用。其做法是，首先将玉米磨成粉末状，把大米煮五分熟并捞出过滤，然后将玉米面和半成品大米搅拌均匀，上锅蒸熟即可。熟透后，饭粒软糯松香，每一粒大米外都均匀地包裹着一层玉米粉，表面呈黄色，而内部为白色，从而因其色泽被称之为"金包银"。现在人们偏爱此食物不再是为节省大米，而是认为大米与玉米的混合食用较之于米饭口感更好，而粗粮也更有利于身体健康。

咸豆浆是当地的一种特色汤食，其方言称之为"懒豆腐"，类似于土家族"合渣"。据当地人介绍，"懒豆腐"源于人们做豆腐失败而改良后的一种日常吃食。豆制品在当地是一种较为珍贵的食物，制作失败的豆腐人们舍不得丢掉，于是想出一个解决方法，即在没做成功的豆腐中加入各种切碎的蔬菜，再放入食盐等调料，煮熟后继续食用。由于味道不错，人们就接受了这种新吃法，既节约粮食又可满足味蕾需求。后来，人们直接在带渣的豆浆中加入切碎的白菜、南瓜叶等绿叶蔬菜，煮熟后加盐食用。

土家蒸菜是当地人节庆宴请时餐桌上常见的美味佳肴。土家蒸菜包含很多菜品，荤素皆可蒸，其中格子肉最常见。其烹饪方法是将玉米晒干后磨成粉，再把肉类和南瓜、土豆等蔬菜洗净后裹上玉米粉，再放入各种调料并装碗，放入锅中蒸熟即可食用。以前因经济条件较差，人们只有在过年杀猪以及酒席上才能吃上土家蒸菜，边叙话边吃菜边喝酒，热热闹闹，和和美美。当地人都喜爱蒸菜，认为蒸菜好吃，吃出的是好客，是盛情，是和美。邻里有矛盾，一顿蒸菜便吃出了团结。谁家有困难，一顿蒸菜便吃出了办法。

此外，当地最为隆重丰富的菜肴当属"十碗八扣"，即为一碗头子、二碗笋子、三碗鸡子、四碗鱼、五碗蒸杂、六碗羊肉、七碗丸子、八碗肚子、九碗正肉、十碗汤。所谓"十碗八扣"，指十碗菜中有八碗属于"扣菜"，除第一碗的头子和最后一碗汤以外，其他均用扣碗上桌。十碗八扣的第一碗是"头子碗"，即肉糕垫粉条和黄花，好一点的头子碗还用肉丝鱿鱼炒成帽子，放在碗的中间，最后一碗是虾皮肉丝汤。上菜时需按顺序一碗接一碗地上桌，并配合相应的介绍及乐器演奏等。当上第一碗时，端菜者（俗称"打大盘子"）高喊一声"大炮手……"长长的拖腔直到席前，随之鸣炮，响匠（即乐器班子，多是地方群众文化的传播者和继承人）吹起欢快的"菜调子"，东道主前来敬酒，客人边吃边接菜。接出第二碗，端菜的人高喊"顺……"菜调子再次吹起；如此反复，直至第十碗菜上桌，一声"齐……"传菜结束。响匠便吹"下席调"，表示客人就餐结束。此类酒席只有在隆重宴请或大家庭过年时人们才能享受，而且多在重视礼节及传统习俗的传统家庭才有可能如此举行宴请，现在在村中已经基本消失。

（二）服饰文化

服饰是人类生活的重要物质资料。服饰习俗是指某个民族或地区的人们在衣着、打扮和服装配饰方面的风俗习惯。服饰作为一个民族成员的标识，不仅是各民族智慧创造的结晶，也反映了一定的社会时代背景。民族服饰承载着民族文化的精髓，各民族人民在历史的长河中创造了丰富多彩的民族服饰文化，但随着社会的发展，各族人民的日常穿着已经越来越现代化，即便在部分少数民族聚居的村寨也很难看到人们身着传统的民族服装，大多数人都已穿着现代的潮流服饰。佑溪村亦是如此，当地已不再能找到传统服饰的踪迹。

第四节　人生礼仪

人生礼仪，又称"生命礼仪""通过仪式"和"过渡礼仪"，是人生一个阶段走向另外一个阶段的过程。仪式作为一个社会或群体生存状态与生存逻辑的凝聚点而存在，而人生礼仪则是在人的一生中各个具有决定性的转折点所举行的仪式。它标志着生命历程的方式，通过一系列的符号力量来实践道德义务、身份变化、宗教信仰、时空观念、人际交往、终极价值等习惯。①

　　人生仪式是人类社会彰显"美"的一种建构性存在，而不同民族在自身独特的人生礼仪中，展现出丰富多彩的审美意识形态。人生仪式不仅仅是一种民族习俗或观念形态的存在，而且仪式本身作为一种经验生产和艺术生产而存在，并由此构成了仪式与审美之间复杂的张力关系。人生仪式通过"过渡仪式"生成独特的"仪式感"，对人生仪式的参与者进行"心理疗治"，使其产生特定的仪式经验和审美经验。② 同时，人生仪式作为一种特殊的艺术生产方式，不仅是人类审美经验、审美意识形态的表达和文化象征，而且肩负着传承民族记忆和文化传统的神圣职责。对于个体生命而言，人生礼仪是其生命历程中的重要"节点"，是生命有限时间的流动历程；对于民族群体而言，人生礼仪是各民族延续历程中"过渡仪式"的经验表达，是各民族日常生活经验与审美经验的文化表征。

　　日常生活中我们总能发现，人们以仪式的方式完成许多重要的事情，表达一种过渡的变化。仪式的形式与意义是演变的，它取决于人类社会的历史和现实条件。人生礼仪是一种浓缩的"微型象征社会"，在不同阶段有不同的意义，从出生、成年、婚嫁直到死亡。佑溪村尤为重要的人生礼仪主要包括生育、婚嫁、丧葬三方面，对这些人生礼仪的关注是对其文化内涵和伦理道德观的深层次解读，通过它可以洞察和理解人们的生活。

一、生育习俗

　　费孝通先生在《生育制度》一书中，把基于小农经济基础上的、中国传统社会中存在的，包括婚姻、家庭、抚养子女等一系列社会功能的设置归结为生育制度。诞生是人生的开端，诞生礼仪在中国古代包括求子仪式、孕期习俗和庆贺生子，佑溪村的生育习俗亦是如此。

（一）受孕及生产

　　20 世纪 80 年代初，佑溪村开始实行计划生育制度，之后当地的部分传统生育习俗逐渐淡化甚至消失。受"多子多福"传统文化的长期熏陶，计划

---

　　① 雷文彪：《瑶族人生礼仪习俗及其"过渡仪式"中的审美表征》，《四川民族学院学报》2020 第 4 期。

　　② 雷文彪：《瑶族人生礼仪习俗及其"过渡仪式"中的审美表征》，《四川民族学院学报》2020 第 4 期。

生育制度实施前当地人皆注重子女数量。无法怀孕的女性会饱受非议，因此久婚未孕的女性一般会请阴阳先生来家里看"风水"求子，或是去天柱山烧纸烧香求子。若通过这些方法还是无法怀孕的人家只能静待数年，受孕无望后再选择收养一个小孩为自己养老。此外，"重男轻女"思想在20世纪80年代以前也普遍存在，虽然不能通过就医的方式直接获知胎儿性别，但会根据孕妇的肚形来猜测，如人们普遍认为孕肚比较尖、胎位靠左者为男孩，而孕肚比较圆、胎位靠右者为女孩。

受传统习俗的影响，当地人具有很强的保胎意识。为保证胎儿的健康，孕妇在孕期大多不再干重活，同时需要遵守相应的饮食禁忌，如不能吃母猪肉、牛肉和羊头等食物，以防孩子出生后患上癫痫（俗称母猪疯、羊痫风）等疾病。此外，孕妇不能吃过于辛辣的食物，吃辣不利于生产，分娩时会增加疼痛感。

20世纪80年代以前，孕妇多在家生产，部分孕妇甚至在生产的前一天还在劳作，只有难产发生时才可能送往医院。当地传统的生产方式有两种：一种是坐着生产，即孕妇坐在板凳上，板凳下再放着一个盆，若生产困难时接生婆还会用扁担在孕妇的腹部挤压帮助其生产。该生产方式多发生在20世纪50年代以前，因对产妇伤害大，后在村里已不再被采用。另一种是躺着生产，孕妇躺在床上，接生婆在旁边接生。临产前，孕妇的家里人就会带着糖和挂面等礼物，提前请接生婆来家里帮忙接生。临产时，其家人便开始燃火烧水做产前准备，并给孕妇煮鸡蛋吃，以为生产补充体力。当孩子出生后，接生婆会用特制的剪刀和白线为婴儿处理脐带。剪断脐带前要对剪刀进行消毒，一般是将剪刀放在火上烧或者用开水煮即可。孩子出生后多会开嗓哭泣，若孩子出生时不哭，接生婆就会拍拍孩子的屁股并对着他喊"回魂了……"以达到孩子大哭开嗓的目的，并以此判断孩子的身体是否健康。胎盘则被带到比较远的地方丢掉，或装在干净的布袋里埋在房屋四周。随着经济条件的好转及医疗保健意识的普及，为了保证生产时的安全及顺利给孩子上户口，村民现在均选择直接去医院生产。

（二）坐月子与"洗三"

产妇在月子期间的饮食习惯尤为讲究。坐月子时产妇饮食以清淡为主，多吃鸡蛋、鸡肉、鱼肉、猪蹄等富含高蛋白高营养的食物；少吃咸菜、腌辣椒等各种腌菜，忌食生冷食物以及母猪肉、羊头等容易患病肉类。产妇坐月子时一般不能干活,不能劳累及伤心忧郁,要保持心情愉快。更重要的是不能受凉,月子期间不能洗冷水澡并尽可能不洗澡,但生产三天以后可用艾蒿熬水后清洗,出门时要包头帕防冷,否则以后会头疼晕倒。只有满月(30天)后才能洗澡洗头,并且在家休息不出门,直到45天后才算正式出月子。

"洗三"是婴儿出生后的第三天为其举办的祛污祈福的洗浴仪式。婴儿出生时并不会立即进行全身清洗,仅将身体和脸的污秽擦拭干净,然后便用孩子父亲的衣服将其包裹起来,当地人认为这样可以给孩子壮胆。随后,父亲便需带着红鸡蛋、挂面和白糖去外公、外婆和舅舅家报喜,而他们则在"洗三"这天带着鸡蛋、猪蹄、尿布等来给孩子添喜。"洗三"仪式时,仅有家人及娘家人等关系密切的亲属及接生婆参加,而接生婆需主导整个仪式。首先,接生婆用温水为新生儿清洗全身,然后再为他穿上红色新衣以示喜庆。接着,用艾蒿和大蒜秸秆熬煮的水为孩子蒸屁股并擦拭脐周。村民认为,艾蒿和大蒜秸秆熬煮的水具有消毒、杀菌、排湿的作用,用其为新生儿擦洗身体的关键部位,能帮助身体排毒、排湿气,以防体内湿气太重,从而起到消毒保健康的作用。为新生儿洗沐后的水需往母亲的床下泼,并且要一次性泼干净,若断断续续的泼则意味着孩子今后尿尿时会尿不净。然后,接生婆把婴儿放入父母的怀抱里,并让每一位家人轮流抱一遍,以锻炼婴儿的胆量使其不认生。最后,接生婆用三角被把婴儿包好并放进斗笠里面,并用五谷杂粮砸斗笠村民认为这可以驱邪避秽并锻炼孩子的勇气和胆量,使其今后不害怕打雷等意外响声。至此,"洗三"仪式结束。

(三)满月与周岁

婴儿满月后会举办一场隆重的酒席,以宴请亲朋好友,分享家庭增添新成员的喜悦,而亲朋好友也均会携礼参加,当地俗称"打喜",或称"送祝米"。这是整个生育过程中最为重要和隆重的时刻,举办的时间多在婴儿满月前后,具体日期多由其外祖家确定。"打喜"当天,除了普通亲友送礼庆贺外,产妇娘家是送礼庆贺的主角,会举办"抬盒"仪式。"盒"即装礼物所用的木制箱子,多在送嫁和满月礼中使用,一箱即一盒,再根据箱数的多少请人抬或背至男方家,礼多者抬,礼少则背,故称"抬盒"或"背盒"。一般来说,礼物的多少代表着娘家对姑娘或产妇及婴儿的重视情况。"打喜"当天,产妇娘家亲属会带着礼物前往,共同庆祝新生儿的出生,通常由舅舅"抬盒"或"背盒"。盒中礼物分类放置,包括鸡蛋、大米、面条、猪蹄、布料、婴儿的各类衣物等,基本均为产妇及婴儿吃用之物,也有部分会放置一定数额的压箱钱。当娘家亲属进屋后,方可开席,而他们也需要第一轮吃席,并依次坐在最尊贵的位置。入席前需放鞭炮,并将礼箱排成一列,待饭后才举行"开盒"仪式。"开盒"仪式多由较有声望者主持,"开盒"前需要随即送上四言八句的祝福,然后开箱展示礼物,也称为"晒盒",而"开盒"过程中亦需根据礼物的不同送上不同的介绍与祝福语。

"打喜"不仅是亲朋好友共贺婴儿的出生,也是婴儿正式进入家庭与社会中的象征,更是家庭社交的一种表现。如今,婴儿满月时依然会热热闹闹的"打喜",但"抬盒"或"背盒"已经不复存在,礼物也多为现金所取代,但猪蹄仍然是礼物之一,而所有的仪式都已经简化为放鞭炮、吃酒席。

打喜过后则要为婴儿取名字。婴儿的名字多由父母决定,少数由其祖辈命名。取名多依据孩子在宗族里的辈分、排行等进行命名。此外,人们一般会给孩子取两个名字,即学名与小名。前者又称为"大名",是正式的称谓,用于所有需登记或公众场合;后者又称为"贱名",诸如狗娃子、石头等。当地人认为这样取名可避祸避灾,有益于孩子的健康成长。当地人对婴儿的照料大多源于传统经验,但遇到特殊情况亦会求助于超自然力量,如当其夜里哭闹不停、睡觉不安稳且大便为青时,当地人认为婴儿"撞黑"了(即碰到不吉之物),需要请巫医来给孩子"栓一下"。于是,在晚上七点到八点这个时间,请来的巫医要用手在孩子的脸上从下往上抹三次,再用一个盆或者桶装上清水,母亲抱着孩子蹲在盆旁边让孩子能看到水里自己的倒影,然后嘴里喊他的名字:"瓜娃子,回来睡瞌睡了,快回来啦……"这样连着喊三天,孩子就会好起来并安然无恙。

此外,当地人十分重视孩子的一周岁生日。周岁当天,一般会邀请亲朋好友到家里一起吃饭,共同庆祝孩子的生日,然后为孩子举办抓周仪式。父母会在地上铺上一张大大的喜庆的桌布,在桌布上面摆满毛笔、书、算盘、玩具、纸币等东西,任由孩子抓取,由此去预测小孩未来的发展,将会从事的职业等,以表达家人对孩子的殷切期望。

(四)十岁与三十六岁

在当地,人们还有过十周岁和三十六周岁生日的习俗。十岁是人生的整十始点,庆祝十岁生日也代表着人生最美好时光的开启,因而多数家庭都会给小孩过十岁生日,举办一个小规模的宴请,邀请亲朋共同庆祝,但现在这种情况已越来越少。佑溪村有"男不走三，女不过四"的俗语，即男性不能过三十周岁的生日，而女性不能过四十周岁的生日。当地人认为男性的三十周岁和女性的四十周岁是人生中的一次大劫，所以统一过三十六周岁，邀请亲朋好友来吃席热闹一下，冲冲喜，只要躲过比劫，从此一切顺遂。此后的生日一般只庆祝六十周岁、七十周岁和八十周岁等高龄整数，如若双亲在世则不能为自己庆祝生日，只能给双亲过生日以示庆祝，不然会冲撞父母，是不孝的表现。

二、婚嫁习俗

婚姻礼仪在人生礼仪中占有重要作用，将以合二姓之好，上以事宗庙，而下以继后世。如今在佑溪村，男女双方多经过自由恋爱后自愿结婚。当男女双方决定结婚后，一般先由男孩带着女孩回家与父母家人见面，然后再由男方及其父母去女方家共同商议筹办婚礼。无论男方还是女方上门都需要带上礼物，价格、样式不等，按双方的经济条件而定。

婚期由双方父母共同商量而定，要选择良辰吉日作为婚期。婚礼前三天，男方去女方家下聘，聘礼一般是各种贵重礼物，部分亦会有彩礼。女方的嫁妆则在婚礼当天一起随着新娘送到男方家，嫁妆多为各种家用电器、床褥被套等日常用品，如果男方有给彩礼，女方则会回以一定数量的礼金，当地俗称"打发钱"。

婚礼前夕，男方家庭会请"支客师"、厨师和邻居等共同筹办婚礼。结婚当天，新郎一大早起床穿好礼服，佩戴上大红胸花，带着亲朋好友一起前往女方家接亲。现在多会请十二辆婚车，而具体数量根据女方陪行人数而定。男方所请的接亲人员需为双数，成双成对以示吉利，同时还要求接亲人员内没有丧偶者，以夫妻恩爱子女双全者为最佳。女方送亲人员也有同样要求，一般为新娘的叔伯姑舅、弟兄姐妹等。

男方到达新娘家后，新娘的闺房一般会关上，意为舍不得离开娘家，同时也有营造"抢婚"的氛围，以烘托热闹气氛。一般伴娘会拦门收红包，新郎和伴郎会准备多个红包，里面一般装一、二、五元钱不等，而经济条件较好者则可适当增加。拦门的第二关为找婚鞋，伴娘将新娘的婚鞋藏起来并让新郎、伴郎寻找，只有找到了才能接走新娘。这些现代婚礼的"婚闹"环节有效地烘托了婚礼的热闹喜庆。当新郎找到婚鞋并为新娘穿上后，新郎和新娘到客厅给女方的父母行跪拜礼、敬茶，俗称"改口茶"，此后新郎改口称呼女方父母为爸妈，新娘的父母则会给敬茶红包、以示对新郎的认可。礼毕，新郎背着新娘进入婚车，开始发亲。受外界文化的影响，在女方家的接亲环节已经完全现代化，不再具有明显的地方特色。

迎亲队伍到达新郎家附近路口，新郎需背新娘到婚房。新娘的脚不能落地，一旦落地则被视为不吉利。此外，还需有人给新娘撑红伞，这寓意着今后夫妻共同富裕共同向上。新郎新娘还需"迎膀"，即新郎新娘各一张桌子，媒人一张桌子，伴郎伴娘一张桌子，四张桌子拼接碰撞在一起，代表着新人双方及家庭的结合，同时也为烘托婚礼的热闹气氛。进门时新郎和新娘要同时跨门槛，若谁先跨门槛意味着今后谁就压对方一头。拜堂时，堂屋后墙中间会放着一张盖着红布的桌子，俗称"贡桌"，桌上摆放有两个连枝柚子、抛花、柏树枝、花生等。柚子寓意着新人今后百年好合，早生幼子；花生也寓意着早生贵子；抛花用红黄白绿几色布带扎成，寓意着今后新人的生活一路生花；柏树，寓意健健康康，四季常青。拜堂结束后新郎新娘进入婚房，其亲朋好友会闹婚房，并应景即兴送上新婚祝福。

闹婚房结束后开席，新郎新娘一起敬来宾。酒席结束宾客尽兴而归，主家则要举行"祭喜饭"仪式。首先摆放好一桌全新的菜肴，并在桌上摆放八个碗、八双筷子、八个酒杯，每个碗里添一点米饭，各酒杯里倒上一点酒，然后邀请各位神灵祖先来吃饭，最后再放鞭炮送走各位神灵祖先。随后主家把献祭过的祭品打包在水瓢里，带上三张纸到附近岔路口焚烧，再把水饭倒在旁边，佑溪村的人称之为"祭喜饭"，或"送水饭"。

新妇三天之内无需下厨干活，三天后才能下厨。第三天回门，带着新婚丈夫和茶礼回娘家拜见女方父母，告知父母婚后的生活情况以使其放心。在娘家以客人的身份吃完午饭就要回家，不能留宿，至此婚礼正式结束。

三、丧葬习俗

葬礼作为人生中最后一个，也是最隆重的仪式，其作用及意义十分重要。丧葬仪式意味人生命的终结，是逝者与现实世界、现实生活分离的标志。借助丧葬仪式，人们期盼逝者的灵魂能够得到超生，并保佑后人们能够安康幸福。[①] 佑溪村也有着自身独特的丧葬仪式，可分为临终停尸、报丧入柩、设奠、祭奠、跳丧、上梁绕棺、吊唁和出殡安葬等仪程。

---

① 罗鹏：《裕固族人生礼仪的伦理内涵及当代启示》，《河西学院学报》2021 年第 6 期。

（一）临终

佑溪村实行土葬,其墓地多在逝者生前已大致确定,但方位等具体细节多在葬礼时由阴阳先生再次确定。按照当地的传统习俗,人在临终前其家人、儿女需在身边照顾,使其在家人的关爱和陪伴中走过人生的最后一程。这可避免将逝之人在临终无人守护的尴尬场景,同时也能体现子孙后代的孝心,诠释了人们对养老送终和香火传承意义的理解。

当人去世后,其子要跪在床前烧纸,俗称"落气纸",以前需烧二斤四两的纸,现在则只需烧数张。同时,其子孙后代也要跪在床边陪伴送他最后一程。当纸烧为灰烬后,需要用一张白纸裁成两半分别将纸灰包裹住,当亡人入棺后将这两个纸包分别放在其两手边。

人落气之后还需放鞭炮,俗称"落气炮",既是送别亡人也有报信之意,当村民们听见鞭炮声结合平时的已知信息,多能知晓谁家有丧事。当人刚落气后,亡人的女儿及娘家亲人需哭丧直到亡人入棺后才停止。同时,家人还要为亡人准备"打狗棒"。打狗棒也叫打狗棍,如同凡间的人们在赶路时需要带棍防身,而打狗棒则能更好地帮助亡人顺利通往极乐世界。"打狗棒"多用土豆做成,用一根白线穿五片或七片土豆打结成一串即可。当逝者入棺后,将"打狗棒"置于逝者手边,待下葬时再取出。

烧"落气纸"和放"落气炮"后需要为亡人洁面。清洗前,其子需带上三张黄纸去水井"请水"(即打水),所用的水无特别的讲究,只需水量不多不少且温热即可。为亡人洁面正身者多是逝者的血缘亲人,若死者为男性,则孝子为亡人沐浴;若为女性,则孝女为其沐浴。孝子打湿方巾给亡人擦脸,从上往下直至胸口,再从亡人的左手心往上擦至其手臂;若是女性则是从右手手心开始往上擦,讲究男左女右。用过后的方巾与亡人床上的一把床脚草(即床上铺垫的稻草,以前农村棉絮稀缺时,床上多先铺上干稻草,然后放置棉絮)一起烧掉。

沐浴过后便要为逝者更衣。按照当地习俗,亡人的寿衣包括上衣(单数)、裤子(双数)、寿鞋及袜子各一双。为亡人穿上衣前,需要先"热衣服",即其子或孙需要先在自己身上试穿寿衣,然后再为亡人穿上,仅需试穿上衣,裤子则不需要。如果逝者是女人,则由其媳妇或女儿为其"热衣服"。为亡人穿衣一般需要三个人,即一人为亡人穿寿衣,另外两人从旁辅助。人员选择方面,男性逝者由其儿子及两位家庭幸福且没有丧偶的男人为其穿衣,女性逝者则由其媳妇或女儿与两位家庭幸福且没有丧偶的女人一起为其穿衣。此外，男性逝者，一般穿长衫，颜色大都为黑色、蓝色，忌穿红色寿衣；女性逝者则穿短装。无论长衫还是短装，上衣与裤子的总数量要求单数，不穿双数，一般穿三、五、七、九件，且要求"上单下不单"，寓意这辈子一个人孤单离世，下辈子再生为人要成双成对。孤寡老人等穿衣则要低于五件，有未过五福、未五子登科之说。为逝者穿衣时不能一件一件往上套，而是需把衣服一件一件套好为一整套，然后一次性穿上，穿衣的顺序为从下往上。这样可减少对遗体的挪动，并将寿衣穿整齐，也是后人对逝者表达孝心的一种方式。最后穿鞋，寿鞋多为布鞋，缝制的方法为前七针后三针且用单线，而且需在鞋面适中的位置缝三路（即"走针路"）。传统的寿衣寿鞋多由村民提前亲自缝制，但现在均直接从市面上购买，部分细节亦不再讲究。

（二）报丧及入枢

放"落气炮"后，孝家一般不用特意去通知周遭村民前来帮忙，村民听到放落气炮便会主动登门帮忙，即所谓"一家有丧，众家帮忙"。主要亲属则需特别通知，诸如外嫁女儿、姑舅姨等，俗称"报信"，多由主动帮忙的村民前往各家通知，而被通知者则需送给报丧者一条毛巾、一包烟以资感谢。现今，通信网络的发达使得专人报信已经很少，孝家一般通过打电话、发短信和用其他网络方式通知亲朋好友。

亡人入枢前需进行一系列准备。首先要"掩神"，即用一个簸箕挂在堂屋正中间的墙上以达到遮盖神龛的作用。因为死人是有晦气的，而亡人停放于堂屋，为防止晦气污染神灵，需要把神龛遮掩一下，向神交代要在堂屋内举行丧事。

其次，对棺材进行布置。一般在棺材的底部放上土木灰，讲究亡人多少岁就装上多少杯土木灰，主要是为了接尸水以防止尸水流落到地面上造成不好的影响。土木灰上再铺上岁纸，一般遵循多少岁铺多少张的原则，纸钱成三条直线放于棺底。除了按年龄铺岁纸外，还可按二十八星宿铺岁纸，即按照二十八星宿（井、鬼、柳、星、张、翼、轸、角、亢、氐、房、心、尾、箕、斗、牛、女、虚、危、室、壁、奎、娄、胃、卯、毕、觜、参）的方式来铺岁纸，且将亡人视作其中一个星宿，因此只铺27张岁纸。

> 铺纸有讲究但因人而异，大部分是按多少岁来铺的，我父亲当时是69岁，虚岁70，铺的是70张岁纸，就可以了。我母亲过世时近80岁，

铺的岁纸为 27 张，天上有二十八个星宿，27 张岁纸代表 27 个星宿，剩下的 1 个星宿就是亡人，这样加起来就有 28 个星宿。（访谈对象：ZSS，男，64 岁）

岁纸铺好后再铺上被褥床单。所用被褥是专供亡人用的特殊材质，不能用丝绸被、棉被等。据说亡人需要经历九九八十一难，上刀山下火海后才能通往极乐世界，如果用绫罗绸缎容易腐蚀且不耐用。最后再放置枕头，枕头为倒三角形状，里面塞满了松树叶和柏树叶，寓意万古长青。

入柩前，先将亡人从房间抬至堂屋。抬出来的过程中，不能碰到周围的墙壁、家具等。如果触碰到家中任何物品，亡人魂魄则会依附在家中而不肯离去。入柩时，需在阴阳先生的指导下进行，不能直接抬亡人的手和脚，而是提着亡人衣服的四个角，将四个角提平后放入棺材中。入柩后，需将孝子的一件衣物放于亡人脚底，其意指子孙后代步步高升。同时为暂时把亡者的灵魂留住，还会在其脚上套上"捆脚索"，等出殡上当天再解除。最后将亡人的脸用纸钱盖住，此纸钱俗称"盖脸纸"，即所谓"阴阳一纸隔"。盖上纸钱既为了让亡人安息，也为防止其子孙后代哭泣时不小心把眼泪滴到亡人脸上，如若亲人的眼泪掉到亡人身上，亡人的灵魂就会不肯离开。

（三）设奠

灵堂的布置是在亡人入柩后。棺材一般放置于堂屋中，若死者为男性则位于堂屋正中稍偏左；若死者为女性，则位于堂屋正中稍偏右。棺尾朝向大门，棺头朝向神龛方向；棺尾要置于前方的方桌上，棺头要用两根大板凳架起同前方方桌齐平，俗称为"顺头路"，便于亡者顺着走出中堂，如若倒置，则亡魂不肯离开家屋。

棺材放置好后，其正下方需放一盏油灯，俗称"长明灯"或"引魂灯"，以指引死者前往阴间的方向，该灯在出殡前不能熄灭。棺材前面需摆放一张"灵桌"，桌子上搁置遗照、香、纸、烛、"升"（农村的容量用具）等。"升"里面盛满黑色的泥土或者米，用来插香。当地人讲究对亡人祭拜的香火不能间断，这表示香火不断。此外"升"一般不能借给外人，它是主家财富的象征。灵桌前一般会放置一个废弃铁锅用来烧纸钱。两个竹签筒分别放于棺材两边，内置岁签，这是对亡人生平的记录。竹签筒为竹筒，岁签则由竹子削成。岁签数量根据亡人的岁数而定，砍一根适当大小的竹子，亡人生前多少岁，则削多少根竹签，以一根竹子能制作出需要的竹签为最佳。此外，岁签还需

163

要用白纸缠绕，若死者岁数为双数，则两个竹签筒中的岁签平分。若亡人岁数为单数，则遵循男左女右的原则，如享年 69 岁的男性亡人，则左边的竹签筒放 35 根岁签，右边的竹签筒放 34 根岁签；如享年 69 岁的女性亡人，则左边的竹签筒 34 根岁签，右边的竹签筒 35 根岁签。竹签筒在未请阴阳先生前就已制成，放在灵桌的两边，且在下葬当天要将其放在亡人的坟墓上，旨在寄托亲人对亡人的思念。

（四）祭奠

按当地习俗，前来祭奠的至亲要为主家送上祭帐，以表孝义。随着时代变迁，现今在丧事中已无祭帐出现，大部分以送花圈的形式出现。亲朋好友前来悼念亡人时，主家要陪同，俗称"陪孝"，陪孝需同性陪同，即男性悼念者由孝子陪同，女性由孝女陪同。当悼念之人进入灵堂后，要在灵桌上拿三张纸钱，折叠放在铁锅里面烧给亡人，再拿三炷香点燃插入升斗里，然后行跪拜礼磕头三次，再作揖三次。当悼念者祭拜完并起身后，孝子或孝女需要磕头回礼，当地俗称这种行为为"回拜"。主家"回拜"时需长辈手扶才能起，平辈虚扶则可以起。当地人认为，磕头越多、跪得越多就表示子孙后代对其越孝顺。

（五）打丧鼓与跳丧

"打丧鼓"是人们用亦歌亦舞的方式来悼念亡人，是土家族先民在长期的生产生活中形成的独特习俗，表现了土家族人特有的生死观，"欢欢喜喜办丧事，高高兴兴送亡人"。在他们看来，人的生老病死，就像四季轮回一样，是自然而然的事情。人从出生到终其天年，是顺应了大自然的规律，所以，他们称人之老死为"顺头路"或称"黄金落窖"。

在出丧的前一晚七点左右，丧鼓队进场。"打丧鼓"是土家族丧葬祭祀活动中最具特色的部分，是一种融吹、打、跳、舞于一体的综合性舞蹈，由佛教法事演变而来。"打丧鼓"也叫打家业、打绕棺、穿花舞、跳丧舞、打安庆、穿丧堂等，是千百年来流传在鄂西、川东、渝东、渝东南、湘西等山区的一种土家族民间丧葬祭祀习俗。

"打丧鼓"开始前需要准备道具。首先要上山砍一根竹子并将其划破分成四条长竹片和一条短竹片，在竹片上缠绕红色、黄色、白色的彩带。再在堂屋正门前放上一张正方形的小桌子，围绕着桌子放四把椅子，把竹片分别绑在桌子和椅子上，形成五个拱门，各个拱门分别代表着东西南北中，而且每把椅子上放置一根蜡烛，俗称"走四方"。

酒席结束，掌鼓歌师走到灵柩旁，拿起鼓槌示意前来奔丧的客人，绕棺正式开始。鼓乐响起，旋幡、开天门、跑天王、破狱等表演也正式开场。在整个活动过程中，锣鼓相伴，伴奏乐器有鼓、大锣、小镂、钹、大号、唢呐等。再根据祭祀的天数，诵唱的内容各异，或即兴发挥，或按照歌书念唱，少有重复。

守灵的深夜，阴阳先生做完法事后跳丧舞于场。丧鼓歌自古相袭，《长乐县志》有云："家有亲丧，乡邻来吊，至夜不去，曰伴亡。于柩旁击鼓，曰丧鼓。互唱俚歌哀词，曰丧鼓歌。丧家酬以酒馔。盖亦守灵之遗意，而变之无节者也。"丧鼓主要有跳丧鼓和坐丧鼓两种，当地盛行跳丧。对于跳丧，当地有两种说法。一是跳给亡人看，亡人生前劳苦，在未上山前，其灵魂还在屋子周围，后辈借此机会为亡人尽孝；二则是为了跳给活人看，娱神的同时以达娱人的目的，以"大喜"的态度对待死亡，更能体现"乐感文化"的精神。[①]"跳丧舞"一般由歌师在灵柩旁鸣鼓叫号，两位歌者在棺前接歌对跳，亦可由多人同时对跳（每对为一重），舞者必须依照歌师的鼓点及所叫号子的变更而改变其舞蹈动作和套路，其形式和风格因地而异。尤以金鼓节操，唢呐间奏或接腔相和的形式，及多人围跳，按其顺序互相穿花的形式各具特色。

跳丧鼓曾有一些较为固定的仪程，先由鼓师开场，然后接庄子先师。相传打丧鼓始于庄子，战国时期庄周妻子去世，庄子"鼓盆而歌"，这就是开场后必唱《十请庄子老师尊》的来由。唱完《十请》，鼓师就击鼓叫歌，歌师随之跳丧，会者轮番上阵，通宵达旦，相伴亡人。

（六）上梁绕棺

凌晨三点左右，"上梁绕棺"开始，这是土家族特有的上棺罩仪式。"棺罩"即罩于棺材上的一种装饰，颜色是红色，其写有诸如"故显妣周母 xxx 老孺人捌拾余大寿之灵柩老大人生老变故死"等逝者信息。首先由抬棺之人和买棺罩之人用手共同托举棺罩，站在堂屋正门前开始往灵堂走，并绕着棺材走一圈出来，如此动作逆时针往返三圈半，再顺时针三圈半，合起来必须是七圈，孝子和"打家业"的众人跟于其后。最后停在灵堂前，并将其罩于

---

① 邓红蕾：《道教与土家族文化》，北京：民族出版社，2000 年，第 267 页。

棺材上孝子孝女跪在灵堂前烧纸烧香，乐师吹奏长号、唢呐，敲击鼓等。

（七）出殡安葬

出棺指根据阴阳先生算好的"出灵"时间将棺材抬出灵堂。逝者出灵及下葬的日期一般由阴阳先生根据逝者的生辰八字、死期而定。出棺前需开棺让子孙后代与亡人见最后一面以道别。"封灵"（盖棺）时其子孙后代要跪下磕头，并开始哭灵。棺盖一盖，唢呐声响起，哭丧声也应声而起，抬棺人开始固定棺材。一切准备就绪，抬棺人齐心协力把棺材抬起往门外走，鞭炮声响起，悲乐声、哭声随即而至……起棺时孝子需捧灵在棺材前面引路，且不能回头。把棺材抬出孝家屋檐外后，将棺材停放在路口，而且棺材要放置在屋檐外的地方，忌屋檐还能遮住棺材。然后抬棺人、奏乐者、亲戚和宾客等一起坐席吃饭，当天亮后再将棺材抬至墓地下土安葬。

出殡路途中，需放鞭炮并撒买路钱为亡人开路。如果墓地较远，需要歇息时，棺材不能放于地上，要放置于板凳之上。歇息时，已出嫁的女儿要给宾客递烟斟茶以表谢意。此外，抬棺所走路线要尽量避开人家，实在无法避免的，则需在经过时放鞭炮以防止晦气进入别人家，而且所经过的人家还要在屋子旁边烧烟窖，以除晦气。

到达墓地停棺后，阴阳先生撒米，孝子孝孙跪接禄米并将它吃下，寓意着子孙后代在"接福"。亡人的子女需要哭丧，且其子孙后代需要跪拜每一位来宾。"打家业"的人员则继续围绕着棺材转圈祈福，紧接着跳丧舞的队伍也绕着棺材祈福然后依次返回。绕棺结束，其他人返回主家吃席。抬棺人员则按阴阳先生所算出的位置挖坑，俗称"打井"。在佑溪村一般都是棺材到达墓地后才开始"打井"，如若时间不够也会提前一天上山"打井"。当"打井"结束后再把棺材放入"井"中。棺材入土一般择取在中午，由抬棺人员进行掩土，并用石头堆砌坟墓，坟墓上插有竹签筒和鸟雀牵，并在坟墓前烧香、烧纸和"二十四神"封包。"二十四神"封包是将纸钱三折后用白纸包成红包形状而成，封包上面再根据八卦写上二十四神，分别为：

> 甲山受用，乙山受用，丙山受用，丁山受用，辰山受用，巳山受用，酉山受用，亥山受用，子山受用，壬山受用，癸山受用，庚山受用，中山受用，辛山受用，戌山受用，寅山受用，坤山受用，午山受用，震山受用，艮山受用，乾山受用，巽山受用，申山受用，未山受用。

此外，还要为两个大神地畔业主准备两个大封包，总共为二十六个。这二十六个封包会在棺材入土后，在坟前将其烧掉，这寓意着亡人到了阴间就能够买下这二十四座山。

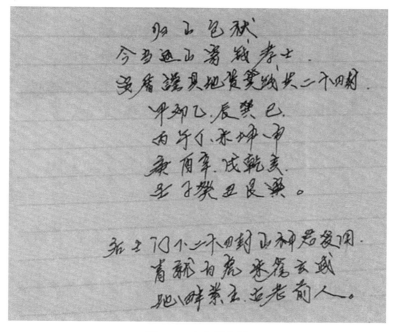

图 5-9　亡者封包图

关于戴孝礼节，早期，亡人的儿子、媳妇、女儿和女婿戴长孝，孝布长度到小腿位置；逝者的孙辈戴中孝，孝布到腰的位置；其他亲戚则戴短孝，头上戴头巾。现在，亡人的子孙后代皆左臂戴黑色孝袖，其他人则什么也不用戴。

（八）"复山"寄钱

亡人安葬后的第三天，孝家在黎明前需要前往墓地烧纸、烧香、放鞭炮。据说这天是亡人最后一次回来看望自己的亲人，以后再也不会回来。至此，整个丧葬仪式结束。在佑溪村，"复山"仪式可分为多种形式，按时间顺序长短可叫做三天复山、七天复山、一月复山、一年复山、两年复山和三年复山。虽然时间不同，但是仪式和封包封面书写格式基本相同。封包里袱钱的多少根据其后代人数多少来定，如子女、媳婿、孙甥、重孙辈等。一般烧封包多选择酉时（即下午四五点），据说酉时以后，死者就不能享用袱钱了。

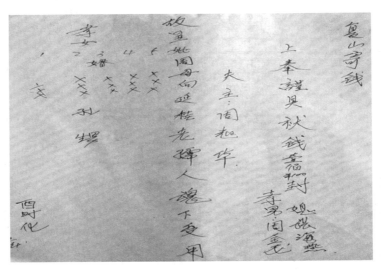

图 5-10 亡者归山包袱图

第五节 传统节日

中国的传统节日文化有着漫长的发展历程,它凝聚了人们几千年来的民族情怀和价值观。中国的传统节日是民族情感的寄托,是中华民族特有的文化记忆,更是中华民族在漫长岁月里形成的精神文化的结晶。节日是为了适应生产和生活需要而创造出来的一种民俗活动,选择一段时日之中的特定一天被人们用来纪念与庆祝。传统节日以特殊的活动形式呈现出它不同于平时的特点。佑溪村虽没有自己特有的节日,但春节、元宵节、端午节、中元节(七月半)和中秋节等均是当地重要的传统节日。

一、春 节

春节,即中国农历新年,也称"年节"。春节作为中国最为传统的节日,代表着团结、欢乐、祝福和喜悦。春节习俗主要包括洗尘、洗浴除秽、祈福拜神、合家团圆等。当地人一般从农历腊月二十四日开始为过年做准备,从这天起人们陆续开始烧洗腊肉、腊猪头,打扫房屋等,一直忙碌到腊月二十九这天才算结束。当地人习惯提前一天过年,月大就在二十九过年,月小就在二十八过年。过年当天,家家户户都会早起准备晚上的团圆饭。上午准备

168

食材，下午的时候则把洗净的腊猪头、猪尾巴等一起上锅蒸煮，煮熟后再放在家用簸箕里祭祖。将装有猪头的簸箕放置在堂屋的桌子上，并在猪头上分别插上两支筷子（类似香的作用），然后男主人去堂屋门外烧纸敬天敬祖先。祭拜祖先结束，拆卸猪头，并准备团年饭。晚上，一家人团聚在一起，一边享受着美食，一边观看着春节联欢晚会，一直要玩闹到半夜十二点共同迎接新年的到来。早前，人们还会通宵达旦守岁，现今一般守到凌晨十二点后就可上床睡觉。大年初一日早上，当地人有早起"过早"的习俗。初二日开始走亲戚拜年，首先去男方的各亲属家拜年，结束后再去女方家给各位亲戚拜年，一般初八"走亲戚"结束，当然亲戚太多时也不限制时间。

二、元宵节

元宵节是正月十五日，依然属于年节的范围内，当地人一般在这天都会吃汤圆、玩船、"游龙灯"，趣味横生又热闹非凡，但现在均已简化为全家聚在一起吃顿饭后，然后各自外出工作。

三、端午节

端午节又名粽子节、女儿节，在外的人们一般都要回家与家人过节团聚，一起包粽子（以甜粽为主）、挂艾草。除了祭祀祖先等传统节日活动内容外，出嫁的女儿会在这天回到家中，夫家亦会一起前往去拜访，通过这种习俗增强了亲家之间的情谊往来。端午节当天，村民会去山上采艾草，将艾草挂在堂屋大门上以达到辟邪祈福的目的。采艾草时，当地人会选择又高又长的优质艾草，并在大门的两边分别挂上艾草，且挂艾草讲究平衡对称美观，大门两边分别挂上 10 根艾草直至枯萎方可取下来，而取下来的艾草可以熬水洗澡，尤其适用于新生儿洗浴，既可以除去身上的晦气又有益于身体健康。此外，对艾草的数量也有规定，如果艾草数量太少，则表示该户人家人丁不兴旺、烟火气太少，同时也不能太多，以双数为吉利，代表圆满。

四、中元节

中元节俗称"鬼节""七月半"，每年农历七月一五日，当地人都会在家过节祭祖。傍晚，人们在家中准备晚饭与家人团聚，晚饭备好后一般会在堂屋正中间放置一张桌子和十把椅子（代表十位神）。桌子上摆满饭菜，盛饭的十个碗对应十把椅子，每双筷子放置在碗上，每个碗旁边的杯子里倒少许酒。然后男主人开始在桌下烧纸，同时诵念："请诸位先人来吃饭，保佑我家平安……"仪式结束后撤掉碗筷和酒，并把撤下的饭酒汇总在一个碗里，因为这些酒饭"亡人吃过，活人不能再吃"。随后，一家人方可盛饭上桌吃团圆饭。在当天深夜一点至两点，男主人需要出门把下午留着的"水饭"撒在路边并倒扣着碗进家门。自此，中元节正式结束。

五、中秋节

中秋节又称祭月节、团圆节等，位于秋季的中旬，所以被称为"中秋"，是中国的传统节日。"天涯共此时"是中秋节的永恒主题，人们在这个时候都会思念自己的家人，希望彼此能够早日团聚。在这天，当地人一般会选择回到家乡与家人一起赏月庆祝秋收，全家团圆吃月饼聊家常，即使在外无法回家的也会通过寄送月饼、打电话、视频通话等方式隔空庆贺。

简言之，传统节日是传统文化的载体。传统节日在人们的日常生活中具有提高民族凝聚力的强大作用，例如春节守岁、端午节吃粽子、中秋节赏月等多种习俗。传统节日的活动不仅是节日仪式和习俗所产生的社会活动，更是人们对节日背后的思想、精神、情感的认同。[①] 这些社会习俗是人与人之间、人与社会之间的一种情感联结，而这种民族情结让人们的凝聚力、对民族文化的认同感得以有效提高，充分展示了作为社会的人应该有所归属的特殊含义。

（调查及撰写：张严艳、侯宗莲）

---

① 周慧：《中华传统节日文化时代价值分析》，《文化产业》2022年第17期。

第六章

精神追求:佑溪村的文学与艺术

　　民间文学与艺术是我国传统文化的重要组成部分,伴随着人民的生产活动、宗教以及其他活动产生并发展。民间文学一般是民众口头创作的作品,与民众的日常生活息息相关,主要包括神话、传说故事、谚语等;而文字文学则是以文字记录民间文化。同时,民间文学与文字文学相辅相成,共同传承着民间文化。民间艺术是在民众中广泛流行的音乐、舞蹈等各种艺术活动,在民众的日常生活中发挥着不可替代的作用。民间文学与艺术是中华文明长河中的宝藏,凝聚着民众世代相传的智慧,是乡民情感表达的重要载体,积淀着中华民族最深层的精神追求①。在佑溪村中,民间文学与艺术交相辉映,存在于民众的日常生活中,丰富了民众的精神生活,凝聚了当地民众的共同体意识。

第一节　民间文学

一、作家文学

　　作为语言艺术的文学必须借助文字为工具才能够由低级向高级、由简单到复杂发展并传之久远②。用文字记载的文学也称为作家文学,作家文学弥补了民间文学的不足,尤其是在地处偏僻的民族地区,文字文学显得更为重要。文字文学的发展得益于作家的记载和传承。佑溪村历史上虽曾有过曾广顺这样的先生,但流传下来的文学作品很少。如今,有学问的村民开始有意识地弥补这一缺陷,尝试用自己的文字来记录和反映自己的村庄,村

---

①　张译心:《挖掘民间文学的时代价值》,《中国社会科学报》,2022 年 6 月 6 日第 2 版。
②　王清林:《文字与文学的关系面面观》,《学习与探索》1991 年第 2 期。

民ZXY(下文简称Z先生)①就是一名积极的践行者。

Z先生是一名土生土长的佑溪人,20世纪50年代出生于佑溪村一组,是从村里走向乡镇,再走入县城的人民教师,致力于山区教育40余年。作为新生乡贤的代表,退休的Z先生开始用文字记录和回忆佑溪村的人、物、事。2020年5月,Z先生开始在微信公众号"印象红磨坊"上陆续发表自己创作的文学作品,其作品成为佑溪文字文学的代表,如《先生湾老屋》(2021年)、《父亲锁忆》(2020年)、《但愿月半新米香》(2020年)、《农谚逸事》(2020年)等。

《先生湾老屋》一文中展现了佑溪村先生湾过去的古老形象:

> 先生湾其实是一块平地,约有三亩,呈L字形。明清年间,我们的祖先在南北横向的平地上盖起了一座西朝东的连体四合院。老屋的样式也与现在的房屋格局不同,老屋南北横向偏宽,东西纵向稍窄。自东向西望去,可以看到五间正房带南北各自偏屋一间。从老屋大门进去是厅屋,厅屋至少有六米,过厅屋,走天井凸出的青石步道,才来到堂屋。一张长长的、造型精美别致的条桌紧靠着堂屋的墙壁,条桌正中供奉着佛龛。每到过节的时候,香火缭绕,布满了整个堂屋。

在作品《但愿月半新米香》中,Z先生描写了佑溪曾经的农业生产生活景象:

> 在20世纪70年代的佑溪,那时的土地还是水田,所种的水稻是与杂交水稻不同的珍珠矮。阳春三月,三爷爷就把前一年精选的谷种用大水缸泡起来,成爹驱赶着老黄牛来到水田里开始犁地耙地。到了栽秧的时候,大家每天迎着晨曦下田,太阳落山收工,一个星期便把40亩秧苗移栽结束了。新栽的秧苗黄快快的,过得十天半月,秧苗由黄转青。随着气温升高,时间推移,佑溪河两岸翠绿叠嶂,一块块翡翠堆砌在人们的眼前,令人欣喜。仲夏正是给水稻上肥除草的最佳时机。生产队养猪场和各家各户的水粪、鸡粪都派上了用场,人们大担小担地泼洒在稻田里,为稻谷丰收打下基础。最有意思的是给水稻除草。这除

---

① Z先生是佑溪村的一名新生乡贤,他利用自身的人际关系及影响力积极为村民办实事、谋福利。1998年,佑溪村发生洪水,Z先生亲自募集了一吨水泥,顺利修复了小桥;2010—2011年,Z先生向有关政府部门反映佑溪村村民的自来水问题,争取到资金20多万元,修建蓄水池,铺设水管,结束了大部分村民挑水提水的日子;2014年,Z先生和老乡亲友共同向新修建的村委会捐赠办公桌椅三套,台式电脑一部,激光打印机一台。

草又叫扭秧草寻稗子，男女老少下田，几人一块水田，一两天也就完成了。隔几天还得再来一次。年轻人喜欢在一起扭秧草。有些稻田里有凉水，有凉水的水田就有鳝鱼。年轻人眼尖，发现了就不会放过，遇上几个凉水田，收工时刻也就能收获不少鳝鱼。晚上三五个好友凑在一起撮上一顿美味，那是再好不过的幸福生活了。到了割谷的时节，家家户户早就磨快了镰刀，力气大的男人将扳桶背到了田边，大伙儿抬下扳桶，一字排开，弯腰收割起金黄的稻谷来，他们的身后是一摆摆摆放整齐的稻谷。扳谷是力气活儿，有力气的男人女人争先恐后地去扳谷，那扳桶不时发出"咚咚"的声响，咚声越大越厚重，说明稻谷饱满。相反，若是扳谷声音不干脆，如嘶哑一般，则说明稻谷瘪子多。两三个汉子及时将稻谷背往保管室的晒场去晒，大家都期待着七月十五日月半节那天能吃上新米哩！收割完成后，就开始加工新米，或者用石磨梭米。到了月半节的晚上，村子里到处飘着米香和肉香，大家沉浸在节日的欢乐氛围中。

二、传说故事

传说主要是关于特定的人、地、事、物等的口头故事，一般可包括人物传说、地方传说、动植物和自然现象传说、史事传说等类。[1] 传说是在神话的基础上发展起来的一种叙事文学，而故事是纯叙事文学出现的标志，故事的特点是彻底摆脱了对自然或社会现象的解释，转向以形象来反映社会生活和表现作者的思想感情为目的[2]。在传说和故事中，多具有娱乐性和知识性的特点，且会涉及历史或传统文化等方面的内容，因此传说和故事能够侧面反映出村落的历史及文化，尤其能有效反映无文字记载时期的村落历史[3]。佑溪村的传说主要有人物传说、地名传说等。这些传说存在于人们的记忆中，多以口头相传的方式流传于村里，虽因版本不同而内容略有差异。

---

① 钟敬文：《民俗学概论》，北京：高等教育出版社，2010年，第188页。

② 王继英：《叙事文学发展轨迹——神话、故事、传说比较研究》，《贵州民族学院学报（社会科学版）》1996年第1期。

③ 在本调查中，因传说与故事并无明显界限，因此将其归为一类。

（一）人物传说

人物传说是指以现实中曾存在的人物为原型，以其某种特征或事迹为基础而形成的故事，这些故事在民间代代流传，流传下来的不仅仅是故事本身，更是民众精神追求和价值信仰的体现与传承。在佑溪村中，向道春、曾广顺、颜正学等人物的传说故事流传较广。

1.向道春预知天下事

向道春是 20 世纪 30 年代当地的一个传奇人物，看起来朴实无华，但当地民众却把他视为神仙一样的人。向道春家的大门时常紧闭，但每过七天他就会出来买草鞋，别人问他："你每天又没有走多远的路，为什么鞋这么快就坏了？"向道春只是笑笑说："天机不可泄露。"有一次，他又出来买草鞋，听见大家正在谈论日本人快要进村了，他说到"不怕日本人凶，不怕日本人狠，就怕日本人过不了点军河。"大家都说向道春在吹牛，向道春只是提着草鞋慢悠悠地走了。过了一段时间，日军和中国军队在五龙观发生激战，由于日军占得了先机，五龙观一战以日军的胜利结束。但是当日军到达了点军河后，受到埋伏，节节败退，最后只得在点军河投降。从此以后，大家觉得向道春料事如神，就像活神仙一样，不管有什么事情都要去请教一下向道春。

2.朱大顺升仙成神

朱大顺本来是四川人，因为得罪当地权贵而外逃，并躲到佑溪村暂时生活。村民们对这位外来者很感兴趣，因为他能够像孙大圣一样腾云驾雾，还能毫发无损地回到地上。过了不久，权贵遣人追杀到佑溪村，将朱大顺团团围住正准备杀害时，他迅速爬上了一根竹竿，并对村民说："你们点一个火，然后用簸箕使劲煽，煽到七下为止。"村民们照做后，抬头一看，却发现朱大顺不见了，只剩了光秃秃的竹竿，大家都说朱大顺升了天，变成了神仙。

3.颜正学奇遇记

佑溪村姚家坳有个人名叫颜正学，他很小的时候就开始学习武功。当地部分村民妒忌他武功高强，就以他种的白菜很大是由于施展法术的原因，将其告到县衙，但不了了之。有一天来了一位地理先生，因追寻龙脉从四川一直坐船到姚家坳，正好来到了颜正学家里，他发现颜正学武力不凡，就想试探一下颜正学功力如何。颜正学见这位先生来者不善，便想给他一个下马威。颜正学给先生递茶时，将茶杯放在石磨上，然后端着石磨去上茶，离先生还有十米远的时候，石磨突然掉下去了，茶水却没有洒出来。先生拿起茶水,喝下一半,但是只喝下左边的一半,右边的茶水还是满满当当。见先生的武功如此高强,颜正学将其恭敬地请进家里,用好吃好喝的招待他,并一起切磋武艺。临走时,先生邀请颜正学一起去四川游玩,颜正学说:"不是我不想去,而是路程太远,我又没有银两。"先生笑着说道:"你站在门的角落里,然后闭上眼睛,我叫你睁开才能睁开。"颜正学闭上眼后,感觉好像到了天上,过了一会儿,先生说:"可以睁开眼了。"颜正学一睁开眼,发现已经到了四川。后来颜正学返回时,先生给了他 24 个铜钱,并告诫他:"只能用 23 枚铜钱,要留下一个。"就这样颜正学一路到达长阳,平安回到姚家坳,而口袋里的铜钱也消失不见了。

4.曾广顺"先生"名号誉天下

曾广顺是佑溪村曾氏祖先,也是佑溪村历史上有名的读书人。曾广顺自幼才华横溢,尊师重教。他小时候在学堂学习时,因为出色的才华而受到先生的关注。有一次,村里人要打官司,于是找到学堂的先生和曾广顺,希望他们帮忙写讼词,然后二人各写一份,结果曾广顺的讼词打赢了。曾广顺因为这件事而不敢去见先生,就远去湖北房县学堂做厨师。尽管他在学堂做饭,但是其才华也不断显露出来。有一天,先生出问题考自己的学生,学生们感觉这题目太难,在学堂外连连叫苦。曾广顺正好听到他们抱怨的声音,他仔细一听题目,认为十分简单,于是教他们解题方法。先生熟知每个学生水平,断定他们做不出来这道题,在仔细询问学生原委后,想亲眼看看曾广顺的才华到底如何。于是先生挑选了一个日子,在学堂和曾广顺比试才华:先生出几道题,曾广顺便答几道题目,待他答完问题后再反问先生问题,谁没有答上来就认输。先生起初踌躇满志地准备了五道题,这些都是他科举备考时私下琢磨的问题,先生心想曾广顺只不过是做饭帮厨,如何懂得这些?却不料曾广顺果真聪慧,三言两语便破了他的题,每一道题都能对答如流,让人惊叹。后来,曾广顺通过科举考试,考中了进士,在朝廷做了官。他在任期内成绩出色,得到了朝廷极多的赏赐。在他告老还乡后,仍有不少的官员前来拜见他。

曾广顺在当地享有盛名,后人为纪念他便将其出生地命名为"先生湾"。现在村中残存的曾广顺墓碑依稀记载:

> 口徒口先口遗型为距口口,先恩封修职郎显考曾公广顺泰昌号,皇乾隆四十六年(1781 年)辛丑岁九月哀妻廿七日戌时不禄于令,皇同治十二年(1873 年)八月戌时葬周家口,作癸山丁向,享年九十三岁。子

四孙六。爰为之颂曰：福寿绵长，桂馥兰芳。风徽卓绝，瀰泅口口。大清光绪七年（1881年）辛巳岁。

（二）地名传说

地名传说是乡土文化气息和民族精神的载体。地名具有明显的地方文化特色，世代相因，变化不大，能较完整地保留它所反映的文化内涵，隐喻了当地的社会风气。可以说，地名是人类文化史的活化石[①]。在佑溪村，至今仍流传着关于塔儿岩、鸡公岩、少孤坪、先生湾的地名传说，丰富着当地的民间文化。

1.塔儿岩

塔儿岩地处佑溪村2组，传说以前那里住着一家人，靠着卖铜锣、布等杂货为生。有一天，这家的女儿起得很早，在梳头的时候，有一条狗突然把她的梳子给叼跑了。那个女儿就去追那条狗，等她追过去，后面的岩石就坍塌了。最后，全家只剩下女儿活了下来。那块地因为坍塌只剩下一个石柱子，形似一个宝塔，得名为塔儿岩。

2.鸡公岩

在龙舟坪镇东部有一块石头，因形状酷似鸡公（当地人对公鸡的称呼），鸡冠、鸡胸栩栩如生，所以被称为鸡公岩。据说以前在当阳有一只鸡公，每日都偷吃当阳的麦子，快把当阳人吃穷了。当阳人就一直追它，追到龙舟坪后，鸡公停在了那里。追它的当阳人就把它的嘴巴给撬开并将粮食抢回来。从此，鸡公也没有再吃过当阳人的东西了。后来，它变成了一块石头。自从鸡公在那里变成石头后，每天天刚亮的时候就会听见鸡打鸣和敲锣打鼓的声音。

3.少孤坪

佑溪一组有一个地方名叫少孤坪。相传此地有一个孩子因父母早逝变成了孤儿，他只能依靠邻居的帮助才能勉强维持生计。虽然生活很艰苦，但他仍然坚持学习，长大后经过自己的努力在朝廷做了官。做官后，他用自己的俸禄为家乡修路，贴补生活困苦的人家。后人为纪念他，便将其出生地称之为"少孤坪"。

---

① 陈友义：《出自民间传说的潮汕地名探析》，《南方职业教育学刊》2011年第1期。

4.先生湾

相传曾氏祖先曾广顺从小才华过人，勤奋好学，并通过科举考中了进士，由此得到皇帝赏识，在朝廷做了官。曾广顺恪尽职守，为官清廉，百姓和同僚都很拥戴他。在他告老还乡后，仍有不少的官员前来拜见他，到他门前时"文官下轿，武官下马"。后来，人们便将曾广顺居住的地方称作"先生湾"。

（三）红色故事

红色故事是以红色文化为主要内容的中匡故事，是中国共产党领导人民在争取民族独立、人民解放和国家富强、人民幸福的历史进程中产生的，主要包含"人、物、事、魂、景"五个方面。① 红色故事是革命精神的重要载体，从中可见革命者无畏的精神。佑溪所流传的红色故事虽不多，但从中仍可见村民对于革命者的赞赏和尊重，以及对革命精神的传承。

抗日战争时期，大约在 1939 年，日军从香花岭沿路而上，占据了五龙观制高点。中国军队从先生湾包抄过去，由于失去了地理优势，最后以失败而告终。五龙观一战，包括五龙观的道士、寄居和尚等在内无一生还。后来日军打到了驴马岩、红山等地，在村中作恶，村中妇孺无一幸免，但日军最终在木桥溪被打败。五龙观附近有一名为"舍身岩"的山崖，其名即源于此时。日军占据五龙观后，为了追查中国军队的线索，威逼利诱观内之人。观内有一王姓道士，被日军追到悬崖边，为了不给敌人提供线索，他毅然选择舍身就义，跳下悬崖。赴死前，他咬破自己的手指，用鲜血写下了"舍身岩"三个字。直到现在，"舍身岩"几个字仍依稀可见，王道士英勇无畏的精神也一直为当地人所传颂。

三、民间谚语

谚语是民间语言中的常用型熟语，使用广泛，或反映人们对自然物候的理解与应用，或表达人们的某种思想。佑溪村流传的谚语主要有教育谚语、农业谚语和生活谚语。

---

① 邓显超、刘娇：《面向世界讲好中国红色故事初探》，《中国广播电视学刊》2021 年第12 期。

（一）教育谚语

1. 养儿不读书，不如喂头猪。
2. 步行千里路，胜读十年书。
3. 老师是扇，学生是碳，老师不扇，学生不燃。
4. 上梁不正下梁歪，中梁不正房就倒下来。
5. 多做善事，是积福报。
6. 拿着绳子不出力。
7. 龙配龙，凤配凤，瞎子配耙鼻子。
8. 龙生龙子，虎生豹儿。
9. 天干不望疙那子烟，饿死不望娘屋里。
10. 妇女能顶半边天。

（二）农业谚语

1. 黑道日种苞谷，鸟雀不啄。
2. 山头顶戴帽，乌云麻遮腰。
3. 二月初二晴，树叶发两层；二月初二下，荞麦一光把。[①]
4. 朝霞不出门，晚霞行千里。
5. 燕子低飞蛇过道，大雨不久就来到。

（三）生活谚语

1. 神听出师，木听匠人言。
2. 三天的媳妇婆惯死[②]，三天的儿娘惯死。
3. 天干三年，饿不到手艺人。
4. 建房不离八，桌不离七，床不离半。
5. 冬吃萝卜，夏吃姜。

第二节　民间艺术

民间艺术是中华文化的重要组成，是劳动者的智慧结晶，其内容包括音

---

① 曾祥友:《农谚逸事》,《印象石磨坊》2020 年第 12 期。
② "惯死"为当地方言,意为非常宠爱和娇惯。

乐、舞蹈、美术、戏曲等。不同地区、不同民族的人民创造了丰富多样的民间艺术，而异彩纷呈的民间艺术则展示着各族人民的文化传统，具有深厚的文化内涵。

一、民间歌谣

钟敬文先生认为民间歌谣起源于物质生产与人自身繁衍的人类求生存的实践活动[①]。民间歌谣是人们在劳动之余创造的一种自娱自乐的文艺方式，它促进了邻里之间关系的和谐，有利于民风建设。通过民间歌谣传承优秀传统文化，在乡村文化振兴方面起着举足轻重的作用。佑溪村民世代辛勤耕耘在这块土地上，他们创造了无数脍炙人口的歌谣。目前，佑溪村内流传的歌谣种类有仪式歌、劳动歌、时政歌等。

（一）仪式歌

仪式歌是在各类节日活动，以及在贺喜避灾、吊丧、迎亲等习俗活动中吟唱的歌谣。仪式歌一般与民俗活动相结合，体现出民间习俗的特点。佑溪村中现存的仪式歌有哭丧歌、打丧鼓、哭嫁歌、上梁歌。

1.哭丧歌

哭丧歌是指在人去世后，其女儿或侄女在灵堂所唱的悼亡歌。哭丧的形式为：女儿或侄女跪或坐于棺材旁，双手和头伏在棺材上，边哭边唱，歌词内容大致为："妈妈（爹）啊，你怎么就走了啊，我还没来得及报答你……"悼亡歌词多无一定之规，即兴而唱，表达后人对死者的感恩之情和愧疚之情。哭丧歌除了悼念亡人外，还会哭天与地，在"开路"仪式中，由道师为死者唱歌，内容一般是关于天与地的请神经文，如《开路》《请神调》《散花》等。

2.打丧鼓

打丧鼓也称坐丧，一般在土家族聚居地区广泛流传，具有悠久的历史。《隋书·地理志》记载："始死，置尸馆舍，邻里少年，各持弓箭，绕尸而歌，以箭扣弓为节。其歌词说生平乐事，以至终卒，大抵亦犹今之挽歌。歌数十阕，乃衣衾棺殓，送往山林，别为庐舍，安置棺柩。"[②]从记载中可知打丧鼓至少在隋代就已经出现。此外，在《巴东县志》《施南府志》《长乐县志》对打丧

---

①　钟敬文：《民俗学概论》，北京：高等教育出版社，2010 年，第 208 页。
②　（唐）魏徵等：《隋书》卷三一，《地理志》，北京：中华书局，1982 年，第 898 页。

鼓均有记载。如《长乐县志》中记载："家有亲丧，乡邻来吊，至夜不去，曰伴亡。于枢旁击鼓，曰丧鼓。"[①]由此可知，打丧鼓以曲歌结合的方式在丧事上出现，佑溪村现存的打丧鼓便与此类似。

佑溪村的打丧鼓一般由四个人组成，一人打鼓，一人唱，或两人对唱（一人为替换者）。开场时，有专门的开场歌曲，名为《反五根》。内容为："天地开张，日吉辰良，黄金落窖，大发大放。东边一朵祥云起，西边一朵紫云开。雷在当头打，闪电就势来。天有八卦，地有四方，人有三魂七魄，鬼有一路豪光。各位歌师都请坐，听我愚下开歌场。开场开场，日吉辰良，众位客们都坐好，听我来开场。开个长的更深夜尽，开个短的不得天亮，开个不长不短，不短不长，相陪亡人到天亮。"[②]到了晚上 7 点至 8 点时，就开始了边敲鼓边唱歌的环节，歌声昂扬，唱歌时长一般 4～5 分钟，歌词的主要内容有：关于天与地，如"盘古开天辟地，三皇五帝定乾坤，天地同和五谷生……"或者唱古书，如《三国演义》《隋唐传》《封神榜》《二十四孝》等；或者打丧鼓者根据死者信息，说唱死者一生的经历。打丧鼓者在编词时，词语的使用受到死者年龄的约束，如果死者为青年人，在其内容中，则不能称大人，要称为新王。最后就是收场的环节，即为逝者上山的时候，鼓停歌落，这代表着将死者送到了祖先故地。

打丧鼓中的歌曲隐喻了土家族的时间文化，以相对论和进化论的时间观去笑迎死亡，欢送死亡，于死亡的大度里面寄托一份祈愿后代幸运昌盛的情思[③]。丧鼓歌体现的不仅是对逝者的哀思，更是对生命的崇尚。

3.哭嫁歌

土家族哭嫁歌最早由土家族婚嫁文化中的"哭嫁"习俗演变而来，土家族哭嫁歌中内容丰富，主要是倾诉父母的恩情，表达对家人的不舍。这些内容有效地传承了中华民族传统文化中的孝亲思想，具有一定的教育内涵，有利于民族文化的传承和保护。哭嫁歌是一种边哭边诉的歌，"唱"者一般为

① 光绪《长乐县志》卷一二，《风俗志》，南京：江苏古籍出版社，2001 年，第 263 页。

② 长阳土家族自治县地名志编纂委员会、长阳土家族自治县民政局：《长阳土家族自治县地名志》（上册），武汉：湖北人民出版社，2020 年，第 1519 页。

③ 孙正国：《土家族〈丧鼓歌〉的文化解读》，《广西民族学院学报（哲学社会科学版）》1998 年第 1 期。

女性,无伴奏。演唱形式通常有独唱、对唱和众唱三种。^① 大约在 20 世纪 80 年代之前,佑溪村每逢婚嫁时,在新娘出嫁前一天晚上,新娘自己或其姊妹们便会一起唱哭嫁歌。内容如《陪十姊妹歌》《哭嫁歌》《别亲歌》等^②,歌词多世代相传,但偶有变化。

《哭嫁歌》:"绣花'盖头'头上蒙,哥哥嫂嫂把亲送,别家忙得金满斗,爹妈忙得一场空,脸哭肿来眼哭红。"

《陪十姊妹歌》:"姊妹亲,姊妹亲,捡个石榴平半分。打开石榴十二格,多年姊妹舍不得。姊妹哀,姊妹哀,扯把樱桃沿路栽。樱桃戒林姑成人,樱桃结果姑出门。"

《别亲歌》:"铜锣响几声,婆家来娶亲,脚踏金满斗,爹妈忙得一场空,脸哭肿来眼哭红。"

4.上梁歌

上梁歌是指在房屋上梁仪式中所唱的歌。上梁歌不配乐器,以清唱的形式展示,演唱者声音高亢嘹亮,歌词结构固定.内容大多为赞美之词,表达对主人家的祝福。上梁歌以淳朴的形式表现了土家人独特的风俗人情,体现了当地民众对美好生活的向往^③。据调查,约在 20 世纪 90 年代之前,佑溪村民修建房子时,举行上梁仪式。上梁时,主人家扔包子和铜钱,在扔包子之前要唱《上梁歌》。《上梁歌》云:

> 麦苗出土一条枪,三四月,麦正长,五六月,麦进仓,七八月,进磨坊。磨出的面粉白如霜,做出的包子般般样。此人拿来抛中梁,一抛,前发如龙;二抛,后发似虎。^④

(二)生活歌

生活歌是反映人民日常劳动生活和一般家庭社会生活的歌^⑤。这些歌

---

　　① 甘小云:《土家族悲喜音乐的艺术及民俗解读》,《长江师范学院学报》2012 年第 5 期。

　　② 长阳土家族自治县地名志编纂委员会、长阳土家族自治县民政局:《长阳土家族自治县地名志》(上册),武汉:湖北人民出版社,2020 年,第 1507 页。

　　③ 刘潘:《土家族上梁歌的表现形式与音乐特征初探》,《当代音乐》2017 年第 5 期。

　　④ 长阳土家族自治县地名志编纂委员会、长阳土家族自治县民政局:《长阳土家族自治县地名志》(上册),武汉:湖北人民出版社,2020 年,第 1564～1565 页。

　　⑤ 钟敬文:《民俗学概论》,北京:高等教育出版社 2010 年,第 211 页。

谣侧面体现了当地人民对生活的热爱及当地的淳朴民风。佑溪村常见的生活歌有薅草锣鼓歌和情歌。

1.薅草锣鼓歌

薅草锣鼓是土家族特有的音乐文化形态,反映了不同历史时期土家族人民的生产、生活、情感、信仰等风貌,是认知和研究土家族民族历史和文化的一块活化石[①]。

早期的土家族人聚居生活在武陵山区,地广人稀的环境造就了土家族人集体劳作的劳动方式。为了提高士气、振奋精神、缓解疲劳,便在田间地头形成了击鼓唱歌的民间表演。清同治年间《来凤县志》记载:"四五月耘草,数家共趋一家,多至三四十人,一家耘毕,复趋一家。一人击鼓,以作气力,一人鸣钲,以节劳逸。随耘随歌,自叶音节,谓之'薅草鼓'。"[②]薅草锣鼓多由一人领唱,另外三人分别手持鼓、锣、钹,边敲边唱。唱歌时,如果遇见对面山坡的人也在唱薅草锣鼓歌,两队的领唱也可进行对唱或对说,以此增强热闹气氛。薅草锣鼓歌的内容会根据时间不同而发生变化。早晨时,一般为歌唱古人的歌(如歌唱薛仁贵、刘备、秦叔宝等);或为《采茶歌》,歌词内容为:"正月采茶是新年哎,收拾打扮是交年,自从今日看过你,硬是不离你门前。"中午时,多唱扬歌。扬歌节奏感更强,如:"一扬一字一条绳,纣王无道昏了君,错杀诸侯八百人……"或是"我吃了中饭嘞,中不中,午时中,未时中,幺姑娘下河到田中,一把钢刀拿手中,斩断娇儿红,细水满江红。"下午时,多唱放工号子,歌词内容为:"南京买马拉回来,五样马一匹。拉到轿上去,不打赢仗不回去。板上打鼓匠,板上打鼓匠,把工放。"薅草歌将歌曲与劳动结合在一起,内容多样,既缓解了劳动人民的疲劳,又传递了知识,极具艺术性和实用性。

薅草锣鼓歌内容丰富多样,不仅传唱传统文学作品中的歌,也有关于民间生活的歌,体现了村民对我国优秀传统文化的自主继承,突出了村民热爱生活、对生活充满激情。目前佑溪村民的记忆中仍有薅草锣鼓歌的存在,而部分老人对其歌词仍可断续复述。薅草锣鼓歌起源于祭祀和劳动,寄托着民众的宗教信仰,但由于政治运动的冲击,薅草锣鼓歌的祭祀功能已经消失,仅起着指挥生产、缓解疲劳的作用。后来随着劳作方式的转变,薅草锣

---

① 刘传清:《土家族薅草锣鼓的流变及其式微》,《中华文化论坛》2016年第6期。

② 同治《来凤县志》卷28《风俗志·农事》,南京:江苏古籍出版社,2001年,第465页。

鼓歌也逐渐消失①，在村落的日常生产生活中难再见其踪影。

2.情歌

情歌是青年男女表达爱情的一种方式，体式结构多样。形式一般为男女对唱，唱歌时间、地点均无要求。歌词内容广泛，可以自己编写，也可以是流传下来的歌曲。情歌体现了民众对情感的追求，对爱情和婚姻的向往，如土家族人耳熟能详的《六口茶》。歌词内容为：

　　男：喝你一口茶呀问你一句话，你的那个爹妈噻在家不在家。

　　女：你喝茶就喝茶呀哪来这多话，我的那个爹妈噻已经八十八。

　　男：喝你二口茶呀问你二句话，你的那个哥嫂噻在家不在家。

　　女：你喝茶就喝茶呀哪来这多话，我的那个哥嫂噻已经分了家。

　　男：喝你三口茶呀问你三句话，你的那个姐姐噻在家不在家。

　　女：你喝茶就喝茶呀哪来这多话，我的那个姐姐噻已经出了嫁。

　　男：喝你四口茶呀问你四句话，你的那个妹妹噻在家不在家。

　　女：你喝茶就喝茶呀哪来这多话，我的那个妹妹噻已经上学哒。

　　男：喝你五口茶呀问你五句话，你的那个弟弟噻在家不在家。

　　女：你喝茶就喝茶呀哪来这多话，我的那个弟弟噻还是个奶娃娃。

　　男：耶耶！喝你六口茶呀问你六句话，眼前这个妹子噻今年有多大。

　　女：你喝茶就喝茶呀哪来这多话，眼前这个妹子噻今年一十八。

《六口茶》表面上是反复关于喝茶的歌词，实则体现了女性的羞涩和矜持，用茶表现了男女恋爱时的情感。情歌《姐儿排十首》中："姐儿住在花草坪，身穿花衣花围裙，脚穿花鞋花路走，手拿花扇搧花人，花上加花爱死人。"②通过对女性的赞美，表现了民众敢于自由追求爱情的精神。但当地的大多数村民对于情歌的文化内涵认识不够，认为情歌以男女之情为主，所以当地村民大多不愿提及，情歌不断被边缘化。

（三）土家族吹打乐

土家族吹打乐又称"打家业""打溜子""打家伙"等，2009 年被列入湖北

---

① 刘传清：《土家族薅草锣鼓的流变及其式微》，《中华文化论坛》2016 年第 6 期。

② 长阳土家族自治县地名志编纂委员会、长阳土家族自治县民政局：《长阳土家族自治县地名志》（上册），武汉：湖北人民出版社，2020 年，第 1520 页。

省级非物质文化遗产名录，是土家族的传统音乐之一。在佑溪村，土家族吹打乐几乎家喻户晓，红白喜事、传统习俗节日、建房架梁等特殊日子中都会有它的身影，土家族吹打乐与各种民俗活动相互融合，民众在传承中对其进行再创作，至今仍保持着旺盛的生命力。

土家族吹打乐在民众的生活中有着广泛应用，并在具体运用中创造了不同的形式和内容。红白喜事中，吹打乐不仅在乐器组成、演奏内容、演奏形式均有所区别，而且根据仪式程序创造了不同的曲牌名，因而曲牌名众多。白事中，在守灵时，演奏曲目主要是《长生殿》《双飘带》《扑灯蛾》等；在绕棺时，有《唢呐皮》《乙字调》《打安庆》等；送葬时，曲目主要有《长路引》《滚豆子》《牛拦门》等。[1] 除了在仪式的不同程序中要吹不同的曲调外，逝者的性别、身份不同其吹奏的曲调亦不同。如果死者是父亲，吹的曲调主要是《父亲》《革命军人》等；如果死者是母亲，吹的曲调为《拉着妈妈的手》《送母亲》《母亲》《妈妈的吻》等。每场吹奏时长约 50 分钟，一般会打四场或三场（进门一场，半夜打一场，上梁一场，出殡一场）。喜事中，吹的曲调节奏轻快，但调子会根据宾客性别和仪式进程发生变化。在发亲时，演奏曲目一般为《大开门》《上四六》等；拜堂时，则演奏《拜堂曲》《过堂曲》《拜客曲》等。[2]

土家族吹打乐的乐班组成方式亦有多样化特征，有基于亲属关系形成的家庭班，有基于地域关系而形成的乐班，也有由师傅自主组成的乐班（此处主要指师徒传承）。跟着不同的师傅学习吹打乐，所展现出来的形式和乐器也有所不同，如马家河乐队和长阳香炉石民间艺术团所用乐器相差较大。马家河乐队的乐器组成为：长号、唢呐各 2 个，马锣 2 对，锣、鼓、边鼓、钹、木鱼各 1 个，表演则由木鱼领头定基调，随后为长号、唢呐、钹、马锣、鼓。长阳香炉石民间艺术团在乐器的选择上有长号、唢呐各 2 个，马锣 2 对，笙、钹、鼓、锣、军鼓各 1 个，表演则由长号领头定调，随后为笙、唢呐、马锣等乐器。两个乐队所吹的曲调虽然大致一样，但在乐器选择和吹奏形式上均有不同。土家族吹打乐作为土家民族艺术文化的精髓，其表演和传承都是以群体方式在创造性的实践活动中传递着独特的文化意图，其中所蕴含的正是历史积淀下来的包含了土家人的群体记忆和家园归属感在内的土家族文化自觉

---

① 许文涛：《土家族婚丧仪式中打击乐的音乐特征及文化含义》，福建师范大学民族音乐系 2008 年硕士学位论文，第 14 页。

② 许文涛：《土家族婚丧仪式中打击乐的音乐特征及文化含义》，福建师范大学民族音乐系 2008 年硕士学位论文，第 23 页。

与认同①，在民众生活中发挥着民族文化传播以及民族认同的功能。

土家族吹打乐长期活跃在民间，形式及内容丰富多样，且随着社会的进步，其发展现状呈良好态势。佑溪村约在 20 世纪 70 年代以前，学习土家族吹打乐有传男不传女的规则。随着社会的进步，男女平等观念的渗透，现阶段，佑溪村对于土家族吹打乐的传承，不再墨守传男不传女的规

图 6-1 土家族吹打乐乐器图

则，不管男女老少都可以学。尤其是当土家族吹打乐入选为省级非物质文化遗产名录之后，引起了当地人的广泛关注。从 2021 年开始，佑溪村四组有传承者在自己家中通过劳作之余开班授课的方式，开展土家族吹打乐培训。这种自发性的传承活动体现了村民对传统文化的深刻认知，在传统文化的土壤中更加自觉传承和推广优秀传统文化。

（四）时政歌

时政歌是人民群众对时事政治态度的反映，也是人民群众心声的反映。在佑溪村，传唱最普遍的政治歌曲是关于中华人民共和国成立后人们的幸福新生活，为表达人们对中国共产党的热爱，人民群众创造了无数歌颂共产党的歌谣。

大约在 20 世纪 60 年代，长阳县文工团经常会组织文艺宣传队来到佑溪村排演文艺活动。晚上，文艺宣传队组织村民一起唱歌跳舞。唱歌的主要内容是革命歌曲，如《大海航行靠舵手，万物生产靠太阳》和《红灯记》，歌词如"鱼儿离不开水呀，瓜儿离不开秧。革命群众离不开共产党，毛泽东思想是不落的太阳。"在宣传队的影响下，民众也会自主编唱，如"红日照在东

---

① 温兆娟、佟兆文：《田野寻踪——湖北五峰县土家族打溜子田野调查》，《内蒙古艺术学院学报》2019 年第 3 期。

山上，我映着太阳把歌唱。宜昌当地好，领导喂！政策好，歌唱毛主席，共产党好比红太阳。""公社是个常青藤，谁都是藤上瓜。瓜儿连着藤，藤儿连着瓜。藤儿越壮瓜越甜，藤儿越肥瓜越大。"

二、民间舞蹈

舞蹈通过面部表情、肢体造型、动作韵律来表达人们的思想情感[1]。民间舞蹈是属于大众的娱乐性艺术，将歌和舞联合在一起，以歌伴舞，类型繁多，而佑溪村最常见的舞蹈是跳丧舞。跳丧舞又称撒叶儿嗬，是土家族特有的丧葬习俗。人们在丧葬仪式中运用朴素的舞蹈形式，咏唱祖先及去世亲人的功绩与事迹，或表达亲人对逝者的怀念之情。土家族跳丧舞以舞为主，以唱为辅，舞姿富有庄重的祭祀意义，曲调简单明晰[2]。

跳丧舞是逝者出殡的前一夜在灵堂前表演的舞蹈，表演者人数不定。跳丧舞表演时，一人在灵堂西侧执堂鼓而唱，其他人在灵堂外附和而歌，边唱边跳，无其他乐器伴奏。整个仪程由击鼓者指挥，跳丧人跟着鼓点变换舞姿，跳丧开始后，可以不断替换舞者。"跳丧"的种类很多，大致可分"四大步""待尸""滚身子""么姑姐""么连荷""叶儿荷""摇丧""打丧""哭丧""杨柳""燕儿含泥"等二十多个类型。这些动作或表现人们在生产生活中的行为动作，或模仿飞禽走兽。有的动作步伐粗犷、豪放古朴、刚劲有力；有的动作步伐轻松柔缓、流畅优美。[3] 很多动作需要2人配合完成，如凤凰展翅动作，表演时两人背对背展开双臂，上下煽动，恰似凤凰结伴而行，惟妙惟肖；猛虎下山是跳丧舞表演过程中最重要也是难度最大的动作之一，表演时两人眼睛相对逼视，口中发出老虎的吼叫声，一跃一扑，形象逼真，威严雄健。丧歌是跳丧舞中必不可少的一个部分，歌词内容十分广泛，多是流传下来的通用版本，诸如代师、摇丧、香袋、幺女儿嗬等内容；在主人的要求下，也会将死者的一生，或后人对死者的感恩、愧疚等内容编进歌词，以慰藉后人和表达对死者的祝愿；或者歌唱日常生活，歌词多为四句七言，每唱完一首，所有人都会合唱一句"解忧愁噢"，代表死者家里以后没有忧愁。舞者的服饰方面亦有要求，多选择红、白、黄三种颜色，逝者90岁及以上时，舞者着红夹黑

① 钟敬文：《民俗学概论》，北京：高等教育出版社，2010年，第262页。
② 熊晓辉：《土家族跳丧舞的表现形式与文化特征》，《湖北民族学院学报（哲学社会科学版）》2012年第2期。
③ 黎力：《湖北长阳土家族"跳丧"仪式的演变》，《寻根》2007年第4期。

色衣服表演;逝者 60～80 岁时,舞者着黄色衣服表演;逝者为青年人时,舞者则着白色衣服表演,同时配套同色的帽饰(为土家族常见的帽形)。衣服上的花纹选择为土家族西兰卡普样式,双襟盘扣,男女舞者的样式有所区别,女舞者胸前一般有大花点缀,男舞者则为简单花边。

"跳丧舞"是土家人的一种移情形式,土家人通过"跳丧舞"这一仪典在很大程度上可以实现个体自身的心理转换、情感和认同转换,是土家人艺术思维、语言思维、神话思维和前哲学观念等综合发展的产物①。在跳丧舞中也可看见土家人独特的个体生命轮回意识和原始的群体生命传递意识②。跳丧舞在一定程度上可以说是一部土家族的社会历史,是土家民族文化的整合。

2006 年,跳丧舞被列入国家级非物质文化遗产名录。在非物质文化遗产保护的宣传与影响下,跳丧舞得到了再创新传承,逐渐打破了传统思想的桎梏,走出了特定的文化场域,在任何场合都可进行表演,如在各种文化艺术节活动、国家舞台

图 6-2 跳丧舞图

等,使更多人感受到跳丧舞蕴含的文化魅力。传承者也在保留原真性的前提下,对舞蹈进行创新,同时在表演要求上也较传统要求更为宽松,人人都可学,人人皆可跳。

三、民间娱乐

佑溪村民世代在这片土地上辛勤劳动着,在农闲之余创造出了各种各样的娱乐活动,诸如玩龙灯、玩船、舞狮子。这些娱乐活动丰富了他们的日常生活和精神世界,是当地传统文化中的重要组成部分。这些活动多在同一个场景下进行表演,但顺序有所不同,最开始是玩龙灯,然后开始玩船或

---

① 牟成文:《论鄂西土家族"跳丧舞"丧俗的整合功能》,《中南民族大学学报(人文社会科学版)》2008 年第 5 期。

② 裴亮:《鄂西土家族"跳丧舞"的文化解读》,《中南民族大学学报(人文社会科学版)》2003 年第 5 期。

者舞狮。

（一）玩龙灯

玩龙灯兴起于 19 世纪 60 年代至 70 年代，是每年的农历正月初一日至正月十五日间由村干部组织的有序的集体娱乐活动，深受村民喜爱。每年冬月末、腊月初开始，村里的木匠就要准备扎龙灯的材料，如棉花、木油、黄泥、皮纸、红纸、竹签等。将木棍、竹条扎成圆筒状的骨架，外包裹一块块的皮纸和红纸，代表龙鳞，一般扎十二节，如果材料丰富，也可以增加节数，每节下面固定有一根棍子供表演者握举。玩龙灯需十几至二十人，前面一人举着一枚可转动的珠子，称为"龙戏珠"，然后众人开始舞动，用锣鼓、鞭炮配合，场面十分热闹。玩龙灯时可以在整个村子里面转，也可以在某个固定场所周围跑圆圈舞。

（二）玩船

玩船是节日气氛达到高潮的标志，也是所有娱乐活动中持续时间最久的一个活动。玩船的主要道具是船，船身长约 3 米，宽约 1 米。制作材料主要有棉花、红纸、竹子、木油等。先用竹条扎成船骨架，外面裱糊红纸，在船头和船尾放置彩灯，起到装饰作用，彩船还要配竹篙或者木桨。玩船的表演人物主要有：采莲女，一般穿着彩色衣服站在船中，并模仿水乡采莲的动作；艄公，戴着草帽，在船边拿着船桨模仿划船；领唱，一般由口齿伶俐，声音洪亮，音乐素养好的男子担任领唱。此外，还有"打家业"团队参与，起着烘托气氛和控制节奏的作用。总体来说，玩船的表演人数众多。玩船的表演开始后，首先由采莲女唱歌，歌词内容一般为："采莲船哟，哟嗬呀嗬哟……来到贵队来拜年，恭喜贵队发大财。"然后由领唱的人接歌词，接的歌词内容一般是临场发挥，没有固定内容，主要是关于每一个大队或每一户人家的吉利话，词的形式不限。观众也可以在场外以某种唱腔与领唱对唱，领唱则要灵活回应。唱歌时，采莲女原地摇船，"打家业"伴奏暂停；唱完后，"打家业"开始伴奏，演员跟着节奏做出不同的表演动作。完成表演后，表演者还要说不同的吉利话、祝福语和感谢的唱词来结束表演。

（三）舞狮子

狮子在当地民众心中是消灾除害、驱邪避鬼的吉祥兽，是吉祥喜庆的象征。佑溪村民在新年伊始开展舞狮活动,寄托着人们追求吉祥的美好愿望。舞狮一般由两个人即可完成,在锣鼓声的伴奏下,狮子踩着节奏或翻或趴,表演过程中,有跌扑、翻滚、跳跃等不同动作,赢得观众的喝彩。舞狮可以挨户玩,在每个主人家的堂屋玩,在舞狮的同时,会安排一个说四言八句的人,根据主人家的实际情况编唱吉利话语;也可以固定在某一场所进行。固定场所表演时,可以表演高台狮舞,即摆上两个堆叠的四方桌,狮子则在方桌上表演。难度最高的表演是舞狮者登上四条桌角,边舞边转,还要做出如舔脚、踢脚等动作。舞狮活动作为一种习俗活动和竞技活动,受到了民众的普遍欢迎。

　　玩龙灯、玩船、舞狮子这些娱乐活动不仅是为了在节庆期间增强热闹气氛,更是民众某种信仰的表达。"正月在稻场玩儿狮子,玩儿草把灯,目的是送瘟神。"①它们是民众祈福消灾的载体,蕴含着民众对吉祥幸福生活的渴望,同时反映着民众的价值观念,抒发着民众的情感。这些娱乐活动的场地在整个村落中,并适当延伸到周边区域,将热闹气氛烘托至一年中的最高点,同时这些活动增强了村民的地域认同感,凝聚了民族情感。目前这些娱乐活动的传承处于一个较严峻的态势。首先能够制作龙灯、船等这些工具的手艺人大量减少,而且能够知晓这些习俗活动的人都年事已高且多病,传承人青黄不接。其次由于这些娱乐性活动需要大量的人力、物力以及财力,活动资金及有效组织的缺乏使得这些活动难以继续开展。如今的佑溪村这些传统娱乐活动已很难再见到。

（调查及撰写:侯宗莲、谷丹丹）

---

① 　林继富:《民间叙事传统与故事继承》,北京:中国社会科学出版社,2007 年,第 58 页。

第七章

繁盛之本：佑溪村的科教卫生

教育、科技与卫生是村落发展与繁盛的根本所在。教育旨在提高人口素质，卫生有助于提高人口质量，二者共同致力于人口的高质量发展，为村落发展奠定最坚实的基础，而科技则为村落发展提供源源不断的动力，致力于村落的高质量发展。作为一个相对偏僻的山区农耕村落，佑溪村在其历史发展过程中，形成了自己相对独特的教育、科技、卫生体系；同时，作为现代国家中的一部分，它也不可避免地会受到国家各项政策的影响，从而展现出其现代化特征。由传统向现代过渡，以现代化与科学化为主基调，却又体现出少许传统文化的特征，是佑溪村教育、科技与卫生的特点所在。

第一节　佑溪村的教育

农村是中国社会的重要根基，农村教育是农村发展的基础条件，也是农村发展状况的重要表征①。教育包括家庭教育、学校教育、社会教育三部分，共同发挥着育人作用，也是推动教育高质量发展的关键。在佑溪村，家庭教育自古存在，学校教育可追溯至清朝时期，而社会教育作为家庭教育和学校教育的延伸亦历史悠久。随着社会快速发展，家庭教育、学校教育及社会教育的形式与内容都在发生变化，人们的教育观念及文化水平亦随之变化。本章以 20 世纪 50 年代为时间节点，将佑溪村的教育划分为传统教育和现代教育两个阶段，以更好地梳理佑溪村教育变迁历史，呈现村民教育观念的变化。

---

① 谈松华：《农村教育的现状、困难与对策》，《北京大学教育评论》2003 年第 1 期。

一、家庭教育

家庭教育是整个教育系统中重要的组成部分，它自发地在家庭中发生，是一种自觉的、有目的的教育行为。[①] 家庭教育也是人出生以后接受的第一种教育。对于孩子而言，家庭是人生的第一所学校，父母是第一任老师，其教育内容和教育方法对子女成长影响巨大。此外，儿童社会化的最初阶段都是在家庭中完成的，即便在进入学校和社会后，家庭仍然发挥着不可替代的教育功能。

佑溪村民历来重视家庭的道德教育，认为"孝顺"是道德教育的核心部分，推崇"百善孝为先"的教育理念。村民认为孩子道德品性的教育要从小抓起，待孩子长大后则很难达到幼时教育的效果。当孩童尚不懂事时，父母便向其灌输"孝顺、友爱、敬重"等观念，并以身作则，以自身行为来影响孩子的思想认知。同时，"父慈子孝"被认为是家庭关系，尤其是代际间关系的最佳形式。在一个家庭中，亲子之间的关系应该是自上而下的，父母想要让孩子孝顺，就应该关爱子女，但父母对孩子的爱应该有原则，而非宠溺，否则会适得其反。村民普遍认为，只有均衡、理性、适度的爱才能教育子女孝顺，帮助他们健康成长，使家庭幸福和睦。

勤俭节约是中华民族的传统美德，亦是佑溪村家庭教育的另一重要内容。村民秉持"勤俭持家为荣，好逸恶劳为耻"的教育原则，认为日常生活所需应该靠自身辛苦劳动得来，而非他人施舍或偷窃。同时，村民深知"由奢入俭难"这一道理，认为劳动成果应该节约使用，但这并不意味着吝啬，而是有节制的节省。如今，许多村民鼓励子女在不影响学业的前提下勤工俭学，锻炼自我，并培养良好的品德观念。村民 ZL 就是其中一个典型代表：

> 我儿子今年刚满 17 岁，他想通过兼职的方式换一部新手机。就算他暂时没有挣到那么多钱，我也愿意先借给他一部分钱用来购买新手机，等他之后继续兼职后把钱还给我。这是为了鼓励他勤劳做事，养成好习惯。（访谈对象：ZL，女，38 岁）

家庭是人们接受最初教育的场所，也是当代精神文明建设的重要场所。如今，随着佑溪村民素质的不断提高，家长对家庭教育越来越重视，认为家

---

① 邹强：《中国当代家庭教育变迁研究》，华中师范大学教育学院 2009 年博士学位论文，第 89 页。

庭教育的好坏直接关系着孩子一生的健康成长。因此,家长教育子女的观念也在与时俱进、不断革新。

二、学校教育

学校教育是社会发展到一定阶段的产物。与家庭教育有区别,它是一种有着完整组织及明确目的、系统性地教化育人方式,是人受教育过程中至关重要的部分。佑溪村的学校教育经历了传统私塾教育到现代学校教育的转变,前者仅惠及少数人,而后者逐渐完善并惠及全体村民。

(一)传统私塾教育

私塾指旧时家庭、家族或教师自己设立的教学处所。私塾有四种办学形式:义塾,由地方官府创办,招收寒门子弟;书塾,由家族或者或村集体创办,只收族中子弟或同村孩童;家庭私塾,由一个或多个家庭共同请先生教育孩子;馆塾,由先生创办的教馆,招收附近孩童①。

清朝时期,佑溪村已有家庭私塾存在。当时的私塾教育以孩童启蒙教育为主,教学内容大致分为三部分:一是《三字经》《百家姓》及《千字文》之类的传统启蒙教材;二是学则、家训、《小儿语》《小学》及《圣谕广训》之类的伦理书;三是古诗词。这样的教学内容,可以实现识字教育、知识教育和道德教育三方面的目标,在传授知识的同时培养学生道德品质。

佑溪村传统私塾教学最大的特点是因材施教,注重个性教育。据村民介绍,周家山(现佑溪村 7 组)曾有一位名为曾祖九的先生,他创办的私塾最多只招收十几名学生。学生能够根据自身情况完成学习,谁先完成先生布置的任务,即可先接受先生的检验。如此,先生能够有效地了解学生的学习进度,并根据学生的实际情况安排新的学习任务。这种教学方式能够照顾到每一个学生,解决了统一的教学进度无法顾及学生资质参差不齐的问题。因材施教的特点还体现在先生会根据学生的学习目标制定教学内容。村民ZH 的奶奶就是因材施教的典型例子:

> 我的奶奶(已去世)原是香花岭地主家的女儿,从小家里就请先生
> 教她读书。她一开始也是学习《三字经》这类启蒙书籍,然后慢慢开始

---

① 贾国静:《清末民初私塾改良述论》,四川大学历史文化学院 2002 年硕士学位论文,第 5～7 页。

学习四书五经。后来，因为要学习管家，先生专门教她珠心算等算术内容。我们兄弟姐妹小时候都跟奶奶学过珠心算。（访谈对象：ZH，男，67岁）

私塾曾在村里长期存在，并成为当地传统教育的重要组成部分，这得益于其特殊的乡村社会适应性。一方面，私塾教育与村民读书需求高度契合，其教学内容能顺应村民的社会生活需求，满足他们对知识获取的基本需求和期望；另一方面，私塾收费与村民的经济能力相匹配，只需要提供粮食和少量束脩就能解决上学问题。除此之外，私塾能够根据学生进度及生产需求调整时间安排，如农忙时节放假以便学生参与家中农事生产。佑溪村私塾曾对村落的文化传递及人才培养做出重要贡献，但到近代以后，私塾因不能适应社会发展的要求而逐渐被现代化学校所取代，退出了佑溪村教育的历史舞台。

（二）现代学校教育

1.学前教育

学前教育是终身学习的开端，是国民教育体系的重要组成部分，它涉及幼儿身心发展和民族素质提高。但较之于小学教育、中学教育和高等教育，农村学前教育发展相对滞后[①]。目前为止，佑溪村内尚未设立正规的学前教育机构，村民多将学龄前儿童送至邻村彭家河村幼儿园或考高家堰镇幼儿园就学。

2000年以前，受交通不便、教育观念落后及学前儿童数量不稳定等因素的综合影响，佑溪村的学前教育以学幼混读的形式存在，即在乡村小学中将学龄前儿童与一年级学生设置在同一教室内形成混读班，由同一老师进行分时段分内容教学。混读班制是农村早期教育安置的一种特殊存在，这样的制度在农村教育设施及师资力量有限的情况下，有效满足了不同年龄阶段儿童的求学需求，也使农村适龄幼儿提前一年接触义务教育，有利于培养幼儿独立性和自控力。另外，不同年龄的孩子在同一个场所活动交流，有利于幼儿社会性行为的发展。[②] 因此，混读班制度被视为从家庭教育到小

---

① 徐冉：《农村学前教育发展的困境与出路探究——以滨州市沾化区为例》，山东师范大学公共管理学院2022年硕士学位论文，第12页。

② 王晓芬：《农村混读班早期教育现状研究——对贫困地区学前教育质量的考察》，华东师范大学教育学部2010年博士学位论文，第17页。

学教育的一种过渡形式。

更早以前,学前教育并不为村民所重视,其职能往往被家庭教育所替代,幼儿主要依靠父辈或祖辈的陪伴来学习日常生活经验。在一般家庭教育中,家长常根据自身经验及意愿与幼儿进行交流,并未太多考虑幼儿的身心特点及需求,从而缺乏专业教育与训练。如今,越来越多的村民意识到学前教育的重要性和必要性,对相关资源配置的要求也越来越高。因此,不仅村里的适龄幼儿均进入幼儿园学习,而且部分村民更是将孩子送至周边甚至外地的幼儿园接受教育,使他们接受更科学、合理的幼儿社会化训练。

2.小学教育

小学是人们首次接受初等正规教育的学校,小学教育是基础教育的重要组成部分。[1] 小学教育目的在于帮助学生打好文化知识基础,是国家以法律形式强制执行的国民基础教育。1960 年,佑溪村开始筹备建设规范化小学。此后,佑溪村的小学先后经历村内分散办学到村内集中办学再到村外合并办学的过程,学校整体办学状况越来越规范。

佑溪村合并前,曾经有新山、香花岭、原佑溪三所小学,分别分布和服务于原本的三个村落。这些小学的办学规模较小,尤其是前两所小学地理位置偏僻,后均因生源减少而逐渐停办。香花岭小学停止办学后,学生只能就读另外两所学校或邻村学校。新山小学随后因为生源稀少,2001 年与老佑溪小学合并为佑溪小学。2003 年,佑溪小学迁往青岩村,与当地小学合并,更名为青岩小学,直至 2005 年青岩小学停止办学。此后,佑溪村不再设立乡村小学,目前村内约 16 名适龄儿童均在邻村彭家河小学接受小学教育,其他少部分学生或在县城上学,或随父母在务工地上学。

在佑溪村小学的不断整合过程中,学校办学状况趋于良好。《中国农村教育发展报告(2017)》指出乡村小学规模小、设备差是一个普遍现象。[2] 以新山小学为例,学校发展鼎盛时期学生人数约 200 人,合并前学校仅有 3～5 名学生。学校经费与办学规模密切相关。学生数量少,办学经费少,则无法支撑小学的正常运转。同时,学校规模太小且设施简陋,与城镇小学教学条件的差距逐渐拉大,从而进一步加速了生源流失。学校合并以后,学生数

---

[1] 王文萍:《乡村振兴战略背景下农村小学教育发展问题研究——以陕西省 B 市为例》,延安大学政法与公共管理学院 2022 年硕士学位论文,第 12 页。

[2] 邬志辉:《中国农村教育发展报》,《中国教师报》2017 年 12 月 27 日。

量增多,教学条件不断改善。佑溪小学时期,学校已经具备食堂、宿舍楼、篮球场等基础设施。青岩小学时期,学校开始增设多媒体设施。其硬件设施和课程设置更偏向现代化综合小学。

同时,学校的整合优化也提高了师资力量,推动了农村教育质量的提高。佑溪村分散办学时,各学校的教师数量和教学质量均存在不足:一方面,学校在编教师数量少,代课教师数量偏多,两者受教育水平存在一定差距,教学水平亦参差不齐;另一方面,在编教师和代课教师薪资待遇存在差距,后者工资低,无退休金,对学校的忠诚度不高,时常会出现代课教师被替换的情况。学校合并过程中,优先整合在编教师,并针对教师教学水平制定考核制度。合并以后,学校会定期组织教师参加各种培训学习,加强乡村教师与城镇教师的互动交流。随着学校规模逐渐扩大,教师待遇也不断提高。目前在佑溪村具有教师资格证,或从事教育工作的在岗教师都能享受一定优惠,包括享受宜昌市旅游景区门票减免、银行贷款优惠政策、教师节免费常规体检等举措。这些措施有效加强了学校教师队伍建设,增强了乡村教师的稳定性,为当地教育事业的发展营造了良好的环境。

随着城市化进程的不断推进,农村外出务工或定居人口日益增多,佑溪村适龄学生数量减少,乡村小学的消失是必然结果。曾经,乡村小学的建立,实现了乡村教育的起点公平,有助于实现教育均衡发展。如今,乡村小学的撤点合并则是农村社会发展的必然结果,合并后的乡村小学,其硬件设施和师资力量均得到有效改善,有助于乡村小学教育实力的进一步增强。

3.中学教育

中学教育通常指的是加深普通知识学习、为升入高等院校做准备的一类中等学校,是介于小学教育和高等教育之间的一种中等程度教育。按照现行教育体系,中学教育分为初中、职业技术学校及高中。1970年,佑溪中学建成,成为村内唯一一所乡村初级中学。1980—1984年长阳县推行教育改革,佑溪中学与高家堰镇中学合并[1],村内再无中学。

九年义务教育制度尚未实施前,中学教育在佑溪村亦未达到普及状态,能进入中学接受教育的学生数量十分有限。直到1995年,村里才诞生第一名大学生。中学的教学内容以传授基本知识和相关职业技能为主,旨在为实施专门教育打下良好基础,培养与社会发展相适应的人才。由于人才紧

① 陈丕显修纂,陈金祥校勘:《长阳县志》,北京:方志出版社,2005年,第569页。

缺，这一时期接受过中学教育的村民，大多都曾进入到村干部队伍中，将知识学以致用，成为村落发展的中坚力量，为佑溪村的发展贡献力量。

2000年以后，九年义务教育在佑溪村已普及，当地村民接受中学教育的状况发生极大变化：一方面，接受中学教育的村民越来越多，村民整体受教育水平正在提高；另一方面，女性村民的中学入学率逐渐提高，接受中学教育的女性数量不断增加。随着社会经济的不断发展，越来越多的女孩有机会接受中等教育，甚至高等教育。这是佑溪村教育发展过程中的重大进步，冲击着部分村民"女孩读书不如男孩"的传统思想，有效地帮助村民树立了男女平等的观念。

中学教育在整个教育系统中具有承上启下的作用，是小学教育基础上更深程度的文化知识学习，能夯实文化基础，是进入高等院校的预备阶段。佑溪村早期建立乡村中学这一举措，确保了当地中学教育的发展，为村落发展培育了人才。随后，与城镇中学合并，有效缩小城镇中学和乡村中学的教育差距，为乡村培育优秀人才，推动佑溪村社会发展奠定了坚实基础。

三、社会教育

社会教育是指由家庭和学校以外的社会团体为社会成员提供教育服务，教育内容涉及文化、科技、艺术等方面。[①] 马克思认为社会教育就是由政府主导，由社会的机构或某些组织承办的教育，它的最终目标是引领人的自由和全面发展[②]。社会教育更多被看作是家庭教育的延伸，具有开放性、多样性、补偿性及融合性等多种特点[③]，在人才培养、国民素质提高方面发挥着积极作用。佑溪人民主要通过拜师学艺、民众教育运动和技术培训三种途径接受社会教育。

拜师学艺是传统时期社会教育的主要途径。20世纪50年代以前，铁匠、篾匠、木匠、瓦匠、草医及吹打乐是很受欢迎的技术行业。家庭贫困者为减轻家中负担，会挑选适龄的孩子拜师学艺，充当学徒。学艺期间，学徒不仅要做好本职工作，还要帮助料理师傅家中的琐碎小事，忍受师傅的苛刻对

---

① 孙启林主编：《社会教育》，长春：吉林教育出版社，2000年，第12页。
② 卢维良：《论马克思社会教育思想的当代意蕴》，《毛泽东思想研究》第30卷第6期，2013年。
③ 杨璇：《日本公文书馆社会教育研究》，山东大学历史文化学院2022年硕士学位论文。

待。因此，村里许多家庭宁愿过得困苦一些，也不愿将孩子送去当学徒。中华人民共和国成立后，虽然拜师学艺依然存在，但教学方式发生了显著变化，社会机构或组织成为授业的主体。例如 1955 年时，佑溪生产队召集村民统一学习泥瓦技术，不少村民踊跃参加，并获得养家糊口的技术。

民众教育运动是在国家的引导下，人民群众进行的教育改革和社会改造运动。佑溪村前后有两次大规模的民众教育运动，分别是扫盲运动和毛泽东思想学习运动。扫盲教育是 1953—1954 年间由政府组织引导、村民积极参与的一项社会教育，旨在教习村民认识基础文字，训练村民的文字运用能力，达到提高村民文化水平的目的。乡村教师和村干部是佑溪村扫盲教育的实施主体。为了不耽误正常的农事生产，乡村教师多以夜校形式为村民授课，助其脱盲；村干部以身作则，率先参加扫盲学习，并组织村民学习"速成识字法"，起到带头作用。扫盲运动以一千个基础汉字的学习为主要内容，随机抽取一百个汉字进行考试，村民通过考试后会获得扫盲证书。反之，则需要继续学习，直到通过考试。1966—1976 年，佑溪村村委会组织村民以书写和背诵的方式共同学习《毛泽东选集》。此次运动对学习对象不做具体要求，积极鼓励和引导女性参与学习，提高村民的思想水平。[1] 村委会聘请乡村教师创办夜校以便村民接受识字教育，村干部利用演讲、标语、电影、喇叭宣传等方式宣传此次运动。

如今，随着社会不断发展，佑溪村社会教育的发展与乡村振兴紧密联系。政府、高校等组织的职业技术培训成为村民接受社会教育的新途径。职业技术培训的内容与村民的生产活动密切相关，目前的培训内容主要包含：普通话推广宣传、种植养殖技术培训、计算机应用基础培训、网络平台直播方法培训等。培训多采用"线上＋线下"相结合的方法，且培训流程逐渐完善。培训时，相关机构或团队线下组织村民参观，就具体问题进行现场指导和分析；培训结束后，会建立微信群或 QQ 群，跟踪村民后续的学习和实践情况，随时为村民释疑答惑。除此之外，村民也会关注相应的公众号、抖音或微博，及时了解相关技术的最新资讯，这为佑溪村培育人才、推广技术提供了必要保障。加强对村民的技术培训，使他们成为懂技术、会管理、擅长营销、能对外沟通与交流的新型农民，有利于提高生产效率，增加村民经

---

① 湖北人民出版社编：《学习毛泽东思想、宣传毛泽东思想、照毛泽东思想办事》，武汉：湖北人民出版社，1960 年，第 40 页。

济收入，助推乡村振兴。

四、村民文化水平现状分析

为了更详细地了解佑溪村民的文化水平现状，笔者采用问卷调查的方式收集了部分村民的受教育情况信息，内容主要包括村民的年龄、性别、受教育程度及终止教育原因。问卷调查采取随机入户的形式进行，共获取有效问卷 220 份，覆盖佑溪村的 7 个村民小组。基本情况见表 7-1：

表 7-1　佑溪村村民文化水平概况表

		人数（人）	百分比（%）
性别	男	138	62.7
	女	82	37.3
组别	一组	68	30.9
	二组	20	9.1
	三组	20	9.1
	四组	40	18.2
	五组	12	5.5
	六组	13	5.9
	七组	47	21.3
年龄（岁）	16～40	64	29.1
	41～65	105	47.7
	66 及以上	51	23.2
文化程度	小学及以下	87	39.5
	初中	61	27.7
	高中/中专	46	20.9
	大专及以上	26	11.9

2022 年，联合国世界卫生组织对青年、中年及老年的年龄阶段划分如下：7～17 岁为少年、18～40 岁为青年、41～65 岁为中年、66 岁以后为老年。本次调查样本中，最小年龄为 16 岁，最大年龄为 90 岁，平均年龄为 45.47 岁，整体年龄略偏大。为便于分析，此处基于实际调查数据，将样本重新划分为三个年龄阶段：16～40 岁为青少年、41～65 岁为中年、66 岁及以上为

老年。从表 7-1 中可知,小学学历(39.5%)与初中学历(27.7%)村民的比例合计已超过 60%,而接受高中/中专教育的人群比例为 20.9%,接受高等教育的村民人数则更加稀少,仅占 11.8%。由此可知,佑溪村民受教育程度整体偏低。

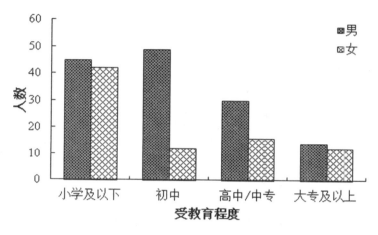

图 7-1　村民受教育程度的性别差异

同时,村民的受教育程度存在较明显的性别差异(见图 7-1)。整体而言,佑溪村男性受教育程度高于女性,特别是在初中和高中教育阶段,这一差距尤为明显;但在小学及以下、大专及以上两个阶段,男性与女性受教育程度之间的差距较小。这种现象的出现与国家义务教育政策的实施及村落社会经济的发展具有密切关系。

佑溪村女性接受初高中阶段教育的比例明显低于男性,尤其是初中阶段,女性仅为男性的四分之一。造成这种现象的原因主要有两方面:一方面,受经济困难因素的影响,家庭多无力同时承担数名子女受教育的费用,而有限的家庭资源往往会优先集中于家中最具潜力的男性成员,女性多难以继续接受教育。另一方面,受"重男轻女"及"男主外,女主内"思想的影响,村民对女性受教育的期望值较低,认为女性不必要接受太多的教育,而承担相应家庭责任、减轻家庭负担才是其首要考虑,这种观念使得女性难以有足够的时间和精力学习,从而增加了女性考取初中和高中难度,使她们继续受教育的机会变小。

尽管从数据上看,小学阶段和大专阶段村民受教育的性别差异不明显,但二者的形成原因却有所不同。小学及以下的样本对象主要是中老年人，其平均年龄约为 52 岁，这一群体的学龄期多处于农村集体经济时期。佑溪村的小学不仅教育费用低，还能以木柴、米粮等实物充当学费，使得村民无需过多考虑家中的经济负担，在家境允许的情况下，往往让家中所有的孩子一起上学，因而这一阶段男女性之间差异较小。在大专及以上这一教育阶段里，样本对象较年轻，平均年龄约为 28 岁，是受计划生育和义务教育政策影响的群体。在计划生育政策实施期间，男女平等观念逐渐普及，也促进了村民教育观念的转变。同时，义务教育政策的推行，为当地群众创造了教育机会均等的条件，教育资源的公平分配，使得佑溪村的女性和男性一样有获得均等受教育机会。因此，村里具有大专及以上学历的女性数量逐年增加，比例有所提高，这不仅是当地教育事业受到重视的表现，亦是社会进步体现。

五、村民教育观念的变化

教育观念是人们对待教育的认识、看法和态度，会影响自己及子女的受教育情况，也会随着社会背景的变化而发生改变。佑溪村教育观念的变化主要表现在两个方面：一是从不重视子女教育转变为一切以子女的学习为重；二是从重点培养男孩读书转变为男女受教育机会均等。这两种转变反映了村民对教育的重视，对佑溪村教育的发展也起到了一定促进作用。

佑溪村青壮年劳动力外出务工较多，留守村中的多为老人和儿童。因此，隔代抚育在村里很普遍。受思想认知和身体状态的影响，老人对孙辈的抚育以生活照料为主，旨在让孩子吃饱、穿暖、安全、不调皮即可；加之自身受教育水平有限，老人往往无法监督和指导孩子完成课程作业。这使得留守儿童的学习状态较差，中学后继续升学者较少。

近年来，这种情况有所改善，村民越来越重视子女的教育。为了孩子的健康成长，许多在外务工的年轻家长，其中一方会选择回村陪读，或者将子女接到务工地就读。如今，村里女性多在家抚育孩子，男性常年在外务工，为家庭提供经济来源。村民 ZL 便为照顾孩子放弃外出务工：

> 以前我和老公都在外地打工，把家里两个小孩送到镇上的寄宿学校读书。我们在外务工时，总是挂念孩子们的生活和学习。尽管现在只有老公一人在外打工，家里生活条件差一些，但我在家里陪伴孩子，他也能安心工作。（访谈对象：ZL，女，38 岁，现在家中照顾两个孩子）

　　ZL 的教育观念是村内多数年轻父母的共同想法。在他们眼中，陪伴孩子成长与督促学习比务工挣钱更加重要。他们坚信知识可以改变命运，对子女教育的投入逐渐增加，家庭生活也以子女教育为中心。为此，部分相对富裕的家庭会在县城租房或买房，长期居住在学校附近以便照顾孩子的饮食起居，同时也会为孩子的学业做好规划。在这种家庭氛围的影响下，老人们的观念也逐渐发生转变。他们除接送孩子日常上学和放学外，也督促其学习，并坚持陪同孩子上课外补习班。

　　在佑溪村的学校教育发展历史中，女性受教育曾经面临着一系列问题，这些问题会影响女性的学习过程，并导致其早早辍学，甚至从未接受过学校教育。传统观念认为，女性接受教育会耽搁家里的劳作生产，减少家庭经济收入，这不符合家庭对女性的期待，再加上部分长辈认为"女子读书不如男"。因此，在有限条件下，村民更愿意送男孩上学。1996 年，湖北省九年义务教育基本普及后，农村家庭逐渐鼓励男孩女孩一起上学。越来越多的家庭摒弃了"女子不如男"这一传统思想，不再以性别作为子女升学标准，父母往往会集中资源，择优供养升学潜力较大的孩子读书。尽管如此，在义务教育实施早期，村里依然有许多女性因为婚姻或外出务工而放弃学业，直到后期，女性与男性读书机会才越来越均等。

　　这一观念的转变与农村家庭经济收入的增加、国家政策的完善密切相关。农村经济水平越高，国家政策对女性受教育权的保护越完善，女性受教育机会就更多，受教育水平也就更高。传统社会中，男性是家中的顶梁柱，不仅肩负着传宗接代的使命，也是农业生产活动的主力，而女性的社会地位及生产能力较低，这会影响父母对子女教育资源的分配，表现出明显的"重男轻女"倾向。现在，佑溪村民秉持男女平等观念，对女性受教育表示积极的支持。从经济方面看，家庭收入增加，具备供养子女读书的经济基础；从国家政策方面看，计划生育及义务教育政策促进了男女平等思想的传播，人们的教育观念随之转变。教育观念的转变会延续到下一代。受到父辈思想的影响，下一代女性在抚养子女时，往往更加重视教育，会尽可能创造更好的条件，投入更多的成本和精力支持孩子读书。

　　此外，佑溪村民的教育观念日益科学化、合理化，家长除了关心孩子的学习成绩外，还关注他们的兴趣爱好和身心健康。尊重孩子，理解孩子，将孩子的快乐看得更为重要。

第二节　佑溪村的科技

　　科技是科学技术的简称,指为了生存与发展,人类不断改变外在事物和环境,运用智慧发明创造出对自己有用的科技成果。① 此处所指的科技,在佑溪村民家庭中,主要体现在生产工具和生产生活中对科学技术成果的运用方面,包括农业生产工具、日常生活用具以及交通工具。通过梳理佑溪村科技变迁的历史,可反映科技对当地人工作生活的影响。

一、传统科学技术应用状况

(一)农业生产用具

　　犁:犁是一种耕地农具,用来破碎土块并耕出槽沟,为播种做准备。犁的长度约 1.5 米,高度约 70 厘米,底端附着一块较为锋利的粗刀片用于破土,通常依靠牛或者人力作牵引翻铲土地。

　　打谷桶:打谷桶是一种用于稻谷脱粒的农具,将稻穗在桶内反复拍打,以达到谷粒脱穗的目的。桶口呈现正四方形,侧面呈梯形。打谷桶长度约为 1.5 米,高度大约 70 厘米,厚度约为 3 厘米,通常选用杉木制造。打谷时,两人面对面站立,一先一后,将稻穗部分猛击在打谷桶的木板上,谷粒受力脱落在桶中。

图 7-2　犁

图 7-3　打谷桶

---

① 孙文生、吴斌:《农村经济统计学》,北京:中国统计出版社,1993 年,第 84 页。

风斗车：风斗车是一种粮食除杂工具，多用于大米、小米、黄豆、小麦等粮食的除尘除杂。风斗车漏斗状分离器为待分离物暂存处，左边是杂物出口，下端是粮食出口，右端半圆处是进风口，中间是外部手柄连接的风叶状滚轴。漏斗处的稻谷进入风道，用手快速摇动手柄，风斗车滚轴在里面转动，促使谷壳从通风口排出去，饱满的粮食则从出粮口出来。

铁耙：铁耙是一种用于平地和松土的工具，耙体由木制长柄和手柄构成，整体长约 1.3 米。铁耙手柄粗细不一，顶端套铁制齿端，宽度和齿数没有固定数量，村民根据自身需求制造，现在村民家里多为七齿耙和五齿耙。图中为五齿铁耙。

图 7-4　风斗车

图 7-5　铁　耙

连枷：连枷是一种用于谷物脱粒的专用农具，由细木条、皮革条、小木轴和把柄等编制而成的连体式农具，手柄长约 1.6 米，枷体长约 40 厘米。脱粒时，先将谷物在太阳下暴晒，再使用连枷拍打。使用时，双手握住手柄，将连枷高高地扬起再落下，枷体部分沿着木轴部分顺势翻转，并拍打地上的谷物，使得谷物外皮脱落。

图 7-6　连　枷

木耙：木耙是一种专门用于晾晒稻谷、花椒、辣椒和芝麻等物的农具，由耙头和手柄构成，手柄约 2 米长，耙头被削成齿顶状，长约 40 厘米，宽约 25 厘米。将谷物倒在干净的地面或竹席上，用木耙反复推开、推平，使谷物快速被晒干。

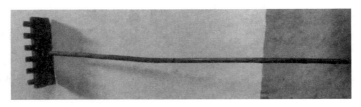

图 7-7　木　耙

竹席：竹席是一种晾晒稻谷、玉米、辣椒等物的工具，为防止其晒在地上沾染泥土。竹席呈长方形，用竹子破成篾条编制而成，长约 3 米，宽约 1.5 米。使用时将竹席在院中铺开，上面铺满待晒之物，以保持干净，并快速晒干。

小镢镐：小镢镐是一种挖掘工具，常用于挖药材或除草、疏通水渠。小镢镐由金属镐头和木质手柄构成，手柄长度约 50 厘米，宽度约 4 厘米，镐头长度约 40 厘米，中间宽度约 4 厘米，镐头两头形状不一，一头呈叉状，用来收割根茎作物；另一头呈片状，类似锄头用于刨地。

图 7-8　竹　席

图 7-9　小镢镐

（二）交通运输工具

板车：板车是一种借用人力或畜力的传统运输工具，用来装卸和运输粮食、柴草、粪土、家具等重物。板车长约 2 米，宽约 1.2 米，高约 80 厘米，整体用木板拼接而成，由底板、侧边挡板、一对车轮、肩带和长柄扶手组成。运输重物时，需要用粗绳将物体与底板和挡板捆绑固定，将肩带套在人或牛的腰腹部，借用人力或畜力推动板车前进。

老式自行车：老式自行车是一种能承载少量货物的交通工具，被称为"二八自行车"或者大梁自行车。自行车由车把、车架、车轮、脚踏、车链和后座椅组成。车身长约 1 米，高约 75 厘米，车座长约 25 厘米，宽约 22 厘米，车轮直径约 71 厘米，车座前方有横杠连接，起到稳固作用。人坐上车后，将重物固定在后座，手握住车把来调整前行方向，顺时针方向踩脚踏转动车链，自行车就能载着人和物品移动。

图 7-10　板　车　　　　　　图 7-11　老式自行车

（三）日常生活用具

背篓：背篓是一种装载小孩或粮食的容器，用竹篾条编织而成。背篓大小不一，上口大，下口小，底部呈方形，从腰部开始呈圆形，慢慢扩展开来。大的背篓高约有 60 厘米，背篓口直径约为 45 厘米，底部直径约为 30 厘米。村民通常用它背玉米、土豆等农作物。小背篓则多用于背着小孩或轻便之物。小背篓编织手法讲究，外表更加精致小巧，外面还有各种花色和图案。

杀猪盆：杀猪盆是一种容纳已被宰杀牲畜的容器，通常过年时才会使用。杀猪盆外观笨重，盆口呈现椭圆形，长约3米，宽约1.5米，高约50厘米，常与等长的木板配套使用。猪被宰杀后放入盆中，朝里面倒大量的开水，方便快速清理猪身上的猪毛和污垢。

图 7-12　背　篓　　　　　　　　　　图 7-13　杀猪盆

扁担：扁担是一种挑抬稻谷、粪土、柴草等重物的竹木用具，是家中必不可少的劳动工具之一。扁担外观呈现扁圆长条状，长约2米，宽约7厘米，厚度约为5厘米，两头稍扁，且两端削有凹槽。将物体用绳索固定，绳索的一端缠绕在扁担凹槽处，人就能用肩膀从扁担中间扛起物体。

图 7-14　木扁担

石磨：石磨是一种用来研磨米、小麦、玉米等粮食的加工用具。石磨由两块有一定厚度的圆柱形石头重叠而成，上端石块有一处小孔称为磨眼，侧上端有木制手柄连接，两层重叠有纹理处称为磨膛。操作时，握住手柄推动上端石块转动，谷物从磨眼进入磨膛，均匀地分布在四周，可以被碾压成粉末或加水成糊状。大石磨直径可达 1 米，高约 50 厘米，与木勾搭配使用来加工谷物；小石磨直径约 15 厘米，高度约 10 厘米，只需用手推动石磨，就能碾碎芝麻或者花椒等物。

米筛：米筛是一种手工筛除杂物的圆形竹制工具。直径约为 30 厘米，高约 7 厘米，筛底为一层有着致密小孔的细纱布或铁丝网。根据具体需要，筛孔可大可小。小孔细筛多用于浆类或粉末类物品的过滤，大孔粗筛则用于颗粒类物品的过滤。图中为小孔细纱布米筛。

图 7-15 石 磨　　　　　　　　　图 7-16 米 筛

石臼：石臼是一种研磨药材或食物的加工工具。石臼大小不一，皆用整块石头凿制而成，外观呈现倒圆台形，与手握木杵一起使用。加工药材或食物时，将这些物体放在石臼下半部，再用木杵竖直反复捶打，直到满意为止。大石臼高度约 40 厘米，石壁厚度约 10 厘米，底部直径约为 22 厘米，上口外径约 45 厘米，上口内径约为 35 厘米，主要用来舂米或舂年糕；小石臼高约 10 厘米，上口外径 20 厘米，上口内径约为 15 厘米，石壁厚度约为 5 厘米，村民常用它捣药或者辣椒。

蓑衣：蓑衣是一种类似衣服的用来遮雨的生活用具，通常用蓑草或者棕毛编制而成。蓑衣分为成上衣和下裙两部分，最宽处可达 2 米，长 1.5 米，厚度约为 5 厘米，蓑草蓑衣比棕毛蓑衣更加厚实一些。下雨外出时，人们会将蓑衣穿在最外层，系好领口和腰间的细绳，配合斗笠一起使用，具有良好的避雨防水效果。图中展示的是棕蓑衣。

图 7-17　石　臼　　　　　　　　　　图 7-18　棕蓑衣

竹筛：竹筛是一种用于除去粮食中杂物的筛选工具，常用于筛选或盛放玉米、黄豆、大米、芝麻等谷物。筛子常由藤条或去皮的柳条编织成圆形器具，中间凹陷，周边凹陷处用布条或者光滑的藤条缠绕。使用筛子时，将谷物放在当中，双手抓住周边用力颠簸谷物，直到颠出里面的灰尘，留下干净的籽粒。大的筛子长 50 厘米，宽 40 厘米，用来扬米去糠；小的筛子长约 30 厘米，宽约 20 厘米，常用于淘米或放置谷物。

筲箕：筲箕是一种竹编的装载工具，常用于淘米洗菜或者盛放晾晒粮食。筲箕整体均由厚薄不一的竹片制成，底部凹陷，上方一头留有略宽的开口。大筲箕长约 50 厘米，最宽处约 40 厘米，开口处约 41 厘米，高约 15 厘米，村民常用大筲箕晾晒土豆、红薯和玉米。小筲箕长约 30 厘米，最宽处约 25 厘米，开口处约 26 厘米，高约 5 厘米。小筲箕主要用来淘米和清洗食物。

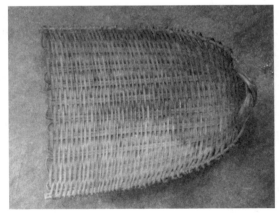

图 7-19　竹　筛　　　　　　　　　　图 7-20　筲　箕

208

杆秤:杆秤是一种利用杠杆原理称量的衡量工具,常用于称量粮食重量。杆秤由带称星的秤杆、金属秤砣和秤钩组成。大的杆秤长约1米,直径约4厘米,配套的秤砣可以称上百斤的重物;小杆秤长约40厘米,直径约2厘米,秤砣也小一些,用于日常称量。另外,药称是相对更小的杆秤,体重更轻,小巧玲珑,称量更加精准。

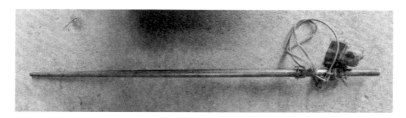

图 7-21　小杆秤

文化是社会共同的经验①。佑溪村民生产生活中的这些工具是村民世代生活经验的总结,或有助于增加村民生活的便利,或有助于提高村民的劳动生产效率。随着社会不断发展,新事物新技术的不断涌入,不少传统工具的使用频率不断降低,甚至被闲置。作为农耕文化的重要组成部分,这些工具是劳动人民智慧结晶的反映,也是人们追忆村落传统农耕生活的窗口。

二、现代科学技术应用状况

农业现代化是中国现代化建设的基础,村民是农业现代化建设的主体。农业现代化是从传统种植业、养殖业向现代化转变的过程,也是村民运用现代科技手段进行劳动生产的过程②。科学、合理地引进农业技术,提高劳动生产率,增加村民收入,是中国农村农业现代化发展的必由之路。

(一)农业生产技术的推广和使用

饲料添加剂"肥猪灵":"肥猪灵"作为一种饲料添加剂,有促进生猪生长的作用,尤其具有促进猪仔断乳后迅速生长和防病治病的作用。生猪养殖

---

① 费孝通:《乡土中国》,北京:人民出版社,2015年,第22页。
② 张琨:《农业现代化视角下农民科学素养的研究》,安徽农业大学人文社会科学院硕士学位论文,2016年,第6~8页。

在佑溪村具有重要地位，如何促进生猪快速生长是村民普遍关注的问题。饲料添加剂在村内广泛推广后，逐渐被村民接受，并被大量购买投入使用。村民通过对传统养殖方式进行改良，适量使用饲料添加剂进行科学养猪，效果显著。现在市面上饲料种类繁多，村民可以根据自家需求进行选择，以此提高畜牧养殖效率。

牲畜人工授精技术：牲畜人工授精技术是用人工方法采集雄性牲畜精液，代替自然交配的繁衍技术。这项技术可以加快品种改良速度，降低养殖成本和牲畜生殖道疾病传播。20 世纪 70 年代末，长阳县推广人工授精技术，县畜牧站对全县各乡镇畜牧站员工进行培训和技术指导。2000 年，人工授精点村级覆盖率已达到 100%，村民可根据需求随时自行前往各站点咨询和购买。

沼气技术：1980 年，长阳县沼气建设会议召开，建议在全县农村推广沼气技术。1990 年，预制件成型池，"三沼"（即沼液、沼渣、沼气）开始普及到乡村。农村沼气技术具有绿色环保、节能高效的优点。利用沼气工程技术处理人畜粪便，既能有效解决农村生活能源问题，又能获得农业生产所需的有机肥料，改善农村人居环境，具有良好的经济、生态和社会效益。至今佑溪村仍有不少村民保留沼气池，并使用沼气。

地膜覆盖技术：地膜覆盖技术是通过将专用塑料薄膜（俗称地膜）贴盖于栽培土地表面，以促进作物生长的简易覆盖栽培方法。地膜覆盖能够为农作物生长创造较适宜且相对稳定的温度，促进种子发芽，缩短生长期，以获得早熟、丰产的效果。1980 年，长阳县政府实施以地膜玉米为技术核心的国家"温饱工程"，制定优惠扶持政策，奖励和补贴地膜玉米种植农户和乡镇。2000 年，佑溪村地膜覆盖技术已基本普及，除玉米外，还在其他农作物的栽培中得到有效推广和应用。

大棚蔬菜种植技术：大棚蔬菜种植技术最初是为预防霜冻，避免农作物损失。村民用竹子和钢管搭建大棚骨架，外表覆盖一层或多层塑胶薄膜，形成完整的温室空间。大棚具有较好的保温性能，村民可以使用该技术种植反季节蔬菜，经济效益可观。随着技术不断更迭，薄膜材料由热塑性有机合成材料替代了农用聚乙烯薄膜，部分村民在大棚室内安装室温感应器，科学培育蔬菜，提高蔬菜产量。

无土栽培技术：无土栽培技术是一项只需提供含有植物生长必需元素的营养液，就能使植物完成生长周期的栽培技术。村民主要使用基质栽培的方法种植盆景或药材。无土栽培能为作物高产稳产提供优良的环境,使其快速生长,生产量高,还能防止土壤传播的病虫害。

（二）交通运输工具的快速发展

20世纪50年代以前,佑溪村民外出主要依靠步行,能够使用的交通工具只有板车、牛车等。传统交通工具以人力、畜力为主,运输能力弱,速度慢,耗费时间长,极大地限制了村民的外出热情。随着生产力水平的提高,交通工具发生变化。1980年,宜昌市公共汽车公司的汽车开始往返于城镇之间,公共汽车逐渐成为村民的交通工具。通车的地方,村民只需在路边招手拦车,便可搭乘公交汽车前往目的地,但是大多数村民出于节省,依旧选择步行出门。2000年过后,由于经济快速增长,交通工具多样化,村民出行方式也随之发生改变。此时有不少村民购置摩托车和自行车出行,有的家庭购买面包车、小货车用来运输货物或搭载乘客。

如今,国家不断出台政策鼓励汽车进入普通家庭,汽车价格不断下降,村中的家用汽车数量越来越多,部分家庭购置一辆甚至多辆汽车,汽车逐渐成为家庭必需品。随着科学技术进步,高铁、飞机、轮船、出租车、公共汽车等交通工具已经能够满足村民出行的需求。佑溪村村民可以根据自身情况,提前在手机APP中选择预订、退换或者更改出行计划。这样,极大丰富了村民的出行选择,也扩展村民的活动空间。交通运输工具的飞速发展使曾经极少外出的村民越来越喜欢在节假日与亲朋好友一同外出旅游。

人类的生产生活与交通工具变迁息息相关,交通是社会生产的一部分,且交通方式不能脱离当时社会的生产水平。从根本上说,佑溪村生产力水平的提高推动了本地的经济发展,也带来了交通运输的现代化,村民的日常生活也发生了巨大变化。

（三）家电日常用具的更新换代

1998年,佑溪村第一次通电,这成为当地现代化开始的重要标志之一。在此之前,村民都使用煤油灯,为了不浪费煤油,村民保持"日出而作,日落而息"的作息习惯。通电后,电灯取代油灯成为村民的照明工具。电灯的使用延长了村民工作和休闲的时间,改变了人们延续几千年的农业社会作息习惯。此后,村民使用的灯具也在不断升级换代,从钨丝灯到白炽灯再到LED灯,不仅满足了村民的照明需求,更增添了人们的生活色彩。

随着社会发展,村民经济收入增加,佑溪村家用电器的使用进入快速发展阶段,家电产品数量逐年攀升。在相当长的一段时间内,添置电器成为一个家庭财富积累的象征,"新三件"(即电视、冰箱、洗衣机)逐渐取代"老三件"(即自行车、缝纫机、收音机)。村民家中的家电不仅数量增加,而且款式也在更迭换新。黑白电视变成彩色电视,并不断追求细节的提高,如电视画面更加细腻、画质越来越清晰、屏幕越变越薄、材质从液晶材质到 OLED 系列;半自动老式双桶洗衣机变成全自动波轮式和滚筒式洗衣机,更加追求功能的多样化、智能化;冰箱亦从追求单一保鲜功能转向保鲜和速冻双功能,以满足更多的生活需求。2008 年左右,佑溪村在"家电下乡"政策的影响下基本完成了常用家电的普及,此后村民对家电的需求逐步升级。时尚、智能、健康、节能等成为关注重点,新品类家电开始引领消费趋势。

三、科技变迁对村落社会的影响

"知识改变生活,科技改变命运"已经成为佑溪村民耳熟能详的名言警句。随着科学技术的进步,科技成果越来越迅速地应用在佑溪村社会生活的方方面面,既为村民的生产生活带来了便利,又为他们提供了认识外界和自身的有效途径。随着科学技术的推广,村民的生产方式、综合素质和思维方式都发生了翻天覆地的变化。

科技成果在农村的推广,极大提高了农业生产效率,促进了农村产业结构的调整。拖拉机、收割机、播种机、打米机等机械的应用,使以往一个家庭持续一个月也无法完成的工作任务,现在只需要一个人和一台机器在几日内就能完成,极大地提高了劳动生产率,减轻了村民的劳作强度,使村民拥有更多时间和精力从事其他活动。科技的运用不仅提高了劳动生产率,还促进了佑溪村的产业结构升级。村民曾经主要种植和售卖水稻、土豆、白菜等农作物,传统农业是当地的支柱产业,科技的快速发展改变了传统的农业生产要素。现在的村民不仅种植农作物,还栽种盆景、药材或进行畜牧养殖,打破了传统的农业生产局面。新能源技术和生物技术可以有效降低农业生产成本,有的村民利用环保塑胶薄膜建造简易鱼塘养殖鱼类,有的村民利用饲料促进畜牧生长,有的村民实现畜牧喂养机械化,更多村民在日常生活中使用电来代替木柴和燃气,既节约资源又减少对环境的污染,这些举措推动了当地农业朝着绿色方向发展。

科技推广有效提高了村民的综合素质。农村科技知识的推广与村民文化素质密切相关。村民文化素质高,对新事物接受能力强,更利于科技在当地的推广,科技的应用与推广又反过来激发村民学习新知识的兴趣,间接促进村民文化素质的提高。佑溪村采取若干措施帮助村民接受新的科技知识,如多次举办机械使用、柠檬种植、畜牧养殖等各种专业技术培训班。通过培训,不仅传播了专业技能,还使村民获得了农业生产以外的知识和信息,使村民的知识结构发生了很大变化。调查发现,佑溪村三产经营状况较好的专业户,都有一个共同的特点,即在生产活动中,尽可能运用所学的科学知识。该群体不仅对新政策和新技术掌握程度高,而且通过培训学习,具备了较好的市场敏锐性,能够较快适应市场变化,适时调整经营方向和规模,争取少投入、多产出,追求较高生产效率和最佳经济效益。村民此类综合素质的提高得益于农业科技知识的推广与普及。

最后,科技成果的运用能促进村民生活方式的转变,传统时空观念发生改变。在传统农业社会,佑溪村民居住和劳作都在相对固定的地区,少与外界联系,对外界情况知之甚少。由于科学技术的推广和应用,佑溪村民劳动生产效率大幅提高,促使更多村民走出佑溪村,外出经商或务工。村民生产生活的空间不断扩大,不再局限于本村,而传统的生活方式亦随之变化。随着交通工具的发展和互联网的普及,村民与外界的联系越来越密切,不仅各地间的来往更便捷,而且手机、电视等的普及更是让村民足不出户便能了解其他地区的信息,通过网络便能实现生产生活物资的自由交易。

第三节　佑溪村的医疗卫生

农村医疗卫生事业是国家和社会治理的重要组成部分。医疗卫生是指医疗卫生事业或医疗卫生服务,其中包括国家与社会为保障人们的健康水平、诊治疾病建立的法制体系、组织体系、服务体系和服务过程等[①]。20 世纪 50 年代以前,村民主要依靠日常经验和草医等传统医疗方式诊治疾病。中华人民共和国成立后,在国家推行医疗保障制度及城乡基本公共卫生服务过程中,佑溪村的医疗服务体系也在不断完善,促进了村民健康水平的持续提高。

---

① 王魁、齐玉龙主编：《医院概论》,合肥：中国科学技术大学出版社,2014 年,第 244 页。

一、传统医疗卫生

佑溪村传统医疗卫生，是依托当地的自然资源和草医的地方性知识，经过长期实践，不断积累形成了传统疾病的诊治和预防方法。在现代医疗卫生知识和方法尚未普及时，传统医疗是佑溪村民疾病治疗的主要方法。时至今日，传统医疗卫生仍然是当地医疗实践的重要组成部分。

（一）佑溪村传统医疗的认知

"疾病"属于生物医学范畴，可以被仪器检测到病菌，是一种客观事实表达。[①] 病因则指引起人体状态失衡，导致疾病的原因。现代医学将人生病的原因归结为细菌病毒感染、机体免疫力下降、代谢功能下降等，而在佑溪村的传统医疗体系中，病因分为客观致病原因和超自然致病原因。例如，村民认为车祸、跌倒损伤、着凉是生病的客观原因，但是为什么受伤的人碰巧是自己，村民认为其中夹杂着某些神秘原因。在村民的认知中，"客观致病因素"的原因包括毒气、蛇毒、虫咬、车祸、摔跤等，用来解释痧症、皮肤病、腹泻、妇科病及骨折等常见疾病。"超自然致病"则指人受到超自然力量的侵犯从而生病。超自然致病的原因有两种：一种是鬼魂缠身。在村民的传统观念中，人死之后会有灵魂存在，自然死亡且长寿者的鬼魂为善鬼，非自然死亡或没有安葬仪式的鬼魂为恶鬼。平时鬼魂存在于村民生活周围，但一般不会对人造成影响。只有在一些特定时间或地点，村民可能会不小心碰上，之后鬼魂便会紧紧地跟随村民，导致其生病，尤其遇见恶鬼更是如此。另一种是神灵处罚。村民认为，冒犯灶王爷、土地公、城隍爷等神灵，会受到处罚从而致病。这些神灵与村民周围的事物息息相关，如果村民有意或无意间冒犯它们，就可能对人们的健康造成影响。

佑溪村民的病因观决定其对疾病的认识。无论是因客观原因致病，还是因超自然原因致病，村民都会寻求当地草医的帮助，草医则根据其具体症状选择不同的方式治疗疾病或驱逐鬼魂。

（二）草医及其传承

草医是指没有接受过现代医疗制度训练的民间医生，他们多以民间土

---

① ［美］凯博文著，郭金华译：《苦痛和疾病的社会根源》，上海：上海三联书店，2008年，第146～148页。

方和草药帮助村民治疗疾病。佑溪村民素来依赖草医。当地草医擅长治疗妇科月子病、小儿疾病、骨折、跌打损伤、烧伤烫伤等常见疾病,其诊断方式为望、闻、问、切,用药有内服和外敷两种方式。某些中医或西医无法诊治的疾病,经过草医治疗后,便可药到病除。此外,草医也身兼巫医,做神医两解[1]。

佑溪村草医的传承包括家族传承及师徒传承两种方式,其中家族传承是主要传承方式。20世纪50年代以前,草医只依靠家族传承,且为维护家族利益,制定"传男不传女,传内不传外"的规定,这在一定程度上限制了传统医学经验的交流和传承。中华人民共和国成立以后,当地草医逐渐接纳师徒传承的方式,但需徒弟认师傅为"干爹"后,两人才构成师徒关系。家族传承方式是以血缘关系为中心,逐渐朝外扩展的同心圆结构,而师徒传承本质上更类似于家族传承血缘关系的延伸。

草医的家族传承在家族内是相对开放的,传承模式也是多样的,包括父子传承和祖孙传承两种,具体可分为一对一、一对多、多对一等三种形式,即一父/祖辈传一子/孙辈、一父/祖辈传多子/孙辈、多父/祖辈传一子/孙辈,也有祖辈同时传授给子辈和孙辈的情况。家族传承有其自身优势,传承人自小受到良好医学氛围的熏陶,能够培养他们浓厚的医学兴趣,从而更容易掌握医学内容。相对于师徒传承而言,家庭传承因血缘关系更加紧密,父辈对子辈的教习不遗余力,不存在藏私的情况,易成为一个凝聚力强的群体。

佑溪村草医医药知识属于一种传统医药类非物质文化遗产。虽然长久以来它游离在正统中医范围之外,但它也是在中医传统医学理论的基础上形成和发展。对村民而言,草医的治疗方法一直都存在于日常生活中,直到现在这些方法在保健和预防疾病方面也起重要作用。

(三)疾病的传统疗法

在当地生活环境及卫生状况的影响下,佑溪村民过去能享受到的医疗卫生资源及医疗保障十分有限。长期以来,佑溪村民在生产劳动和社会实践活动中积累了丰富的经验和知识,并逐步形成与之相适应的治疗方法,从而达到治疗疾病、保护自身健康的目的。

---

[1] "神医两解"是指既使用巫术,又使用自然界药物治疗疾病。

1.食物疗法

食物疗法是在中医理论指导下，依据食材的属性特征与功效特点，选用与患者体质相适应的食材加工成食物，然后在饮食禁忌理论指导下食用的防病治病方法，其特点是强调预防、注重辨症、注意饮食忌讳。食物疗法利用饮食治疗或辅助药物治疗疾病，所需原料容易获取，价格低廉，便捷有效，是村民十分信赖的治疗方法。

村民认为药材和食物是天地精华所形成的，人可利用其特性滋补身体，达到阴阳调和的目的。例如患者受凉导致高烧，村民会认为这是体内有寒气，会将生姜、大蒜、花椒熬制成水给患者服用，待患者全身出汗，代表体内的寒气已经祛除，只需要再休养几日便可痊愈。夏季炎热，为避免中暑，村民会将金银花晒干，用开水冲泡后服用，达到清热解毒的目的。同时，村民认为将不同的药材和食材按比例熬煮成汤或粥，可以预防疾病或促进身体康复。例如，鸡和人参片能够帮助病人恢复元气；羊肉和当归能够帮助病人温热补脾、补血驱寒；薏仁和绿豆能够帮助病人祛湿下利；桂圆和蜂蜜能够帮助病人治疗心脾两虚等。此外，村民认为食物疗法虽然适合孕妇和产妇补充营养，但针对这类特殊人群的饮食禁忌更多一些。如孕妇和产妇忌食用螃蟹和柿子等食物，因为这一类食物性味寒凉，容易引起孕妇、产妇脾胃不适，导致二者出现呕吐和腹泻症状，甚至会造成流产等身体不适。

近年来，随着村民生活水平的不断提高，村民们越来越重视自身健康，也更加重视改善生活质量。在饮食方面，村民不光要求吃饱，还要追求食物搭配营养均衡。因此，食物疗法越来越受到村民重视。

2.针灸推拿疗法

针灸推拿疗法是村民在长期的生产生活中对抗疾病的一种手段。一般来说，普通村民仅会使用按摩、揉捏等简单的推拿方法，只有当地的草医才能完全掌握针灸和推拿的治疗方法。草医治病前先要观察病人的面相、眼睑、舌苔，再为病人把脉，根据脉象确定生病根源，然后视其病情，决定是否使用推拿或针灸方法为病人治疗。

产妇和幼儿是针灸推拿治疗的主要应用人群。例如，产妇分娩时，村民会请草医到家中用针灸助产，草医在合谷、三阴交、支沟、太冲等穴位扎针，通过刺激穴位达到减轻和缓解生产疼痛的目的，从而帮助产妇顺利生产。又如，刚出月子的产妇时常有腰疼、便秘、腹胀、恶露不止的症状，草医通常会用揉、搓、推和按压等多种手法按摩其肩颈、腰椎、腹部和背部等位置，这样能够帮助产妇缓解不适症状，促进身体快速恢复健康。再者，幼儿常常在季节交替时期易患上痧病，出现头晕、腹痛、呕吐不止等症状。草医只需要用手沿着幼儿的肚脐上方、肋骨下方这一区间，由下往上不停地拍打，直到小臂略微发红、肿胀，再掐住幼儿手臂将其血管割破放血后便可痊愈。假如幼儿仍有不适感，草医再使用银针扎入相应穴位，停针时间长一些，幼儿便会有所好转。针灸推拿疗法简便易行，治疗效果显著，因此备受村民欢迎。

3.传统仪式疗法

当村民有生病的表现，而正常地看病吃药毫无效果时，村民多会将患病原因归结为触犯了神灵或邪祟，疾病是对他们报复的表现。这时村民便会寻求草医的帮助。佑溪村草医擅长"白青红""烧火引""渡长江"三种传统仪式来治疗疾病，根据村民患病后的具体表现判断其患病缘由，继而采取不同的方法治疗。

患者的眼睛周围长有疖肿时，草医认为，这是由于身边物体位置被挪动，使风水产生变化，从而导致眼疾的产生。这种情况下，草医便会用"白青红"的方法帮助村民找出被挪动的物体。草医只需仔细观察患者的眼睛，并找出带有颜色的斑点，然后对症采取措施：若斑点为白色，则是患者家中墙上有东西掉落；若斑点为青色，则是患者家中横梁附近有物体位置摆放不正；若斑点为红色，则是患者外出时挪动过某处物体。患者只需要在草医的提示下将这些易位物体及时归回原位，眼疾即可治愈。

幼儿有长时间发烧且伴随哭啼的迹象，草医认为这是鬼魂惊吓所致，这时草医会用"烧火引"的方法引导鬼魂离去。"烧火引"之前，草医会向幼儿的长辈了解其近况，如幼儿曾经去过哪里、见过哪些人以及说过什么奇怪的话等问题，由此判断出鬼魂是家中祖先还是孤魂野鬼，再采取不同的烧火引步骤。若鬼魂是家中祖先，草医则会将幼儿放在床上，让长辈代替其烧一张白纸，长辈烧纸时需朝着幼儿方向说一些"感激祖先惦记小儿"之类的话，随后到屋外烧黄裱纸送祖先离去即可。若是孤魂野鬼，草医则会让长辈在家里点燃白纸后，让其拿上一叠黄裱纸往屋外走至百步，将黄裱纸烧完后再返回原地。这一过程中长辈不能说话、不能回头，否则会导致孩子的病情加重。当长辈完成"烧火引"的流程以后，只需耐心等到清晨鸡鸣时，幼儿的病情便会呈现出好转的迹象。

"渡长江"常用于斩断人与鬼魂之间的孽缘，草医认为由于当事人前世或今生曾与鬼魂有过约定，而现在又做出违背约定的行为，因此遭到鬼魂的报复，导致其重病缠身。例如，曾经有一女子只要想结婚便会高烧不止，数次前往医院却也检查不出患病原因。机缘巧合之下，女子来到佑溪村拜访草医，这才得知原是她与其鬼魂在上辈子发誓要做来世夫妻，因其现在想要与他人结婚，该鬼魂便日日缠在身旁，令其生病以示惩罚。这种情况下，草医认为该女子只有通过"渡长江"的方法取得鬼魂的谅解，才能重获健康。于是草医算出具体的渡江时间和地点，又为其联系了几位经验老到的船夫，让船夫带领横渡长江。达到指定地点后，女子需在此为该鬼魂烧大量的纸钱，以此获取鬼魂谅解。女子渡江成功返回后，便立刻与他人结婚，且身体不再受到影响。"渡长江"虽然对于这种情况十分有效，但这项仪式风险极大，由于长江水流较为湍急，仪式过程中稍有不慎便会发生意外，因此佑溪村历史上鲜少有人采取这种方法治病。

传统时期，生产水平的低下和认知的有限，使佑溪村民认为人的生命和健康受到神灵和邪祟的影响，因此"白青红""烧火引""渡长江"成为他们祛除疾病、保护健康的方式。随着科学技术的不断发展，村民对疾病的认识也越来越全面和深入，这一类传统仪式疗法逐渐被村民所淡忘，取而代之的是问诊、化验、手术、药物等现代治疗手段。

二、现代医疗卫生

现代医疗是用来认识、预防和治疗人体身心疾病的综合性知识体系和实践活动，其目的是促进病人身体健康或心理健康的恢复，并结合医疗技术治疗疾病和延长寿命。[①] 随着现代医疗卫生事业的发展，传统的治疗方法不再是佑溪村民治疗疾病的首选，取而代之的是现代医疗技术及正规医疗机构。

（一）佑溪村现代医疗的发展

自 1949 年以来，党和政府高度重视乡村地区的卫生医疗工作，逐步建立覆盖三级的医疗预防保健网，在县、乡、村中分别设立县级卫生机构、乡级卫生机构及村卫生室。佑溪村医疗卫生体系形成过程一共经历三个阶段，分别为自费医疗阶段、自费医疗与合作医疗并存阶段、合作医疗和乡村医生

---

① 刘虹、张宗明、林辉：《林辉新编医学哲学》，南京：东南大学出版社，2010 年，第 122～124 页。

推行阶段。三级医疗预防保健网、乡村医生及合作医疗制度,使公共卫生和医疗体系在村里扎根,很大程度上改善了当地的医疗状况,而村卫生室为村民提供基础的疾病诊治及预防保健服务。

佑溪村卫生室建立于 2005 年,占地面积约 120 平方米,设有诊室、治疗室、心理咨询室、药房以及医生办公室等独立功能区。卫生室内的基本设备包括:一张诊断床、一张观察床、四组诊断椅、听诊器、体温计、血压计、体重计、接种包、出诊箱、若干一次性注射器、中药木柜和西药铁柜,此外还配有污物桶、资料柜、医用高压消毒锅以及健康宣传栏等。截至 2022 年 7 月,佑溪村卫生室共有两名医生,其中在职医生和退休医生各一名,两人为父子关系。卫生室的日常诊疗工作主要由在职医生负责,退休医生则多在繁忙时进行协助。乡村医生除了接诊、出诊等诊治工作外,还要负责配药、打针等工作。卫生室每月接诊量约为 300 人次。此外,乡村医生每年要为村内的 0～6 岁儿童、65 岁以上老人,以及糖尿病、高血压、精神病、孕产妇免费体检一次,并且每个季度要到高血压、糖尿病、精神病病人家里进行随访。平时还要负责村里的卫生保健知识和公共卫生知识的宣传和普及。

佑溪村卫生室现有的药物配备、医疗仪器和医护人员能满足当地村民的基本医疗需求,而村民参加新型农村合作医疗后,在村卫生室就诊可享受较高比例的报销。由于疗效快、就医方便、费用较低等原因,现代化医疗已经成为佑溪村现在最主要的医疗方式。

（二）合作医疗

在人类面临的诸多风险中,疾病是危害严重、涉及面广、复杂多样,并直接关系到人类基本生存利益的特殊风险。因而,医疗保险也就成为社会保险中最为复杂、最为困难的险种之一。[1] 我国合作医疗制度起源于农民自身创立的互助救济医疗保障制度,直到 2009 年全国才开始推广新型合作医疗。为区分两种合作医疗制度,笔者借鉴民间说法,将 2009 年以前的合作医疗称为"旧农合",而将新型合作医疗制度称为"新农合"。新、旧合作医疗本质都是一项针对广大农民医疗健康发展的福利制度。

1.旧农合

旧农合起源于 1966 年湖北省长阳县乐园公社(现长阳土家族自治县榔

---

① 丁少群、李桢:《我国新型农村合作医疗制度及其可持续发展研究》,厦门:厦门大学出版社,2007 年,第 17 页。

坪镇），当地赤脚医生覃祥官提出了最初的合作医疗方案，乐园公社也成为全国第一个合作医疗试点。当乐园公社的合作医疗实践调查报告被毛泽东批阅后，他认为这解决了农村群众的实际医疗困难，通过"六二六"指示，在全国正式进行推广①。1969年，长阳县政府在全县推广合作医疗制度，标志旧农合的兴起，有效促进了当地医疗卫生组织的发展。②

当时，佑溪村各生产大队均设有卫生室，每个卫生室均配置一名医生（或赤脚大夫），以中西医结合的方式诊治疾病。在"土医生、土药、土药房"和"自种、自采、自制、自用"的条件下，他们帮助村民解决健康难题。这一时期，卫生室所用药材都以中药为主，西药为辅，只有在紧急情况下才使用西药。佑溪村山地盛产中药材，且价格低廉，因此，村医们常常将药材与银针结合，用来治疗肚子疼、跌打损伤等病症。另外，村民采取分级的方式就医诊治，即依次为生产队卫生室（赤脚医生）—卫生所（佑溪村大队）—城镇卫生院。若医生在治疗过程中遇见其无法处理的病患，便会将其移转至上一级医疗机构进行治疗。旧农合为村民带来许多便利，如就医地点离家近，看病方便，报销费用较多，这在一定程度上解决了村民"看病难治病难"的问题。

旧农合作为一种社会保障制度，在中国农村的产生和发展并不是偶然事件，它是农村社会防治疾病的需求和农村社会经济结构转型的产物③。改革开放前后，农村经济体制发生根本变化，旧的农村合作医疗制度没有能够适应市场经济条件下的变化，以至于解体，而农民只能再次自费看病，面临"拖病、重病、因病致贫"的情况。

2.新农合

为解决农民"看病难""就医难"的问题，减轻农民因患病带来的经济负担，2002年10月，中共中央、国务院出台《关于进一步加强农村卫生工作的决定》，正式提出逐步建立以"大病统筹"为主的新农合制度。2003年1月，国务院出台《关于建立新型农村合作医疗制度的意见》，对新农合目标、原则、组织管理、筹资标准等重点内容作出详细规定。2010年后，全国实现新

① 夏杏珍：《农村合作医疗制度的历史考察》，《当代中国史研究》2003年第5期。
② 钟雪生：《中国农村传统合作医疗制度研究》，中共中央党校研究生院2008年博士学位论文，第74~79页。
③ 郎杰燕：《中国农村医疗保险制度变迁研究——基于历史制度主义视角》，山西大学政治与公共管理学院2019年博士学位论文，第193~195页。

农合全面覆盖,新农合发展进入完善阶段。

疾病是影响村民生活质量的重要因素,尤其是巨额医疗费用会给个人和家庭带来沉重的经济负担,导致家庭陷入贫困状态。新农合作为一项服务农民的保障制度,在旧农合消失之后,重新将中国广大农村居民纳入国民医疗保障范围之内。新农合的实施不仅对村民的身体健康及家庭稳定有所保障,也减轻了村民一旦生病只能前往较远的县市级医院治疗的负担,促进乡村分级治疗,缓解城市医院看病压力。

自新农合政策在佑溪村实施后,村民享受到新农合的政策福利,从不同程度告别了"因病致贫,因病返贫"的局面。村民参保积极性也逐年增高,新农合政策得到村民的广泛认可。新农合参保属于村民的自愿行为,因而并不是所有的村民每年都会积极参保,其参保行为存在以下特点:

首先,受教育程度高的村民,参保积极性更高,但对新农合的满意度反而较低。村民的文化程度与对其自身健康状况的关心存在一定关系。村民受教育程度越高,健康意识越好,不仅擅长通过各种渠道获取健康资讯,而且更注重对疾病风险的防范。因此,在维护自身健康的同时,也会积极通过参保来预防未来可能发生的疾病风险,以免生病给家庭带来灾难。受教育程度较低的村民,他们的健康意识相对较弱,对疾病风险的防患意识更差,往往担心保费"浪费",因而参保积极性也较低。但是,受教育程度较高的村民对新农合的满意度略低于受教育程度较低的村民。受教育程度较高的村民,经济收入也相对较高,他们不仅购买新农合医疗保险,也多会购买其他商业保险。在因疾病而产生赔付时,新农合因分级诊治存在报销差异,其报销比例往往不如商业保险,因此这类村民平时从新农合获得的收益较少,对政策的满意度也较低。即便如此,相对较低的参保费用使得这部分村民每年都会按时缴纳保费。

其次,女性的参保意愿较男性更高。随着农村劳动力外出务工数量的增加,男性在村落中的居住时间不断缩短,尤其是作为"一家之主"的男性更是如此。长时间不在家中,必然会影响他们对村落社会事务的了解与参与。在这种情况下,留守家中的女性往往担负起了曾经由男性承担的部分村落事务角色,负责处理家庭在村落社会中的各项事务,诸如村民间的人情往来、村落各类费用的缴纳等。此外,女性的忧患意识较男性更甚,更加担忧各种未知因素可能对家庭安定造成的影响。因此,她们不仅更有机会接触到新农合的相关宣传,也更愿意积极参保,为家庭购买医疗保障。

最后,健康程度低的人,虽然按时参保,但对政策的满意程度更低。一般情况下,村民只有认识到自身健康出现问题后,才会意识到参与新农合的重要性,从而保持参保积极性。目前新农合对村民的就医选择、保障范围、重大疾病报销额度都有明显要求,而这在一定程度上限制了村民的自由选择。例如部分村民患有癌症、糖尿病或是身体残疾等慢性疾病,其诊治时所需要的部分仪器检查和常用药品可能不在新农合报销范围内,即便此类村民选择住院治疗的方式参与费用报销[1],但因其就医地点等级较高,起付线支付费用越高,而报销比例越低,剩余自费部分对村民而言仍然是不小的开支。这类村民虽然对政策存在一定的不满,但仍然会按时参保,尽量减少治病支出,减轻看病压力,避免为家庭带来过于沉重的经济负担。

(三)妇幼保健

妇幼保健是指妇女和儿童的保健管理工作,此类工作以群体健康工作为基础,旨在为妇女儿童提供健康教育和预防保健等公共服务。[2] 过去,由于妇幼保健意识的薄弱,导致妇女健康长期被忽视,婴幼儿患病夭折率较高。如今,随着妇幼保健工作的不断发展与逐渐完善,佑溪村的妇幼保健工作取得重大成效,有效保障了当地妇女儿童的身心健康。

目前,佑溪村卫生室妇幼卫生工作是以新型农村合作医疗为契机,扎实开展母婴保健的各项服务,基本完成妇幼重大公共卫生项目工作目标[3]:村医组织在村妇女、通知外出妇女每年定期参加免费宫颈癌筛查,完成任务率高达100%;村医建议本村产妇都选择入院分娩,近三年内无一例孕产妇死亡;三年内无婴儿死亡及5岁以下儿童死亡案例发生;村内无妇女及儿童感染艾滋病、梅毒等传染疾病;7岁以下儿童定期接种规定疫苗,新生儿破伤风发生率为0,其保健管理程度较高,儿童生长发育状况良好。

---

① 2023年新农合住院报销比例为:乡镇级为85%,起付线200元;县级为70%,起付线700元;市级为55%,起付线700元;省级为50%,起付线1000元。新农合医保起付线是指看病报销费用最低标准,医疗费用达到起付线按照报销比例进行报销,未达到起付线则由病人自行承担。安装假肢、镶牙、器官移植等特殊医疗费用不予报销,诸如尿毒症、肿瘤等恶性疾病,新农合每年只报销一定额度,超出部分需病人承担,例如镇级医院最高报销额度为1.1万元。

② 《中国妇幼健康事业发展报告(2019)(一)》,《中国妇幼卫生杂志》2019年第5期。

③ 佑溪村妇幼重大公共卫生目标结论源于访谈当地卫生室村医所得。

在佑溪村妇幼保健工作中，村医负责登记并保存的档案是开展此项工作的重要依据，这些关于村中妇幼群体健康的信息资源，在妇幼保健工作中发挥着重要作用。根据 2011 年 8 月湖北省人民政府发布的《湖北省乡村医生队伍建设实施方案》，佑溪村卫生室需要对照重大公共卫生服务项目，针对妇幼群体分别建立档案卡，定期追踪重点人群，逐项落实工作。其中村医要如实登记妇幼群体的个人信息（包括基础家庭信息、婚前保健、优生优育、多发疾病、遗传疾病），帮助做好孕期保健管理与高危因素筛查、儿童系统保健管理等工作。村医有义务为本村备孕或孕早期妇女登记造册，在孕前 3个月及孕后早期 3 个月，为其免费发放叶酸药品，并随访了解叶酸服用情况，叮嘱孕妇孕期注意事项，直到接近孕妇产期再向其宣传、普及住院分娩的贫困补助及新农合医疗补助经费相关政策，最大程度保障产妇的健康。村医有责任帮助村民增强健康意识，做好宣传艾滋病、梅毒、肺结核、甲肝、乙肝、丙肝等传染疾病的危害，加大宫颈癌、乳腺癌等妇科疾病的宣传力度，在定期组织妇女接受"两癌一筛"检查后，为其保存检查结果，以追踪对方身体健康状况。此外，村医要建立规范的儿童档案，以电话的方式通知家长带领儿童前往指定地点接种疫苗。接种期间，村医会及时观察儿童生长情况，向家长普及科学喂养知识，帮助儿童健康成长。此外，村医作为村民健康档案建立及管理的主要参与者，其综合素质与档案工作密切关联，因此村医要定期参加镇级卫生院组织的培训，并接受卫生院对本村档案检查，再总结相关经验，促使自身专业技术水平得到提高。

随着村民生活水平的提高和健康教育的普及，佑溪村妇女自身保健意识正在不断地增强，追求自身及家人的身体健康成为许多妇女的重要生活目标。在追求健康过程中，妇女的保健知识逐渐丰富，有效提高了其对疾病的认知和预防能力。在访谈过程中，许多妇女对如何预防艾滋病等传染性疾病有着不同程度的了解，而对经期保健、孕产期保健及中老年保健意识最为强烈，养成了良好的卫生习惯。同时，当地妇女保健意识的增强还体现在自主就医方面，曾经妇女认为私处检查是令人羞耻的事情，许多妇女对这项检查十分抗拒，小病逐渐成为大病，导致其错过治疗的最佳时期，严重影响身体健康。如今，女性已经摆脱原来的羞耻感，一旦察觉到身体有不舒服的地方，自己便主动前往医院检查，听从医嘱做好防治工作，争取小病化了。这从一定程度上反映了佑溪村妇女健康意识的提高，也表明了妇女不再只是妇幼保健服务的对象，也是保护自身健康的主体。妇幼保健工作的推行也引起了家长对儿童成长问题的重视。20世纪50年代，村中的许多儿童由于营养缺乏，身体免疫力低下而感染各种疾病，儿童死亡率较高。2000年以后，家长们不仅积极主动地带儿童接种各类疫苗，而且还会自费购买钙片、葡萄糖酸锌口服液等保健药品，以帮助儿童补充各种微量元素，促进身体的健康成长。这些转变体现了村民卫生保健意识的增强，及村民认识到健康的重要性后愿意为此而努力付出。

随着国家医疗政策的完善及村民经济条件的改善，现代化的诊疗体系已有效嵌入佑溪村的医疗卫生工作中，并发挥着良好作用。村民的卫生保健意识不断增强，"呵护健康，关爱自己"的思想已根植于村民心中并付诸行动。这对于农村人口素质的提高具有重要意义。

（调查及撰写：秦华南、唐浩）

第八章

青山绿水:佑溪村的生态环境变迁

"靠山,靠水,靠儿女。"这是佑溪村民时常感慨的一句俗语,它不仅仅是一句代代相传的生存之道,更是佑溪生态环境与佑溪村人民关系的直接反映。佑溪的山水生态是佑溪村民生存、生产以及生活的基础和依托。生态环境是指影响人类生存与发展的水资源、土地资源、生物资源以及气候资源数量与质量的总称,是关系到社会和经济持续发展的复合生态系统。自清朝以来,佑溪区域内的百姓便依靠耕种、养殖、采集狩猎等方式从山林中获取生产生活资料,繁衍生息。在这片山林中,村民进行生产活动,组建家庭单位,谱写民生百态,建设佑溪人文,传承当地习俗。佑溪村在山林中发展成形,也对当地生态产生影响。佑溪村生态环境变迁的过程,在一定程度上也是当地社会经济发展变迁过程的反映,可以看到"政府号召,村民响应"的行动模式,以及举国并行的生态政策在地方村落的实践。本章将从生态变迁、生态问题、生态治理三个部分对佑溪村的生态环境进行阐述。

第一节　生态环境变迁

一、生态环境的变迁

我国的生态环境整体经历了"过度开发—适度节制—合理利用"的变迁过程。新中国成立初期,为了大力发展重工业,我国对自然环境进行过大范围的耕地开发和工业开发,使得生态环境受到一定程度的破坏。改革开放以后,开始重新审视环境对国家发展的影响,并适时调整生态环境策略,进行大规模的生态环境修复。经过持续不断的努力,20多年来,水环境的污染情况逐渐改善,扩大森林、湖泊、草地等生态用地,动物和植物资源得到有效保护,生态环境显著改善。佑溪村生态环境的变化正是我国生态变迁中的一个缩影。

佑溪村依山傍水,远离闹市,日照充足,降水充沛,山林植被茂密,地表溪流众多,生态环境良好,呈现出天蓝山青水绿的景观。除了拥有良好的水环境和森林环境外,佑溪村域内动物和植物资源也较为丰富。野生动物的种类包括岩羊、蟒、野猪、花面狸、孔雀、野鸡、斑鸠、麂、小鲵、中国大鲵等;植物包括杉树、柏树、松树、绣果树、杨柳树、桃树、栗子树、枇杷树、柚子树、板木树、艾姜、椿树、杜仲、黄姜、虎耳草、十弟兄、天葵等。地表植被以生态林木为主,兼具少量的经济林和农作物,它们共同构成佑溪村的生态系统,提供村民生产生活所需的粮食、草料、木材及草药等。

佑溪村目前良好的生态环境并非一直以来都是如此。20 世纪 70 年代前,佑溪村山体因毁林开荒及大量烧制农用肥"火烧粪",山上鲜有大面积的绿色植被覆盖。村貌颜色整体以黑色与土黄色为主,尤其在秋冬季更是如此。20 世纪 80 年代后,佑溪村的山林面积虽然依旧较小,但已有部分村民开始种植树苗。同时商品肥的推广也使烧火粪由面向点转变,黄棕色的山地上可以见到稀疏但规整的树苗。至 20 世纪 90 年代,村落周围山上的灌木、杂草、经济林木等已逐步长成,绿色植被逐渐覆盖了黄棕色山体。近十年,佑溪山林长势颇好,草木生长已十分茂盛,同时各种野生动物也日渐增多。

(一)稀疏山林:1949—1980 年

与现今佑溪山林的样貌差距最大的,是中华人民共和国成立至包产到户这一时间段的生态环境。30 多年间,佑溪村的植被面积逐年递减,天然林质量下降,野生动物和植物数量亦不断减少。村民 WYJ 自小生活在佑溪村东北部,对此他记忆犹新:

> 我还是小娃娃的时候,村子周围的山都没有现在这么绿。那个时候,山上的树木很少,光秃秃的,都是"光头山"。我老家附近的那几座山就只有稀稀拉拉的几棵树。毕竟那个时候砍树砍得狠啊,盖房子、做饭、取暖、挖矿等等,都需要用到木柴,尤其那会儿都是公家的东西,用起来也不心疼……
>
> 对面的山那会儿还种着田,大家都用"烧火粪"施肥,把田里的杂草、秸秆、小树枝还有碎柴料放在一起点燃,在上面覆盖一层土,用暗火把它们烧成灰黑色的草木灰和火烧土,铺在地里当肥(料)用。火粪烧

得越多,山上的小树和藤刺杂草就越少,因此村里的山看上去又黑又黄。(访谈对象:WYJ,男,72岁)

一方面,改革开放前,我国农村土地实行集体所有制,土地所有权和使用权都是集体的,村民对于公共林木资源的使用缺乏节制,易形成"公地悲剧";另一方面,以发展为主基调的战略使得这一时期的生态环境保护意识不强,"工业建设""大改造""大开发"等运动导致大量"向山要木要地"的行为出现,大量树木被砍伐,大面积林地开垦为耕地,从而使得山地的植被覆盖率逐渐降低。

(二)止损修复:1980—2000 年

十一届三中全会后,我国逐渐实施"家庭联产承包责任制",土地的所有权和经营权分离,极大增强了农民对土地的主人翁意识。土地承包到户后,农民开始自主经营,自由选择种植作物品种。这一时期,村内的经济林木种植开始发展,对当地生态环境的恢复起到了重要作用。

> 土地刚分下来时,我哥就带着我种各种各样的树。刚开始不太顺利,但后来尝试几次后,我们发现板栗树和杉木易成活,好管护。那时,我们先去林业局买树苗,5块一株,嫁接苗则1.5块一株。虽然一开始比较费钱,但是后面基本上是自己嫁接,而且板栗树越养越大,结果有拳头那么大。另外几片地种的杉木,也能卖给隔壁的锰矿厂做建材用。到20世纪90年代,自己家林地里的树越来越多,村里的树也是这时候开始才慢慢多起来。(访谈对象:ZBZ,男,70岁)

20世纪后半叶,我国陆续出台了多项林业与生态环境保护政策,如杉木林用材基地建设、板栗树基地经济林木建设、植树造林和防护林体系建设等,加之农村因能源结构调整、村民常住人口减少、林地权属关系变化等因素,砍树需求也逐年递减,山林生态的过度消耗得到遏制,为后期生态修复打下基础。

20世纪80年代末,我国就已经出台了野生动物捕猎方面的法律,但真正对野生动物滥杀滥捕起到抑制作用的措施是1996年全面禁枪的法规,这一举措使野生动物的滥杀滥捕情况有所缓解。村民YZK曾是捕猎爱好者:

> 1996年之前,村里几乎家家户户都有猎枪,村民们也爱打猎。我们经常去山里打野鸡、猪獾之类的。那时候一只果子狸能卖1000块。禁枪后就没人再打猎了,偷猎是违法的,被抓不仅要被罚款,甚至还可

能面临牢狱之灾。现在的野生动物大多被列为保护动物,连野猪都是国家二级保护动物了。现在生活条件好了,没必要为了一点小利而冒险,打猎的行为也就基本没有了。(访谈对象:YZK,男,65岁)

(三)郁郁葱葱:**2000**年至今

经过二十多年的修复,佑溪村的山林在21世纪初逐渐恢复绿色(如图8-1),尤其是天然林保护、退耕还林等生态工程的持续推进,使当地生态环境得到改善。海拔较高地区的生态环境恢复得更好,居住在山顶的村民YYC,对此深有感触:

> 差不多2000年初,我家周围这些树就变得很多了,山体大多是绿色的。我小的时候站在山下能看到山腰上供奉的菩萨雕像,千禧年初就看不到了,高高的灌木树林把菩萨像和祭坛挡得严严实实。野生动物也是那时变多了,我家也是那个时候发现山上出现了一些可以卖的草药。现在佑溪村的环境很不错,主要源于国家在这方面做了不少工作,比如我家后面这一片就是十年前被划为封山育林区。我2017年开始当护林员,每年有4000元的工资,平时的工作就是巡视自己负责的这片林地有没有危险情况,定期汇报一下树林的生长状况。不过一般情况下没什么问题,我们村的这些植物生命力很旺盛,树木长得也很快。(访谈对象:YYC,57岁)

a   b

图 8-1　佑溪村 7 组与 4 组景观

二、生态变迁的影响因素分析

　　与全国整体生态变迁大致相似,在经历 20 世纪中叶的过度开采砍伐和 20 世纪末人工生态修复措施后,佑溪村的生态环境得到明显改善。20 世纪 50 年代,全国开始公私合营,土地革命后,农民自有土地收归集体所有,全国开始实行合作社生产制度。1957 年起,我国开展了"大跃进"和人民公社化运动,实行全民"大炼钢铁",大放"粮食卫星"和"木材卫星",大规模发展农田水利,开展向山要田、围湖造田之类的农田扩张运动,对生态环境造成了较大的破坏[①]。改革开放后,国家逐渐建立并完善各项环境保护政策和能源改造措施,加之全国市场经济快速发展引起的劳动力变迁,资源环境压力减轻,生态环境得以有效修复与保护,并日渐好转。佑溪村的生态改善主要经历从人为山林破坏行为减少到林木资源用途方式和使用总量的改变,再到人为主动引导生态恢复的过程。各时期的变化均是由多种因素共同作用的结果,但不同时期却有一定主次之别。

（一）产权制度变化

　　土地产权制度的变化是引起当地森林砍伐减少的重要原因。家庭联产承包责任制的实施,耕地的使用权由集体移交至农民个体,使得农民能自主经营土地,自行决定耕种规划、种植品种、耕作方式、养殖管理等。村民对自家土地的经营有了更多的选择。1981 年田地到组,属于石洪公社的集体土地划分至佑溪村、周家山（原新山）、香花岭三村共 10 个组;1982 年包产到户,正式开始实行家庭联产承包责任制;1983 年落实责任制,除生产外,村民担任起经营责任,每户自行规划林地和耕地的经营和使用内容;1984 年完善责任制,中共中央发出《关于一九八四年农村工作的通知》,强调在稳定和完善生产责任制的基础上,要提高生产水平,梳理流通渠道,发展商品生产。《通知》要求:土地承包期一般延长到十五年以上,以鼓励农民增加投资,培养地力,实行集约经营;生产周期长的和开发性的项目,如果树、林木、荒山、荒地等,承包期应当更长一些;制止对农民的不合理摊派,减轻农民的额外负担;农村工业适当集中于集镇;发展林牧渔业。包产到户的一系列政

　　[①]　付广华:《生态重建的文化逻辑——基于龙脊古壮寨的环境人类学研究》,北京:中央民族大学出版社,2013 年,第 110 页。

策实施使得佑溪村每家每户均有划分的耕地和林地,农户自行经营管理,使得无节制砍伐山林的现象逐渐减少,同时鼓励发展林地经济,山地植被量有所增加。例如1组部分村民使用嫁接技术专门培育优质板栗树,使得自家林地植被覆盖显著增加。1998年出台的《森林法》允许农民转让林地的使用权,这一法律出台使得林地得以在市场中自由流转,进一步地促进了林地经济和林地经济关系的灵活发展。[①]

（二）能源结构调整

农村能源结构的调整使得木柴不再成为佑溪村唯一的能源来源,生态环境亦随之得以改善。21世纪以前,木柴是佑溪村最主要的能源,村民需要依靠木柴实现烧煮烹饪、冬季取暖、房屋修建及部分照明等多种用途。现今沼气、电能、太阳能、天然气等成为佑溪村的主要能源,木柴仅用在部分家庭厨房和冬季取暖,使用量明显减少。1980年11月,长阳县召开沼气建设工作会议,鼓励农民自主发展沼气,国家集体扶持。1984年,国家颁布建池奖补办法,各级政府和广大农民建设、发展、使用沼气的积极性提高。1990年后,开始推广预制件成型池,"三沼"利用开始普及。1995年,长阳县被列为农业部农村能源科技扶贫项目县,1997年验收项目,彼时佑溪村已有不少农户使用了沼气池。2007年长阳县召开农村沼气项目建设会议[②],2008年长阳县全面启动农村沼气建设,继续积极推广沼气应用。2010年初,佑溪村的沼气池覆盖率基本达到九成以上,村民在厨房不再只依靠木柴。20世纪80年代末起,佑溪村安装了电网,电灯作为家庭照明逐渐取代煤油灯,冷冻储藏设备逐渐进入每家每户。进入21世纪后,冬季取暖也开始使用电炉、电热毯等电器。能源结构的调整,使薪柴使用量减少,砍伐活动亦随之减少,山林得以有效自我修复。

---

① 徐秀英、吴伟光:《南方集体林地产权制度的历史变迁》,《世界林业研究》2004年03期。

② 冯山丹、吴春艳:《都镇湾镇:农村沼气建设稳步启动》,长阳土家族自治县人民政府网站,http://www.changyang.gov.cn/content－5084－175282－1.html,访问时间:2022年12月3日。

（三）生计方式变迁

不同生计行为对当地生态系统的干预程度有所差异[①]，从纯农业活动到大量外出务工的生计变迁对佑溪村内劳动力结构的改变产生重大影响，对山林资源的利用也发生了变化，直接影响到佑溪生态环境的发展。这一生计行为变迁源于全国性的城市经济建设对年轻劳力的吸引。20世纪90年代，我国多行业进入加速发展阶段，如城市基础建设、零件生产、零售行业发展等，此类加工制造第二产业和服务类第三产业的发展需要大量劳动力参与，并较农业的第一产业具有更高的薪酬，从而吸引农村的大量年轻人外出务工。并有不少在外定居，大量壮劳力向外流动，村内长期居住人数逐年减少，村内劳动力减少，使得大片耕地荒芜，大量耕地野草丛生、灌木野蛮生长。全国范围的农村劳动力选择脱离传统农业进入城市务工，这一劳动力结构的改变减少了部分农村的生态资源消耗。佑溪村内劳动力的大量减少也导致村内柴木使用量减少。据村民反映，20世纪90年代，家里的大量青壮年劳动力常年外出，家中通常只留有老年人或未成年儿童，日常木柴砍伐量和使用量较之前以农业生计为主的20世纪80年代时期已大量减少。结合能源使用逐渐转变为其他能源以及国家大批植树项目等诸多因素，自20世纪90年代外出打工潮流兴起的十多年时间里，村内树木砍伐行为大幅减少。21世纪初期，佑溪山林的植被覆盖率显著增加，基本看不到"光秃秃的山"。佑溪村人口减少，导致树木砍伐数量和用柴量均有所减少。截至2022年，佑溪村总人口为1687人，60岁以上达576人，老年人比例为34.14%，老龄化现象比较严重。因缺乏劳动力，多数村户的砍柴也交由他人代理，或直接购买交通便捷处的现成木柴。木柴使用活动减少，给山林自我恢复提供了极大的发展空间。据村民反映，佑溪村的山林生态自愈能力较强，现阶段山林的绝大多数植被均是自然生长的。田野调查中，村民调侃道："（只要）人不管它，它自己就长了"。

（四）宏观生态调控

宏观生态调控主要指各级政府主导落实多种生态政策及生态工程。政

[①]　王成超：《农户生计行为变迁的生态效应——基于社区增权理论的案例研究》，《中国农学通报》2010年第18期。

府生态政策及生态工程的落实使得佑溪自然环境的修复有了根本性保障这些政策和工程主要包括退耕还林（1999年至今）、天然林保护工程（2000年至今）、长江中上游防护林工程（1989—2000—2015年）、世行贷款造林项目（1990至今）、德援三峡地区生态林业项目（1995—2002年）、生态环境建设综合治理工程（1998年至今）、禁伐禁采禁猎政策等。自2000年起，佑溪村开始实施退耕还林政策，退耕总面积403.4亩。各类林业生态工程不仅将山林中划分出封山育林区，设立护林员及保洁员等公益性岗位，完善了佑溪村的山林生态结构，更为佑溪村经济林种植提供丰富树种，如银杏树、楠竹、布朗李、栀果树、茶叶、石棉树、柠檬树、木瓜树、红莱苔等，在保护山林生态之上还开发了佑溪村林草的经济潜力。2020年，天然林商业性禁伐政策在长阳县高家堰镇实施，县林业局与每户签署停止天然林商业性采伐协议，若需要砍伐大面积森林，需要前往林业局办理相关证件。

综上，因生产制度改革、能源结构转变、劳动力结构改变和政府生态政策的落实四个主要原因，佑溪山林得以繁茂生长，植被面积逐年增多。虽然村民会根据时代条件的不同对佑溪村生态的经济价值产生差异性认知，从而导致差异性保护行为，但大体对山林生态的保护意识较强。如经过能源结构变迁、生计发展变迁，村民逐渐减少了山林砍伐的行为。佑溪村民普遍认同山林生态是他们生存和生活的靠山，如自身生存条件允许，会主动保护生态环境。同时，政府多项林业政策的实施，使得山林生态系统得以恢复活力。

第二节　生态问题

随着乡村振兴战略的提出，国家把"美丽乡村"纳入现代化发展目标，把"生态建设"写入宪法，佑溪村生态发展总体上呈现出良性发展的态势，生态文明建设在国家发展和治理体系中也日趋完善，但现在仍然存在部分生态环境问题，主要表现如下。

一、不合理资源利用

（一）山体岩石开采

佑溪村口附近的岩石质地坚硬，是良好的建筑用沙砾原料。村内曾存在较严重的采石现象。全村共有三处采石场和一处采砂场，均位于夹龙口和驳马岩。夹龙口处采石场自 2004 年开始开采石灰石，于 2021 年停止开采；驳马岩处的两个采石场和一个采砂场于 2000 年开始开采，于 2012 年结束。现虽已停止全部开采活动，但山体破坏严重，半边山体岩石裸露在外，除采砂场已恢复植被覆盖外，其他开采场地的生态恢复速度较慢。另外，2004 年修建沪渝高速公路导致大量建筑石材堆积在佑溪村内公路两旁，虽然高速贯通后附近的土地得以复垦，但是附近耕地里土质沙石含量明显增加。

（二）野生动物减少

虽然佑溪村具有种群丰富的生态基础，但是伴随山区开发、修路、毁林等事件发生，相当长一段时间内人们的生态意识较弱，滥捕乱杀，导致佑溪村内的野生动物数量和种类有所减少，一些过往常见的珍稀品种如虎、豹、豺、狼、熊、鹿等野兽现今已基本不见，尚存的野兽与野禽的种类也显著减少。同时，佑溪河内鱼群种类也因为曾经的过度电鱼和放药式捕鱼而减少。

二、环境污染

（一）垃圾污染

佑溪村部分村民小组未设置垃圾桶，因位置偏远，道路不便，无垃圾车定期转运，导致部分村民只能自行处理垃圾，如焚烧（见图 8-2）、排入山沟或河流中。这些处理方式对当地的生态环境造成了一定影响。一方面，垃圾焚烧导致空气污染，虽污染总量足以被佑溪山林代谢，但这个过程需要时间较长，焚烧产生的烟雾不断飘浮，对周边居民和过路行人的呼吸系统带来影响。另一方面，由于佑溪村所处地势比较高，排入山沟的垃圾会顺着水流排入佑溪河中，最终汇集并拥堵于夹龙口处。长此以往，对佑溪村的生态环境造成隐患。另外，有少数村民将垃圾直接排放至佑溪河中，从而加重了佑溪河沟垃圾污染问题,甚至造成佑溪河大面积水体污染。2021年夏季,佑溪河下游1组靠近夹龙口附近的河段因垃圾过多而导致河流堵塞,广大村民耗时一天方才将河道清理干净。

图 8-2　佑溪村垃圾焚烧处理场所

(二)养殖污染

养猪业的发展促进了佑溪村的经济增长,同时也加重了佑溪村生态环境的负担。首先,佑溪村养殖户所居住的地方大都是村民聚集之地,规模养猪排放出大量的猪粪,如果处理不当,会对附近村民造成一定的影响。其次,佑溪村水源丰富,大部分水源多位于高处地区。1组、2组、3组、4组、5组和部分6组的水系均汇集于佑溪河最终流入清江之中,不合理的养猪排污会给下游水系带来污染。再次,佑溪村养猪业规模比较大,养殖场大量的粪便堆肥和粪水的渗透,一旦超出了土壤的环境容量,就会对附近的土壤也存在一定的污染,特别是现阶段养殖业为了快速盈利,有些微量元素被用于饲料的添加剂中,比如:Cu、Zn、As 等。这些添加剂所含的部分微量元素不会直接被生猪消化吸收,会随粪便排出体外,所以大量堆肥会对土壤产生危害,使农作物和植物的生长受到抑制,产生不良影响,致使土壤污染问题更为严重[①]。最后,未经处理的粪污中含有大量的病原微生物、寄生虫、虫卵以及滋生的蚊蝇,这些都是多种疾病的发病源,如果不及时进行无害化处理,养猪场将会产生大量的病原微生物和寄生虫,若恣意排放将增加养猪场病原种类,不仅会增加生猪的发病率,还会导致发生人畜传染病,从而对人健康产生影响。

(三)自然污染

自然污染是指自然界中天然的物理、化学和生物学过程中产生的毒害

---

① 张北赢、陈天林、王兵:《长期施用化肥对土壤质量的影响》,《中国农学通报》2010年第 26 卷第 11 期。

物质对环境造成的污染或危害。① 佑溪村目前面临的自然污染主要是自然环境对水源的污染。在佑溪村，部分水源存在较多杂质，尤其是雨量大时山体滑坡，导致饮用水水体浑浊，现有的过滤装置无法彻底过滤并处理杂质，影响居民正常使用。例如 1 组黑儿冲蓄水池，其水源出水口周围被泥沙和杂草包围，而过滤池仅有 2 立方米的体积，过滤管道直径只有 5 厘米，管道数量只有 3 支，采用沉淀式的过滤方法，加之过滤网老化，雨量大时无法过滤所有的山泉水，从而导致 1 组三十户居民饮用水被污染的情况。

三、资源失衡

（一）水资源季节性、区位性短缺

佑溪村的径流分布不均，饮用水水源因地形结构的差异而分布不均。地表溪流主要是由大气降水补给形成的河川径流。该地属亚热带季风气候区，受东南季风影响，高温期与多雨期一致，年降雨量为 1400 毫米，降水主要集中在夏季 6、7、8 三个月。冬季干旱少雨，水量供给不足，部分农户用水较为紧张。同时，部分农户居住在山顶或半山腰，山泉水水源有限和旁邻用水不均衡等问题，导致部分农户饮用水短缺。比如，住在 5 组与 7 组的部分村民因地势较高，周围水源供给不足，加之山上水源出水量有限，早年每到枯水期均需要前往半公里外的山脚下水井挑水或到佑溪河边打水。同时，5组和 7 组有不少养殖大户，与养殖大户共用同一水源的住户时常因为隔壁养殖用水量较大，而导致自家日常用水紧缺。

（二）缺乏优质土壤

佑溪村的土壤种类包括黄棕壤土、山地棕壤土、石灰岩土等，这些土壤肥力较低，大部分质地不良，砾石较多，可种植的作物种类仅限于玉米、黄豆、土豆、红薯等旱粮作物。同时，因佑溪属于山石地区，具有坡陡土稀的特点，较难进行大面积经济作物的种植。

（三）野猪破坏庄稼问题

佑溪村时有野猪破坏耕地和粮食的情况发生。近 20 年来，佑溪村生态

---

① 方如康主编：《环境学词典》，北京：科学出版社，2003 年。

环境得到改善,优越的自然条件使大量野生动物得以栖身与繁衍,野猪出现频率增加。田野调查期间,时常可以听到村民感叹"我自己种的农作物还不够野猪吃""地里的粮食又被拱了"。野猪是国家重点保护野生动物和"三有"保护动物(即国家保护的有重要生态、科学、社会价值的陆生野生动物),非经许可,不能猎捕。虽然自 2005 年起宜昌市政府每年组织定额捕杀野猪,2018 年底湖北省林业部门已下发《湖北省林业局办公室关于开展全省野猪资源本底调查的通知》,要求各地对野外野猪资源开展调查,而近两年农民也组织了"护秋队"对野猪进行定期猎捕,但由于野猪活动范围广,出没时间不固定,使得猎捕达不到预期效果。截至 2022 年 7 月,佑溪村 7 个村民小组均存在野猪破坏庄稼的问题,对村民农作物收成产生一定的影响。

第三节　生态治理

生态治理能够有效保护和改善当地的资源环境,是可持续发展的必由之路,也是维系和推进中华民族生态文明建设长久发展的重要保障。聚焦于生态文明建设的佑溪村生态治理主要从以下两个方面落实。

一、村民自发性生态行为

(一)生态意识

"靠山,靠水,靠儿女"是佑溪村民对当地人与自然关系的总结。自古以来佑溪村民就有较好的生态保护意识。周家山的佑溪周氏祖先周发旺(清代嘉庆三年,即 1798 年)的碑文记载:"……永不允许私自砍伐,若后子孙窃砍此树,合族人等务必须同心协力送至公庭,按律治罪,绝不姑宽。"由此可见,佑溪村民的生态环境保护意识历史悠久,从小就根植于子孙后代的教育中。佑溪村民的生计与其周遭的山水林田等生态环境密切相关,因此村民对山林生态的保护意识较强,具有可持续发展的生态观。如砍伐树木时种类的挑选和数量的自主控制,仅砍伐长势歪斜的杂树和部分枝干,对于较粗壮树木和年岁较小的野生树苗则保留其生长空间。"不砍秃头山""不砍光""砍枝留干""取歪留正""砍老留小"等是村民的砍伐准则,而所有村民均会遵守此类柴木采集规则,家中囤放的木柴也是直径在 2～4 厘米的小木柴。佑溪村的树木砍伐行为较 21 世纪前已大幅减少。同时,不少村民在垃圾处理条件不理想的情况下依然坚持保证道路和家庭生活环境整洁,定期清理垃圾并将部分生活垃圾作为炊用燃料进行处理,同时努力争取垃圾车收集制度的尽快实施。时代不同,村民对佑溪村生态的经济价值会产生差异性认知,从而导致差异性保护行为。如经过能源结构变迁、生计发展变迁,较之于 20 世纪 70 年代前佑溪村民已大幅减少山林砍伐的行为。佑溪的山林是村民生产发展的基底,村民一致认同保护佑溪的绿水青山正是保护他们走向富裕的金山银山。

(二)可持续的生态资源利用方式

1.沼气综合利用

沼气综合利用亦称"三沼利用"(沼气、沼液、沼渣利用),即将沼气、沼液、沼渣运用到生产过程中,降低生产成本,提高经济效益的一项技术措施。佑溪村的沼气综合利用将种植业、养殖业等农业生产活动直接联系起来,应用于日常炊事、照明等日常生活中,成为发展庭院经济、生态农业、增加农户收入的重要手段。通过沼气综合利用,可促进农村产业结构调整,改善农村生态环境,提高农产品质量,增加农民收入,实现可持续发展。

2.畜粪收集处理

佑溪村采用多种方法处理畜禽废弃物,常见的方法有焚烧法、干燥法、堆肥发酵法。村内一般养殖户采用直接施用法;小部分养殖大户采用物理堆肥,利用微生物对粪便物进行腐化分解,生产出高效的有机肥料。

3.秸秆循环利用模式

减少秸秆焚烧带来的环境问题,并资源化处理秸秆,是需要村民思想的转变和环保意识的提高。佑溪村与其他大量焚烧秸秆的地区相比,在秸秆循环利用方面有着较好的实践。玉米、小麦、水稻等农作物的非食用部分都统称为"秸秆",属于有机物质,不仅用于农户家庭生活和农田肥料,更是牲畜养殖饲料的主要来源之一。佑溪村对秸秆的处理多以农田堆放与喂养牛羊为主,部分则进行焚烧处理。由于地势原因,佑溪村部分农田与居民居住地相隔较远,且交通不便,秸秆较难回收为农户家用能源,所以耕地里的秸秆多通过秸秆机械化粉碎还田和快速腐熟还田,少部分用于牛羊饲料或养殖堆肥。佑溪村"秸秆—牲畜养殖—能源使用—沼肥还田"的处理方式不仅实现了秸秆的循环利用,更增加了土壤肥力。

（三）友好的环境行为

1.主动减少砍伐

据多位村民自述，如今基本未见大批量砍伐事件，并且他们认为没有必要进行树木砍伐。目前村内树木砍伐行为较包产到户政策实施之前已经大幅减少，国家各项林业政策的出台、农村能源结构的调整改变了村民对薪柴木料的依赖。村内常住人口的减少使得能源使用需求量也变少。加之珍视自家林木资源，村民哪怕平日寻找薪柴也多为捡拾掉落树枝，或砍伐形状扭曲的杂木枯枝，不会砍伐粗壮树木以及树木幼苗。若因当地民俗需要，村民也会为省时省力而选择在专门出售柴木的地点进行采购。

2.自行处理垃圾

佑溪村部分村民小组因道路弯急路窄，政府部门出于安全问题考虑尚未设置垃圾运输车对每个村民小组进行垃圾回收。目前，佑溪村7个村民小组中只对道路相对平坦的1组和2组设置了垃圾回收点。3、4、5、6、7村民小组并未设置有垃圾运输车回收点，多数村民能自觉地对自家的生活垃圾进行无害化处理。比如，自设垃圾桶或开车运到村委会垃圾堆放处堆放。除去部分倾倒和焚烧垃圾等不当行为外，大部分垃圾均能得到妥善处理。

3.调节水污染问题

因养殖污染和环境污染导致的水污染问题，多由各组组长积极协调，妥善解决。蓄水池的日常清理工作，通常由组长组织村民积极参与，进行定期清理。同时，组长会广泛收集村民意见，与村委会进行商议处理。

二、政府治理

（一）林业工程的快速推进[①]

政府主导的林业工程主要分为五个阶段。自1979年后，历年均开展大型义务植树活动；1988年进行了消灭荒山、绿化达标活动；1990年进行了长江中上游防护林工程建设，1994年进行了"德援三峡地区生态林业项目"建设，2000年启动了天然林保护工程和退耕还林工程等。

---

① 湖北省长阳土家族自治县地方志编纂委员会编：《长阳土家族自治县志（1979—2000）》，北京：方志出版社，2011年，第169～178页。

1.全民义务植树运动

1979 年 2 月，全国人民代表大会五届六次会议确定每年 3 月 12 日为中国植树节，长阳县从 1981 年开始在每年的 3 月 12 日号召各机关单位组织植树活动，1981 年全县共完成 199 万株树木种植任务。1984 年完善包产到户，长阳林业局基本结束了稳定山界林权、划定自留山、确定林业生产责任制的"三定"工作，县内出现大批造林大户。同年，林业局和县团委联合发起了鼓励山区青少年造林竞赛的活动，彼时原佑溪村、香花岭和周家山村委会共同号召年轻村民参与其中，并在村里的中小学教育中将植树节知识普及与相关课外活动纳入教学体系中。

2.消灭荒山及绿化达标

1975 年，长阳县林业局在高家堰镇建设以杉木为主的用材林基地。1986 年长阳县杉木速生丰产林基地统一规划，分户承包。1988 年，县委出台《关于加快开发荒山荒地发展多种经济基地的决议》；1990 年 2 月 7 日，县委、县政府根据中共湖北省委、省政府提出的"十年绿化湖北"和中共宜昌地委、行署"八年绿化宜昌"的目标，实施荒山普查和营造防护林基地规划，以麻池、鸭子口、贺家坪为中心发展杉木速生丰产林基地；以中低海拔地区发展以板栗为主的经济林基地；以中高海拔地区发展杜仲、厚朴、黄柏等木本药材基地和高山日本落叶松基地。高家堰镇完成了 281 公顷的基地建设。县政府采取向县域内专业户、重点户采购种子，再向其他区域内的农户售卖。佑溪村主要为树苗树种购买村。1993 年，佑溪村在香花岭规划大片柏树和杉木林种植；西坡、大堰沟等区域大批引入板栗树树苗，规划板栗经济林基地。除板栗外，林业局依次向佑溪村售卖楠竹、绣果树、茶叶、石棉树、布朗李、桂花树、栀果树、柠檬等树种树苗，平均树苗价格在 5～10 元一棵。

3.长江中上游防护林工程

长江中上游防护林工程是国家"八五"期间和"十年规划"中的一项宏大生态建设工程。长阳县在 1989 年自筹资金启动长江中上游防护林域内工程。1990 年，该工程正式被纳入国家投资建设项目。"九五"期间又完成续建工程，1999 年工程竣工。为了实现"三年消灭荒山，五年绿化长阳"的目标，1990 年长阳县成立长江中上游防护林工程指挥部。工程完成时，全县建成人工造林 32133 公顷，封山育林 37133 公顷。佑溪村亦属于工程实施范围内，该工程为村内的杉木林基地提供了有效技术指导。

4.外资造林

外资造林主要指 1994 年德国援助生态林业建设项目和世界银行贷款造林项目。1994 年,"德国政府援助湖北省长江三峡地段生态林业工程项目"(简称为"德援工程")属于中国与德国财政合作造林项目,在长阳设置 3 个治理区,高家堰镇属于其中的丹水治理区。该项目为治理区引进资金、新环保理念和做法。1998 年,长阳县林业局重点在高家堰镇完成 32 公顷造林面积,其中用材林杉木 13 公顷,经济林板栗 19 公顷。2000 年,全县完成人工造林合格面积 695 公顷,人工造林 3753 公顷,封山育林 2959 公顷,灌草种植 26 公顷。

世行贷款项目全称为"世界银行贷款森林资源发展和保护项目",主要用于发展集约经营的人工林。长阳县于 1994 年 9 月完成规划,设计总规模 1025 公顷,总投资为 366.6 万元,经营期 20 年,前 4 年造林,后 2 年抚育。1998 年,全县完成造林总面积 1220 公顷。佑溪村村民踊跃参与到板栗林和杉木林的种植养育中,并坚持此项目的经济林抚育,时至今日,仍然能在部分组别的林地中见到成片的杉木林和板栗林。

5.林业重点生态工程与退耕还林

1979—2000 年,受间歇性气候恶化的影响,长阳灾害频发。为提高区域生态环境抗灾和自愈能力,国家采取各类林业重点生态工程建设。1998 年上级政府安排人工造林 900 公顷、封山育林 600 公顷、抚育 300 公顷、培育骨干苗圃 5 公顷。1999 年县发展计划委员会牵头组织农、林、水等部门共同编制县城《1999 年生态环境建设综合治理实施方案》,投资共计 1380 万元方案计划植树造林 1392 公顷,封山育林 4540 公顷,草地种植 30 公顷,生态农业 150 公顷,小型水利水保工程 133 处,新建沼气池 1350 座,节柴灶 1850 座。

退耕还林工程全称是长江上游地区退耕还林(草)工程。1998 年 8 月 28 日,国务院办公厅针对长江流域当年灾后重建工作提出"封山植树、退耕还林;退田还湖、平垸行洪;以工代赈、移民建镇;加固干堤、疏通河道"的 32 字方针。自 2000 年起,佑溪村开始退耕还林,总面积达到 404 亩,农民因还林类型不同而享受不同政府补助。

除大量种植防护林和用材林,以及实施退耕还林政策外,林业局还设立护林员的公益性岗位,工资 4000 元/年·人,选人标准主要为村内贫困户和低保户。护林员的职责主要包括向群众宣传林业法律法规及有关林业政策,做好管护责任区日常巡回工作,督查并制止野外违章厥火,及时阻止乱砍滥伐、乱采滥挖、乱捕滥猎、毁林开垦等破坏森林资源的行为,发现森林病虫害以及可疑病死木、枯死木现象要及时汇报等。

(二)禁伐禁捕禁采措施的实施

1.禁伐

2020年,长阳县林业局与佑溪村村民签署天然林保护工程的禁止商业性砍伐协议(如图8-3),明确各家林地面积和林木种类,并规定若需要砍伐大面积森林,需要前往林业局办理相关手续。自此,佑溪村的商业性树木砍伐项目基本告停。同时,佑溪村的薪炭林与生态林划分界限并不明显,村民砍树行为基本为日常用柴,对整体生态危害较小,无需特别管理。

2.禁猎

野生动物的禁捕对象包括对陆生野生动物和鸟类野生动物两类。1989年3月1日,我国正式颁布《野生动物保护法》,在制度上确立了野生动物保护原则。1996年10月1日,我国正式实施了《枪支管理法》,规定公民不得非法持有枪支弹药。佑溪村早年捕猎方式为双管猎枪,随后捕猎野生动物的行为减少。除去少部分私藏猎枪、使用电网、陷阱等方式私自猎杀野生动物的行为,佑溪村民猎杀野生动物行为基本停止。

针对鸟类禁猎,2014年湖北省林业厅宣布全省2014年1月1日至2018年12月31日内禁猎所有野生鸟类,并在79个县市区禁捕水域铺设视频监控全覆盖,建成长江禁捕"天网工程"[①]。自此通知发布以来,佑溪村村民反映再未见过打猎行为。

3.禁渔

针对过度捕鱼的问题,除去在大型水域中实行的"天网工程",《农业农村部关于长江流域重点水域禁捕范围和时间的通告》和《湖北省人民代表大会常务委员会关于长江汉江湖北段实施禁捕的决定》等文件中均有在支流水域中禁止生产性捕捞和生产性垂钓的要求[②]。严格禁止禁渔期和禁渔区内休闲垂钓、进行渔获物买卖交易,若存在交易行为视同非法捕捞。禁止一

---

① 国家林业和草原局政府网:《湖北省野生鸟类禁猎期延长5年》,http://www.forestry.gov.cn/main/146/20181210/143222824446864.html,访问时间:2022年9月23日。

② 朱梓荣:《湖北——高标准交出长江"禁渔令"的湖北答卷》,http://www.crnews.net/zt/zyyhwj/gdpl/440221_20210301112520.html,访问时间:2022年9月23日。

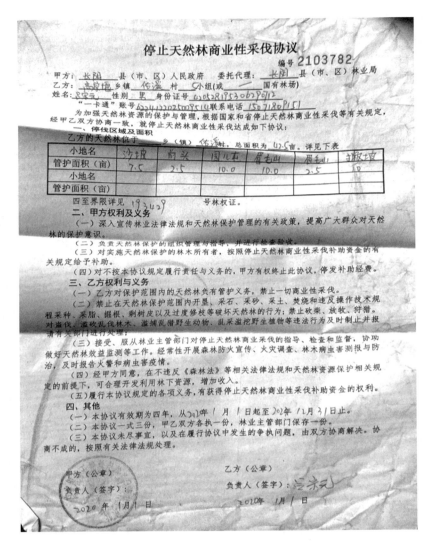

图 8-3　禁止商业性砍伐协议书示例

人多杆、一线多钩、多线多钩垂钓。因养殖生产或科研调查等需要捕捞水生生物的,须省级以上渔政行政主管部门批准。同时,禁止使用视频装置等各类探鱼设备以及船艇、排筏等水上漂浮物进行垂钓;禁止使用含有毒有害物质的钓饵、窝料和添加剂及鱼虾类活体水生生物饵料垂钓[①]。目前佑溪河已无上述捕捞行为。

4.禁采

佑溪村曾有 4 处开采厂,2 组有一处采沙场和一处采石场,分别于 2010 年和 2018 年停止开采;1 组有两处采石场,分别于 2014 年和 2020 年停止开采,2021 年佑溪全村正式禁止开采。至此,村内再无沙石干采场。中途曾有私自再次开采的行为,在受到卫星监测和林业局提醒和警告后,立即停止开采行为。今年,位于佑溪村西侧的彭家河村锰矿厂也因需要办理开采证而暂停开采。

(三)有机化肥厂[②]

佑溪村定点帮扶单位三峡大学组织专家团多次亲临佑溪村进行实地勘察。在国土、林业专业人员反复勘测和调查后,本着生态文明的建设原则和乡村产业振兴的政策导向,三峡大学专家组初步拟定了"佑溪村有机肥厂"的建设计划,在与县级政府和基层单位充分沟通后,决定与佑溪村共同努力,争取在村内建设一个有机化肥厂,从而进一步加强对佑溪村养猪业的全面整顿工作。有机化肥厂建成后,可以对村内规模养猪、养牛所生产的猪粪和牛粪进行饲料化处理,减少了猪粪对土壤和河流的污染。

目前佑溪村对村民生活、房屋、道路等人居环境采取生态治理举措,取得了一定效果。生产方面,佑溪村已基本实现沼气综合利用、畜粪收集处理、秸秆循环利用模式等生态化利用,村里养殖大户具备一定的农业污染处理措施,村域的绿色生产条件较好;生态方面,村民主动减少砍伐行为,自行处理垃圾,佑溪内部积极协调水污染问题,对采石场进行削坡升级、坡脚防护、坡面防护和回填坑洼等恢复生态治理措施。综合生态环境治理基底已经形成,虽尚存在部分问题,但正在向着生态宜居、美丽乡村的目标迈进。

(调查及撰写:同若晗、罗承革)

---

① 武汉市农业农村局:《禁捕水域视频监控全覆盖! 湖北今年底建成长江禁渔"天网工程"》,http://nyncj.wuhan.gov.cn/xwzx_25/xxlb/202109/t20210928_1786977.html,访问时间:2022 年 9 月 23 日。

② 信息来源:佑溪村三峡大学驻村工作队访谈,引用时间:2022 年 7 月 19 日。

第九章

历史见证:佑溪村的振兴之路

　　佑溪村虽地处鄂西南深山,但国家权力的下渗和市场经济的影响使当地在20世纪50年代后发生了翻天覆地的变化,小至居民饮食,大至村落构成,村民生活的点点滴滴,村落社会的角角落落,无不深受影响。从食求果腹,到全面脱贫,再到乡村振兴,无数个具体的发展缩影构成了佑溪村社会变迁的全图景。前述各章节从不同角度,分门别类地展示了村落的历史文化和社会发展,而本章将从村落道路发展、村民生猪养殖变迁、佑溪乡村振兴三个更具体的视角来展示佑溪村的发展与变迁。道路发展与生猪养殖贯穿于佑溪村落发展及村民生活的始终,见证了村落的过去与现在。乡村振兴则是在村落现状基础上,对村落未来发展的展现。因此,本章以乡村路、佑溪猪、佑溪振兴三个案例来呈现佑溪村的过去、现在及未来,从细节窥整体,以小见大,折射佑溪村乡村振兴的发展变迁。

第一节　盘旋上升的乡村路

　　要致富,先修路。佑溪村位于崇山峻岭之中,村民的房屋散落分布于山林各处,天然屏障使得当地道路在历史上多为仅能容下一人通行的山间小道。如今,平坦宽阔的硬化公路盘延于村落各处,将分散于山林的各家各户串联起来,也使得村落与外界的联系愈发紧密。山区道路的修建困难重重,从拓宽道路的村口第一铲到硬化公路延伸至村尾最后一户,花费近半个世纪的时间,佑溪村将若隐若现的小山路彻底拓宽为如今的平坦公路。佑溪道路变迁的历史,是村民集体奋斗故事的体现,更是佑溪社会发展历程的反映。

　　村民ZWY,女,汉族,1960年出生于佑溪村,高中文化水平。自出生后一直生活、工作在佑溪村,曾任佑溪村村委会要职多年,目睹佑溪村道路60

多年的发展情况，她与其亲属也曾多次参与修路工程，熟悉佑溪村的道路如何从泥泞山路蜕变为硬化道路。2022 年 7 月，笔者对 ZWY 进行了数次深入访谈，并就访谈中发现的问题征求其他村民的意见确保信息准确。为此，综合整理访谈材料，结合实地田野调查，如实记录佑溪村的道路发展历程、发展现状以及发展趋势。

一、从无到有的修路历程

在 1967 年之前，佑溪村的道路还是泥泞山路。偶尔有几段山坡上的小路，附近居民为了行走方便，便会凿刻几节台阶，铺上不到半米宽的石块或石板，而乡间其他的道路都是狭窄的泥土路。每逢下雨时，大雨砸出深浅不一的泥坑，加之松动的石块，使得道路通行变得十分艰难。天气晴朗时，村民行走还需要拿着镰刀，边走边砍除路面或路边的杂草灌木。村民出行全靠双脚走路，村里没有驴、马，更没有马车之类的交通工具，运输猪、木柴、粮食等重物则全靠人们肩挑背扛。

佑溪村的第一条真正意义的大路是在 ZWY 上小学的时候开始修建的。1968 年，从夹龙口到现在村委会所在地之间的道路修建完成，这是佑溪村的第一条公路。当时修路是由生产队集体购买雷管、炸药和火线等物资，先炸石开山，再铲土修路。那时，佑溪村还属于石洪公社，公社下有 10 个小队，每个队负责各自队内的修路任务，由于没有太多的修路经验，经常出现道路坡度和弯度不合理、路面不够平整、炸药用量不合适等问题。所以，那时的公路是边修边调整，用人力挑大石头填平坑洼，再铺上碎石和泥土来平整路面，佑溪村修路的经验便是一步一个脚印地积攒下来的。经过生产队一年多的努力，仅容一人通行的小路被拓宽成 4～5 米宽的公路。路修好后由各小队自行负责每年的路面维护。ZWY 的父亲时任分水岭第三小队队长，每年要组织专人护路修路两次，主要是用碎石头和泥土将不平整的路面填平、重砌坍塌的路坎、清理路边及路面的树枝杂草等。随后几年，村委会到樟木山、大堰沟（现 1 组和 2 组）的公路陆续修好，佑溪村主干道基本成型。

公路修好后，汽车等交通工具也开始在村里出现。1974 年，第一辆卡车驶进佑溪村，专门为石洪公社运送化肥。那时候，村民都没见过四轮大卡车，好多村民都以为那卡车是个大牲口，便问司机："这么大个牲口要吃多少粮食啊？"逗得驾驶员哈哈大笑："它不吃粮食，只吃柴油。"后来十来年里，大车进村的次数逐渐变多。20世纪80年代末，ZWY家购买了二八大杠的自行车，方便她老公从分水岭到高家堰镇上班。在彭家河锰厂和其他村镇上班的村民也开始骑自行车外出，摩托车则是20世纪90年代开始在村里出现的。

1992年，原佑溪村、周家山与香花岭合并成佑溪村，村子规模变大。合并后，周家山和香花岭的公路开始修建。合村之前，因为地势高，周家山（现6、7组）的路都是小山路。合村后的1994年，周家山原村卫生所和村委会办公室之间道路修建完成，新路是3米多宽的土路。虽然山高坡陡不好修，但村民们非常团结，修路兴致很高，从周家山上到毛家坡那一段土路在1995年也修建完毕。从合作社修到姚家坡，大约5公里蜿蜒曲折的土路，最难修建，在2003年时也终于打通。2007年，通往周家山的硬化道路开始修建。在国家扶贫政策的帮助下，周家山的硬化水泥路于2019年全部建成。

香花岭（现4、5组）在1998年之前一直都是小山路。2000年，5组到香花岭山脚下的土路由每户村民出资130元，集资修缮完毕。2006年，山下1组的硬化公路修建完毕；2012年，4组村民每户出资200元完成全组公路的硬化；2014年，5组每户出资200元开始修建硬化路。香花岭山顶的姚家坳和邓家坡的道路太过陡峭，且均位于山背后，硬化路的修建非常难。村里当时研究了多种办法，都无法从村委会这边直接通路。最终，村委会选择向隔壁彭家河村借道，从2组樟木山开始修到彭家河村接壤处，再绕道香花岭和3组的数座山西侧，最后从姚家坳的西面修到香花岭山顶，一直到2018年这一段硬化水泥路才得以修建完毕。

佑溪村的水泥硬化路建设最大的催化剂是沪渝高速修建工程。2004年，沪渝高速开始施工，2组的许多村民搬迁至高速公路两旁，征地每亩地补贴12500元，有关农户每户能分到补偿款近10万元。2004年开始修建沪渝高速，2008年完工。这一时期，村里正在如火如荼地修建水泥路。2006年村委会开始修1、2组的水泥路，2009年修缮完毕。在镇国土所的主持下，佑溪村每户出资600元，村干部按照招标投标的流程联系到一家专业的路面硬化公司实施该项目。2011年，村民把高速公路施工剩下的防护栏安装在村道的急弯急坡外侧，并在2018年完成全村道路安全设施的安装。正是因为沪渝高速的建设，佑溪村其他硬化道路的建设速度才有所加快。

二、逐渐便捷的佑溪道路

　　佑溪村道路的发展与村落社会发展息息相关。随着物质产品的丰富，村民前往集镇、县市买卖农产品的频率增加，道路使用愈加频繁，路面管理力度也相应增加，从人手一把镰刀的泥土路修整，转变为有偿的硬化路面定期清理。过去由于道路使用频率不高，路边杂草生长迅速，4 米宽的土路经常变得只有 2 米宽。农闲时节，村民便出工集体修路，其他时候则是自己根据需要随时进行清理。随着市镇交易的逐渐频繁，为方便村民通行，20 世纪 90 年代末至 21 世纪初，道路硬化基本完成。硬化路面的管理也比曾经的土路修整省时省力，不再需要专门组织村民集体维修，只需定期打扫路面卫生及清理路旁过于茂盛的树枝即可。为此，村委会利用公益性岗位安排了专门负责路面清理的保洁人员。

　　硬化道路修建完成后，村民间的交往交流变得更便捷。早期，佑溪河边的村民想去周家山和香花岭探望亲戚，只能步行前往。20 世纪 90 年代末时，他们便能骑着摩托车前往这两个地方。如今，各种农用车、摩托车、小轿车，都能到达。路越修越通，人们之间的交往也日益频繁。以前，ZWY 在村委会上班时，要去香花岭和周家山办事，基本要花上一整天的时间。如今，半天的时间就足够往返好几趟。现在，村干部都是骑摩托车或开车到这些地方办公，村民之间来往也是。开会、送人情、入户检查，骑上摩托车，很快就能到达每一位村民家中。路修好后最方便的还是孩子们上学不用再那么辛苦了。以前，住得最远的学生要走近十里山路，每天往返要花 3～4 个小时。"上学路远，难走"是那时部分学生辍学的一个重要原因。如今，硬化路通达全村各个角落，而且大部分家庭都有车，还有村民专门经营的校车，所以现在孩子们每天上学、放学都是车接车送，最远的地方上学也就半个多小时，方便安全又快捷。

　　佑溪村的道路陡峭弯曲，道路安全问题也逐渐引起村民的重视。水泥路刚修好时，路边并没有设置防护栏。2011 年，佑溪村山路上发生过一次严重的车祸，事故车辆冲出山路弯道直接掉落悬崖谷底，造成严重的人员伤亡和财产损失。为此，佑溪山路的安全问题马上引起村民的重视。不到一年的时间，村里所有危险的急弯路段都安装了防护栏（见图 9-1）。2018 年，在村民的共同努力下，全村的道路防护栏安装完毕，特殊地方还进行了加固。村中道路设施的不断完善，也促进在外成家立业的子女们开车回家次数的增多，村内村外的人情往来逐渐频繁。

图 9-1　佑溪村 6 组的急弯道路

随着佑溪村道路的不断升级完善，村落内外的联系也越来越紧密。路修好后，不仅在外的子女回家次数多了，而且各类运货车辆来往也方便了。以前，村里农产品的销售数量和渠道有限，道路通畅后这些问题都有很大改善。收购农产品的车辆直接进村，兜售生产生活用品的车辆更是直接入户，村民不出门便可自由买卖货物。佑溪村现在是高家堰镇的养殖大村，这与村内道路的修建密切相关。硬化路修好后，卖猪不再用人抬，牲畜的买卖交易也愈加频繁。同时，村委会、合作社、打家业队、杀猪队等在村里办事也更加方便。很多以前不能办、不方便办的事情，现在也能及时得到处理。硬化路通达后，打家业的团队基本上每天晚上 7 点都会在村中开展培训课，人们吃完晚饭后骑着摩托、开着车来学习；杀猪队和红白喜事的帮厨队能够带着锅盆碗灶及时到达每家每户；有机化肥厂、茶业加工厂等打算开建的项目都是在主干道旁。未来，村民还计划开水果采摘园、盆景观赏园等观赏游玩的项目，让更多的人走进佑溪村。

三、蜿蜒上升的佑溪之路

佑溪的公路，蜿蜒曲折，但盘旋上升。1967 年以前，佑溪村只有仅供步行的山路。1968年，佑溪村修成了近4米宽的土路主干道。1992年，原佑溪、香花岭、周家山三个自然村合并为一个村，1993年村民自行组织修好周家山的土路。1998年，香花岭的山林小路扩建为3米宽的沙砾路。2004年，开始修建沪渝高速，佑溪村重新规划道路并开始修建硬化路。2009年，佑溪村主干道硬化施工完成，从2米的土路拓宽为3.5米的水泥路。2012年，香花岭的硬化水泥路铺设完毕。2019年，最后一段硬化水泥路通至周家山山顶处。各处道路的修建虽在时间上有先后之分、修建方式亦有不同，但如今四通八达乡村道路网的形成是村民积极参与、共同努力的结果。在修路的过程中，村民总是团结起来，积极响应，有力出力，有钱出钱。佑溪村重峦叠嶂，地形复杂，修路过程虽有重重困难，但村民团结一致，共同努力，在政府的帮助下终于实现了通行便利。

在访谈中，笔者与访谈对象坐在其家门口。左面是沪渝高速，右面是佑溪村主干道。高速路上车来车往，村道上时不时驶过各种车辆，有接送学生放学的面包车，有在城里工作的子女周末回家的SUV汽车，有骑摩托车办事的村委会干部，有从田间载着刚收完的秸秆往家里赶的三轮车，也有整装开往会车道施工路口的水泥罐车，还有托着一篮子蔬菜骑着电动摩托串门的大婶。每一个路过的村民都热情地打着招呼，每一个人都精神抖擞，笑容满面。

曾经的佑溪村因为自然地理条件隔阂而形成三个自然村落，地理阻隔使三个村落在很长一段时间内交流甚少。随着道路的修建，村民间的交流交往交融加深，成为彼此生产生活的一部分，资源互通，财力共济。不断整合的佑溪村实现了全村脱贫，越前行越小康，扎实迈进共同富裕。佑溪村的山路—土路—硬化水泥路的道路发展过程，不仅是佑溪村的发展记录，更是村民从疏离走向团结的奋斗史和受益史。未来，道路的进一步发展，是佑溪村走向更加富裕的象征，也是佑溪村民更加幸福的标志。

第二节 创业致富的养猪业

从20世纪50年代开始，养猪业一直是佑溪村的重要产业，不同时期发挥作用不同。农村社会经济的不断发展使得当地的养猪业已随之发生显著变化，目前佑溪村更是成为当地远近有名的养殖大村。作为农村产业结构变化的一个缩影，佑溪村养猪业近70年的变化则在一定程度上反映了当地种植业的发展变化。

一、颇具规模的养猪户

村民 HSG 是村内养猪时间最久、最具有代表性的专业养殖户之一。他 17 岁时与父母、兄弟们一起住在黑尔冲（现佑溪村 1 组）。那时，佑溪村养猪的人家比较少，大概占全村户数的 30％。HSG 家一直养猪，一般每年养 2 头，劳动力多时也可能养 4 头。大集体时期的劳动生产和粮食分配都是由生产队统一安排和协调，玉米、红薯、土豆等是最主要的粮食作物，水稻则很少。集体劳动效率低，土地收成也少，所产粮食除了上交供销社外，剩余的仅能维持人们日常的口粮所需，有时连温饱都解决不了。因而猪也就只能吃野草和农作物藤叶。HSG 一家人都很勤劳，大人们在集体劳动的间隙会利用休息时间割草喂猪，而小孩子最主要的任务也是割猪草。由于没有粮食，猪只能依靠野草和红薯藤外加少许玉米面或米糠混合投食。更多时候并没有玉米面或米糠，而是直接用野草或红薯藤喂养。那时，一头猪喂养一整年最多能长到 50～80 斤，100 多斤的猪很少见，200 斤以上的肥猪更没有见到过，不像现在饲料喂养 7～9 个月就可以长到 300 斤左右。养猪是大集体时期农民最主要的副业，不仅可以在过年时吃肉、囤积农家肥，更重要的是靠卖猪肉获得经济收入，用来支付家庭购买布料、盐等生活必需品的开支。

1980 年后，家庭联产承包责任制实施，农村劳动生产效率提高，粮食产量显著提高。HSG 结婚后，分家时共分到 17 亩地，多数都被用来种植玉米。他家精心地"伺候"这些土地，加上商品肥的出现使得玉米产量增加。逢高产年份，他家的玉米可达到上万斤，红薯达到 3 万多斤。粮食多了，养猪的数量增加了，而猪的伙食也变好了。他家养猪的规模从 3 头逐渐发展到 5 头，再到 10 头。喂养模式从原来"野菜"转变为"野菜/红薯＋米糠/玉米"的混合喂养。大概在 1986 年，佑溪村开始出现养猪饲料。最初，他抱着试一试的想法，用一包猪饲料混合玉米和红薯藤喂养家里的 10 头猪，发现猪吃"151"（养猪饲料的品牌）后增长速度明显增快，慢慢地村里也开始接受饲料养猪了。当时的猪饲料不会全程使用，多在猪出栏前的两个月使用，以达到快速催肥的作用。随着喂养方式的转变，此时喂养一年的猪可长到 250～300 斤，部分养殖时间更久的年猪甚至能长到近 400 斤。2001 年以前，黑尔冲的交通不便在很大程度上限制了养猪业的进一步发展，加上当时以种植业为主，受传统思想的影响，养猪卖钱主要是为了购买粮食种植所需的种子、肥料等农资，并没想过通过养猪致富。

2007 年，6 组通公路后，为扩大养猪规模，HSG 家从黑尔冲搬到公路边。从那时开始，养猪规模从之前的 10～20 头逐渐增加到 50～150 头。喂养方式也从原先的"玉米＋红薯藤＋饲料"转变为"玉米＋饲料"甚至"全饲料"喂养，养殖中所需的玉米全靠市场购买。现在，养殖规模大概为年均 100 多头。目前村中共有规模养殖户 16 个，他的养猪规模在村中仅属于中等水平。由于养殖规模比较大，日常防疫、每天两次投食和清洗猪圈等工作需花费大量时间和精力。加之年纪越来越大，子女又长期在外务工，劳动力不足，而种子、化肥等种植投入增加。因此，只能选择耕种家旁路边的土地，无暇顾及离家或离公路较远的土地，很多土地被撂荒。因此，养猪成为 HSG 家家庭收入的主要来源。

二、生猪养殖与生产方式的改善

佑溪村养猪发展至今，养殖规模、养殖方式、主要用途均发生了明显变化，而这些变化与当地不同时期的生产方式密刃相关，并在一定程度上反映了当地农村社会经济的发展变化过程。

养殖方式和规模最能反映农村生产情况的变化。在计划经济和集体生产时期，佑溪村民完全依赖土地生存，虽然所有耕地都用于玉米、水稻、薯类等粮食作物种植，但由于生产方式和科技落后，导致粮食产量低下，温饱问题难以完全解决，肉类更是稀缺物资。为增加收入，村民往往以集中喂养或代养的方式在村社或部分农户家中饲养。在粮食产量极为有限的情况下，猪只能以草料喂养，草料成为影响生猪产量的重要因素。在大力发动群众种植饲料作物的同时，合作社还组织人力广泛搜集野生青饲料，青贮或者干藏起来，并采集野草、青菜、野果、树叶等代饲品。此时的猪虽瘦小，却也承载着村民对生活的美好愿望与期待。

20 世纪 80 年代后，随着家庭联产承包责任制的推行与日益完善，土地从集体统一经营转变为农户分散经营，人民公社时期"三级所有、队为基础"的农村土地集体所有制下的土地产权结构发生了深刻变化，农民享有了承包土地的使用权、剩余索取权及转让权。[①] 这一时期，农民劳动的积极性增

---

① 张晓山：《中国农村土地制度变革的回顾和展望》，《学习与探索》2006 年第 5 期。

加,虽然粮食作物的种类未有明显改变,但对土地更加精心的管理和照料使粮食产量明显增加。同时,化肥的普及也促进了粮食增产,人们的生活得到逐步改善,初步解决了温饱问题。粮食的略有盈余使得家家户户开始养猪,而且人猪共享粮食,玉米、米糠等作为养殖辅料少量出现在猪食中,呈现出了"野菜/红薯＋米糠/玉米"的喂养方式。这一时期村民在猪食中的投入增加,粮食在猪食中的出现及其比例的增加使得猪食的营养性不断提高,从而促进了猪的生长,猪的生长周期性也逐渐缩短。

20世纪90年代后,猪饲料在佑溪村的出现与推广开启了村民养猪的新模式,对新事物的质疑与探索使得生猪的养殖方式开始出现了新的变化,"野菜/红薯＋米糠/玉米＋饲料"的混合式喂养出现,这是介于传统养殖与科学喂养之间的一种过渡性养殖方式。饲料在猪食中的出现进一步加快了猪的生长速度,也增加了养殖成本。之后,随着生猪市场需求的增加和养殖技术的发展,村民的养殖规模越来越大,养猪专业户开始出现。较大规模的养殖使草料不再适合于作为猪食的主要成分,因为草料养殖对草料的需求量大,草料的采集需耗费大量的人力和时间。草料从猪食中的退出必然增加粮食在其中的占比,加之饲料的加入,养殖成本进一步增加。与此同时,猪的生长速度及周期亦显著变化,较之于传统草料养殖,混合式养殖的生猪不仅生长周期缩短,而且体重增加了2倍以上。因此在农村经济条件好转及玉米等粮食产量提高的背景下,农民能接受这种较高成本的混合式养殖。

进入21世纪,佑溪村青壮年劳动力外出务工增加,留守村中的村民越来越少,劳动力也越来越弱。人们无力再精耕所有土地,尤其是传统粮食生产的低效益使得村民逐渐放弃了相对偏远的低产耕地,而其他优质耕地多被用以经济作物种植。对劳力需求相对较小的生猪养殖成为多数村民更好的生产选择,加之农村交通等基础设施的完善,在市场和政府的双重影响和引导下,佑溪村的生猪养殖规模越来越大。规模养殖对养殖过程中的科技含量和效率要求更高,传统养殖方式不再适用,混合养殖比例不断下降。为了节省人力成本与时间成本,提高经济效益,"全饲料"养殖成为规模养殖户的首选,佑溪村的生猪养殖已蜕变成与传统养殖完全不同的新型生猪养殖。

佑溪村生猪养殖方式的变化与当地种植业,尤其是粮食生产的变化密切相关,同时也是农村经济发展水平的反映,而生猪养殖用途的变化则更好地折射了当地社会经济发展的变化。不同时期的生猪养殖有着其不同用途。大集体时期,农村以种植业为主,养猪是农民主要的家庭副业。由于大量养猪对增加肥料、提高农作物产量及经济收入具有重要意义。① 因此，随着人民公社运动的深化，养猪业走向全民动员、全民参与是一种历史的必然，养猪从农民单一的日常经济行为最终转变成一种政治生活，逐步实现了政治化。养猪为村民提供了经济收入和种植业积肥，寄托着每家每户的美好希望。家庭联产承包责任制实施后，农村家庭逐渐家有余力、家有余粮，养猪积肥不再是主要目的，更多是通过养猪来增加收入和改善伙食。养猪成为种植业的辅助，出售生猪是购买种植业所需种子、化肥等农资的主要资金来源，是维持大型生活开支和肉类食品的重要来源。随着市场需求的旺盛、农村产业结构及劳动力的优化，专业养殖户出现。尤其是随着农村公路、水、电和通信网络的健全及政府对农村养殖的政策扶持，越来越多的村民步入专业化养殖道路，生猪养殖成为他们创业致富的首要选择。养殖不再依赖于土地，而完全依赖于市场。不同用途的生猪养殖不仅与村民的家庭生产经营境况有关，更离不开彼时彼地农村社会内外政策、经济等因素的综合影响。佑溪村生猪养殖的变化，从一个侧面折射出当地农村在多维力量的影响下，从封闭贫穷的集体生产逐渐进入脱贫奔小康的今天所经历的显著变化，是当地农村经济社会变化的一个微观反映。

第三节　蓬勃发展的乡村振兴

习近平总书记于 2017 年 10 月 18 日在党的十九大报告中提出乡村振兴战略，从根本上解决我国当前农业不发达、农村不兴旺、农民不富裕的三农问题。这一战略是解决新时代我国社会主要矛盾、实现"两个一百年"奋斗目标和中华民族伟大复兴中国梦的必然要求，具有重大现实意义和深远历史意义。② 为响应国家乡村振兴战略，巩固拓展脱贫攻坚成果与乡村振兴有效衔接，三峡大学"十四五"省级乡村振兴重点帮扶工作队于 2021 年 7 月进驻佑溪村，充分发挥大学人才、智力和科技优势，助力佑溪村社会经济发展，并取得显著成效。目前，佑溪村的乡村振兴以产业振兴为主导，并抓住人才振兴这一关键，充分发挥生态优势，有效促进村域社会经济发展。

---

① 中国社会科学院、中央档案馆编：《中华人民共和国经济档案资料选编农业卷（1953—1957）》，北京：中国物资出版社，1995 年，第 946 页。

② 《乡村振兴战略规划（2018—2022 年）》，中华网，网址：https://news.china.com/news100/11038989/20180927/34018349_2.html，下载时间：2022 年 9 月 28 日。

一、产业振兴

产业振兴是"乡村全面振兴的重中之重"，为乡村全面振兴注入强劲动能。佑溪村的产业振兴是在原有产业基础上，发展特色种植业和养殖业，辅之以其他集体经济，对佑溪村提效增收、促进乡村共同富裕和践行可持续发展起重要作用。

种植方面，佑溪村充分利用区域地理优势及帮扶政策利好，积极推进蔬菜和高粱种植项目，以增加农民收入。为实现该目标，佑溪村发展蔬菜产业基地，鼓励村民参与蔬菜种植，并积极拓展销售渠道。截至 2021 年底，佑溪村已动员村民种植萝卜、白菜等蔬菜 200 余亩。销售方面，佑溪村则采取帮扶性兜底销售与市场对口供给相结合的措施，通过与各级帮扶单位合作，共销售 4 万斤蔬菜。2022 年，为扩大产业规模，佑溪村发挥合作社的带动和引领作用，继续推广白菜等蔬菜种植。销售方面则与贺家坪镇韩国泡菜基地相关企业达成合作意向，通过对口定点销售的方式解决销售渠道问题。除了大力发展蔬菜产业基地外，佑溪村还积极推行高粱种植项目。2022年，在三峡大学生物与制药学院专家的指导下，佑溪村决定开展酿酒用高粱种植项目。为了确保项目的顺利推进，佑溪村采用先试种、再评估、后推广的方式。在综合评估生长周期、产量、病虫害等情况符合标准后，良种高粱将被种植在佑溪村的土地上，并在佑溪村内进行大力推广。

养殖方面，除继续引导村民发展猪、牛、羊等常规禽畜养殖外，佑溪村还开展了饲用蚯蚓养殖项目。该项目依托三峡大学生物与制药学院提供的技术与种苗，将农作物秸秆、禽畜粪便和果蔬残渣等农村生产生活废弃物按一定比例混合制成养殖底料，以循环利用的方式，变废为宝，从而实现经济效益与生态效益的双丰收。在佑溪村驻村工作队的积极规划下，位于佑溪 6 组的蚯蚓养殖基地已经开始运行，第一批也已引种试验。若试验成功，该项目将通过村落能人的带头作用引领和带动更多村民参与其中。

集体经济方面，佑溪村积极建设生态有机肥厂、大力发展飞地经济、并引进外部企业发展乡土产业以壮大集体经济。为解决环保压力较大和养殖粪污处置堪忧的问题，驻村工作队组织专家进村考察并进行技术指导后，佑溪村计划修建一座有机肥厂。2022 年 7 月，通过驻村工作队的数次考察，终于选定生态有机肥厂的地址。建设生态有机肥厂，不仅可以保护生态环境，使佑溪村更加宜居，而且能实现养殖废弃物的二次利用，生产的有机肥可直供村内蔬菜种植、木瓜培育、茶园培育等，形成闭环经济。若生态有机肥厂建成，成功运营后可为佑溪村增加近 20 万元/年的村集体收入。佑溪村还依托三峡大学的长阳实践基地发展"飞地经济"。该项目共投资 50 万，将高家堰镇青岩村李家湾中小学改造成为三峡大学长阳实践基地。该实践基地是一个集盆景创艺、培训及交流为一体的中心，可以进行团建活动、展示三峡大学生态艺术和科研成果。佑溪村"飞地经济"每年固定分红 5 万，此外还有额外的增幅分红，在增加村集体收入的同时，还可促进长阳土家族自治县、高家堰镇、佑溪村及青岩村的"飞地经济"发展。在村委会和驻村工作队的精心谋划下，佑溪村还引进了茶叶深加工及精油炼制厂项目。截至 2022 年 7 月，茶厂选址已确定，茶园基地已完成初步改造，即将开工建设厂房，首期投资近 300 万元，预计 2022 年底完成厂房建设。待茶厂完工开始经营，预计带动佑溪村 4、5 组农户将 20 亩闲置茶园提档升级为 250 亩茶园，将其打造成高端精品红茶基地，进行茶叶种植及加工、精油炼制等。依托茶园基础，佑溪村积极引进外部企业（湖北巴源寨农业科技开发有限公司），在佑溪村 5 组开展以梅花鹿养殖为核心的旅游观光、农耕体验、科普研学等为一体的多元化产业发展，实现三产融合，形成新的乡土产业。该项目中，佑溪村以 100 亩集体茶园入股，参与公司盈利分红，按照合同规定，公司盈利的 3% 将作为村集体收入。2023 年，该园区刚建成，已流转村内土地 300 亩，带动村民就业 5 人。随着企业的发展及园区规模的进一步扩大，对村民就业和增收的带动作用将逐渐凸显，而对村集体经济的壮大作用也将越来越明显。

经过上述各项产业振兴举措，佑溪村经济发展成果显著。2014 年，佑溪村被列为长阳土家族自治县 54 个重点贫困村之一，全村共有贫困户 205 户 553 人。自实施精准扶贫和乡村振兴战略以来，佑溪村大力发展产业，通过种植、养殖、发展乡土产业等方式增加收入，帮助贫困户不断脱贫。至 2020 年，佑溪村的建档立卡户全部脱贫。

二、人才振兴

除大力发展产业振兴之外，佑溪村还注重人才振兴。没有人才的支撑，乡村振兴只能是一句空话。2021 年，为推进佑溪村的人才振兴，通过党员代表推荐和村民微信群、党员群公开招聘等形式，佑溪村吸纳了 2 名优秀人才，组建了佑溪村村委会，保障党委政府的每项指令能高效落地。同时，村委会还培养年轻后备干部，以协助村委会开展工作。最重要的是，村委会向在外乡贤发出"归雁令"，邀请乡村能人回乡创业，共同助力乡村振兴。此外，三峡大学驻村工作队还多次协助佑溪村开展"人才振兴"行动。其一，三峡大学利用人才资源优势，选派专家教授到田间地头讲解科学移栽技术、测土配方施肥、农药化肥减量增效、病虫害绿色防控等知识，提高产业带头人的种植、养殖技能，一年间共组织专家教授开展培训和讲座 3 次，共计培训81 人次；其二，驻村工作队多次对村后备干部进行办公软件、公文写作、工作方法、工作技巧等方面的指导和培训，为村委会工作效率的提高提供帮助；其三，三峡大学在佑溪村建立研究生农村工作站、志愿服务点和社会实践基地，通过田野调查、志愿服务、社会实践等形式强化佑溪村人才振兴。

三、绿色乡村

良好的生态环境是农村的巨大优势和宝贵财富，生态宜居的落脚点不仅是坚持绿色发展，还要适宜村民生活。佑溪村在大力发展产业振兴、人才振兴的同时，也不忘积极改善村落基础设施，如村道修缮、安全饮水项目、亮化工程等。2014—2020 年间，佑溪村共完成 30 多公里通村公路的硬化，实施生命防护工程安装 1100 米。2021 年，佑溪村还计划将驻村工作队申请的 15 万帮扶资金用于全村乡村道路的路段会车道建设，该会车道预计长12 米、宽 2.5 米，7 月已完成点址定位考察，建设工作有序推进。同时，入村道路的拓宽及沥青路面铺设工作也在有序进行中，预计将于 2023 年下半年完工。由于山路崎岖、村民饮水不便等原因，佑溪村还积极推进安全饮水项目。截至 2020 年，该项目已惠及全村 589 户，2037 人；新修泵站 4 处（香花岭、冉家湾、樟木山、鲁家井），解决了 150 余户安全饮水问题。同时，村委会派专人不定期对全村已有水池进行排查维修加固，规范管护机制，并推行公司化管理与改革。此外，2021 年 7 月，驻村工作队入村后，佑溪村依托三峡大学提供的资金在主干道公路安装 18 盏太阳能路灯，亮化村主干道 4 公里；2022 年，驻村工作队又从长阳县国家电网争取到建设资金，为佑溪村追加安装 100 盏路灯。太阳能路灯安装的完成，不仅改善了佑溪村基础设施，方便群众出行和生活，还实现了节能环保、创建绿色村庄的目的。

在宜昌市乡村振兴局提出的"大力发展产业帮扶"理念引导下，佑溪村大力发展产业经济，种植业布局结构不断优化，产能稳步提高；养殖业规模和技术得到显著改善，带领村民共同致富；集体经济则利用资源优势，为全村收入提供保障。同时,佑溪村注重高素质、专业化人才的引进和培养,促使乡村振兴的速度不断提高。在此基础上,还积极改善村落基础设施,提高村民生活环境质量,真正做到"取之于民,用之于民"。现今,佑溪村已成为巩固拓展脱贫攻坚成果与乡村振兴有效衔接的典型地区。

(调查及撰写:周若晗、罗承革、张玉)

参考文献

一、史籍志谱

许慎：《说文解字》，北京：中华书局，1963 年。

魏徵等：《隋书》，北京：中华书局，1982 年。

孙希旦撰：《礼记集解》，北京：中华书局，1989 年。

长阳土家族自治县地方志编纂委员会编：《长阳县志》，北京：中国城市出版社，1992 年。

同治《长阳县志》，南京：江苏古籍出版社，2001 年。

光绪《长乐县志》，南京：江苏古籍出版社，2001 年。

同治《来凤县志》，南京：江苏古籍出版社，2001 年。

陈丕显修纂、陈金祥校勘：《长阳县志》，北京：方志出版社，2005 年。

午荣编，张庆澜、罗玉平译注：《鲁班经》，重庆：重庆出版社，2007 年。

湖北省长阳土家族自治县地方志编纂委员会编：《长阳土家族自治县志（1979—2000）》，北京：方志出版社，2011 年。

长阳土家族自治县地名志编纂委员会、长阳土家族自治县民政局编：《长阳土家族自治县地名志（上册）》，武汉：湖北人民出版社，2020 年。

《湖北·宜昌长阳曾氏族谱》，2020 年。

二、学术论著

湖北人民出版社编：《学习毛泽东思想、宣传毛泽东思想、照毛泽东思想办事》，武汉：湖北人民出版社，1960 年。

孙文生、吴斌主编：《农村经济统计学》，北京：中国统计出版社，1993 年。

雷洁琼主编：《改革以来中国农村婚姻家庭的新变化》，北京：北京大学出版社,1994年。

中国社会科学院、中央档案馆编:《中华人民共和国经济档案资料选编农业卷(1953—1957)》,北京:中国物资出版社,1995年。

汪宁生:《文化人类学调查》,北京:北京文物出版社,1996年。

林耀华主编:《民族学通论(修订本)》,北京:中央民族大学出版社,1997年。

李秀峰主编:《长阳人大调研文集》,长阳土家族自治县人大常委会,1998年。

祝瑞开主编:《中国婚姻家庭史》,上海:学林出版社,1999年。

郑杭生主编:《社会学概论新修》,北京:中国人民大学出版社,2000年。

孙启林主编:《社会教育》,长春:吉林教育出版社,2000年。

邓红蕾:《道教与土家族文化》,北京:民族出版社,2000年。

潘贵玉主编:《中华生育文化导论》,北京:中国人口出版社,2001年。

方如康主编:《环境学词典》,北京:科学出版社,2003年。

费孝通:《乡土中国》,北京:北京出版社,2004年。

陈成文:《社会学》,长沙:湖南师范大学出版社,2005年。

熊一新、王彩元主编:《治安管理学基础理论教程》,北京:中国人民公安大学出版社,2005年。

丁少群、李桢:《我国新型农村合作医疗制度及其可持续发展研究》,厦门:厦门大学出版社,2007年。

林继富:《民间叙事传统与故事继承》,北京:中国社会科学出版社,2007年。

[美]凯博文著、郭金华译:《苦痛和疾病的社会根源》,上海:上海三联书店,2008年。

长阳土家族自治县概况编委会:《长阳土家族自治县概况》,北京:民族出版社,2009年。

郑杭生主编:《社会学概论新修(精编版)》,北京:中国人民大学出版社,2009年。

李鉴踪:《中国民间婚恋习俗》,成都:四川人民出版社,2009年。

钟敬文主编:《民俗学概论》,北京:高等教育出版社,2010年。

刘虹、张宗明、林辉主编:《新编医学哲学》,南京:东南大学出版社,2010年。

何俊芳主编:《民族研究文集》,北京:中央民族大学出版社,2012 年。

中共中央马克思恩格斯列宁斯大林著作编译局:《马克思恩格斯选集（第四卷）》,北京:人民出版社,2012 年。

付广华:《生态重建的文化逻辑——基于龙脊古壮寨的环境人类学研究》,北京:中央民族大学出版社,2013 年。

王魁、齐玉龙主编:《医院概论》,合肥:中国科学技术大学出版社,2014 年。

费孝通:《乡土中国》,北京:人民出版社,2015 年。

李虎、腾新才、李霞:《太安农耕文化与区域社会》,武汉:长江出版社,2017 年。

杨柳作:《当代家庭问题与社会工作》,北京:知识产权出版社,2020 年。

三、期刊论文

史继忠:《中国南方少数民族的宗教信仰》,《贵州民族研究》1991 年第1 期。

王清林:《文字与文学的关系面面观》,《学习与探索》1991 年第 2 期。

朱国宏:《传统生育文化与中国人口控制》,《人口研究》1992 年第 1 期。

郭于华:《农村现代化过程中的传统亲缘关系》,《社会学研究》1994 年第 6 期。

王继英:《叙事文学发展轨迹——神话、故事、传说比较研究》,《贵州民族学院学报(社会科学版)》1996 年第 1 期。

孙立平:《"关系"、社会关系与社会结构》,《社会学研究》1996 年第 5 期。

尚会鹏:《中原地区的"分家"现象与代际关系——以河南省开封县西村为例》,《青年研究》1997 年第 1 期。

范海燕、胡泳:《改革开放以来中国妇女婚姻观念的变迁》,《中华女子学院学报》1997 年第 4 期。

孙正国:《土家族〈丧鼓歌〉的文化解读》,《广西民族学院学报(哲学社会科学版)》1998 年第 1 期。

薛兴利、靳相木、刘桂艳:《试论农村最低生活保障制度的建立》,《消费经济》1998 年第 1 期。

张晓山:《合作社的基本原则及有关的几个问题》,《农村合作经济管理》

1998 年第 2 期。

张再生:《中国人口老龄化的特征及其社会和经济后果》,《南开学报》2000 年第 1 期。

徐若兰:《中国家庭结构变迁、特征、走势》,《民政论坛》2001 年第 5 期。

谈松华:《农村教育的现状、困难与对策》,《北京大学教育评论》2003 年第 1 期。

裴亮:《鄂西土家族"跳丧舞"的文化解读》,《中南民族大学学报(人文社会科学版)》2003 年第 5 期。

夏杏珍:《农村合作医疗制度的历史考察》,《当代中国史研究》2003 年第 5 期。

刘培峰:《亲缘关系、地缘关系与乡镇私营企业主的生成》,《社会》2003 年第 8 期。

杨彦:《关于"中国农村抱养子女"的调查报告》,《人口与经济》2004 年第 1 期。

徐秀英、吴伟光:《南方集体林地产权制度的历史变迁》,《世界林业研究》2004 年 3 期。

张晓山:《中国农村土地制度变革的回顾和展望》,《学习与探索》2006 年第 5 期。

严由健、吴信学:《社会转型背景下农村社会通婚圈变迁刍议》,《中国农业教育》2007 年第 3 期。

黎力:《湖北长阳土家族"跳丧"仪式的演变》,《寻根》2007 年第 4 期。

卢凤君、刘晓峰、彭涛等:《"五类"生猪养殖模式的比较分析》,《中国畜牧杂志》2007 年第 24 期。

王跃生:《中国家庭代际关系的理论分析》,《人口研究》2008 年第 4 期。

牟成文:《论鄂西土家族"跳丧舞"丧俗的整合功能》,《中南民族大学学报(人文社会科学版)》2008 年第 5 期。

周皓、李丁:《我国不同省份通婚圈概况及其历史变化——将人口学引入通婚圈的研究》,《开放时代》2009 年第 7 期。

向丽:《农村产业转型与农民角色变迁实证研究——以湖北高家堰土家族为例》,《广西民族研究》2010 年第 3 期。

张北赢、陈天林、王兵:《长期施用化肥对土壤质量的影响》,《中国农学通报》2010 年第 11 期。

王成超：《农户生计行为变迁的生态效应——基于社区增权理论的案例研究》,《中国农学通报》2010 年第 18 期。

陈友义：《出自民间传说的潮汕地名探析》,《南方职业教育学刊》2011 年第 1 期。

蒲艳萍、李霞：《劳动力流动对农村经济的影响效应——基于对四川省调查数据的分析》,《人口与经济》2011 年第 1 期。

柳建闽、汤凌燕：《论村民自治权力制约机制的构建》,《福建农林大学学报（哲学社会科学版）》2011 年第 4 期。

宋雁慧：《农村青年业缘关系中的"人情与面子"研究》,《中国青年政治学院学报》2012 年第 2 期。

熊晓辉：《土家族跳丧舞的表现形式与文化特征》,《湖北民族学院学报（哲学社会科学版）》2012 年第 2 期。

甘小云：《土家族悲喜音乐的艺术及民俗解读》,《长江师范学院学报》2012 年第 5 期。

孙淑云：《论"新农合管理条例"的制定》,《理论探索》2012 年第 6 期。

钟斌、姚树桥：《农村留守妇女的抑郁症状及相关心理社会因素》,《中国临床心理学杂志》2012 年第 6 期。

张翼：《单身未婚："剩女"和"剩男"问题分析报告——基于第六次人口普查数据的分析》,《甘肃社会科学》2013 年第 4 期。

梁振华、齐顾波：《村庄虚空化背景下农村留守妇女多元角色分析——基于河南范庄的个案研究》,《西北人口》2013 年第 5 期。

卢维良：《论马克思社会教育思想的当代意蕴》,《毛泽东思想研究》2013 年第 6 期。

盖庆恩、朱喜、史清华：《劳动力转移对中国农业生产的影响》,《经济学（季刊）》2014 年第 3 期。

姚懿桐、王雅鹏、申庆玲：《劳动力外出务工对农户家庭收入的影响——以湖北省 4 个县（市）为例》,《浙江农业学报》2015 年第 4 期。

岳小国：《鄂西宗教及其管理调查研究——以长阳土家族自治县为田野点》,《云南民族大学学报（哲学社会科学版）》2015 第 5 期。

李欣：《台湾地区汉族人婚姻类型的探讨》,《陕西广播电视大学学报》2016 年第 2 期。

胡燕佼：《新型城镇化进程中的农村社会治安问题探析——以海南省为

视角》,《云南行政学院学报》2016 年第 3 期。

李万伟、张红:《陕西关中地区农村婚姻圈历史变迁研究》,《咸阳师范学院学报》2016 年第 3 期。

刘传清:《土家族薅草锣鼓的流变及其式微》,《中华文化论坛》2016 年第 6 期。

杨洋、许红、唐贵忠等:《重庆市农村留守老人饮食情况对体质量指数的影响评价》,《重庆医学》2016 年第 9 期。

丁成际:《试论传统文化在乡村治理中的作用》,《湖湘论坛》2017 年第 3 期。

杨海燕:《无差序格局:广西福村"不招不嫁"婚中的姻亲关系》,《黔南民族师范学院学报》2017 年第 3 期。

刘潘:《土家族上梁歌的表现形式与音乐特征初探》,《当代音乐》2017 年第 5 期。

刘威:《悖论及治理:爱情"剩"世背后的"新城乡二元结构"》,《学术论坛》2017 年第 5 期。

张建雷:《家庭伦理、家庭分工与农民家庭的现代化进程》,《伦理学研究》2017 年第 6 期。

黄俊:《农村贫困人口外出流动行为、意愿、就业地差异的比较研究——以湖北省襄阳市为例》,《湖北社会科学》2017 年第 10 期。

唐凯兴:《壮族生活习俗中的伦理意蕴析论》,《百色学院学报》2018 年第 4 期。

张孝义、王瑞乐、杨琪等:《家庭环境对留守儿童问题行为的影响:交流恐惧的中介作用》,《中国特殊教育》2018 年第 4 期。

周延飞:《农村集体经济研究若干问题探讨》,《区域经济评论》2018 年第 6 期。

朱鹏春:《我国生猪养殖模式及产业发展趋势分析》,《中国饲料》2018 年第 20 期。

温兆娟,佟兆文:《田野寻踪——湖北五峰县土家族打溜子田野调查》,《内蒙古艺术学院学报》2019 年第 3 期。

《中国妇幼健康事业发展报告(2019)(一)》,《中国妇幼卫生杂志》2019 年第 5 期。

郭益海:《试论民族地区的风俗习惯改革》,《实事求是》2019 年第 5 期。

王国顺、马高雅、周夏连：《国内商业文化研究回顾与展望》，《商业经济研究》2019 年第 11 期。

侯黎明、牛培培：《"非瘟"与"新冠肺炎"双重防控压力下我国养猪业所面临的困境及现代生物技术和育种技术应用的迫切性》，《畜牧与兽医》2020年第 3 期。

雷文彪：《瑶族人生礼仪习俗及其"过渡仪式"中的审美表征》，《四川民族学院学报》2020 第 4 期。

沈费伟：《乡村秩序重构：实现乡村振兴的策略选择》，《学术交流》2020年第 7 期。

张曾、甄华杨、乔玉辉等：《小农户与现代农业发展有机衔接的桥梁——基于有机农业合作社的分析》，《中国农业资源与区划》2020 年第 11 期。

周琰、田云：《家庭资源、社会资源与农户外出务工行为——基于湖北农村的调查数据》，《四川农业大学学报》2021 年第 1 期。

吴理财：《村民小组的历史变迁及其基本逻辑》，《社会学评论》2021 年第 4 期。

李岁科：《新生乡贤参与乡村振兴的价值、困境与优化路径》，《原生态民族文化学刊》2021 年第 4 期。

黄花：《乡村振兴背景下村民自治的发展与突破》，《云南农业大学学报（社会科学）》2021 年第 5 期。

罗鹏：《裕固族人生礼仪的伦理内涵及当代启示》，《河西学院学报》2021年第 6 期。

蓝宇蕴：《"异军突起"的单身群体与我国社会经济政策走向》，《学术研究》2021 年第 12 期。

邓显超、刘娇：《面向世界讲好中国红色故事初探》，《中国广播电视学刊》2021 年第 12 期。

金昱彤：《乡村振兴背景下的农村社会工作：流动性冲击与家为核心的发展路径》，《探索》2022 年第 3 期。

何秀荣：《农业合作社的起源、发展和变革》，《社会科学战线》2022 年第 10 期。

张利庠、唐幸子：《新生乡贤、变革型领导力与乡村治理——基于嵌入式多案例研究》，《农业经济问题》2022 年第 10 期。

周慧：《中华传统节日文化时代价值分析》，《文化产业》2022 年第

17 期。

杨璇:《日本公文书馆社会教育研究》,《山东大学学报》2023 年第 2 期。

四、学位论文

贾国静:《清末民初私塾改良述论》,四川大学历史文化学院硕士学位论文,2002 年。

廖海波:《世俗与神圣的对话》,华东师范大学文艺民俗学专业硕士学位论文,2003 年。

许文涛:《土家族婚丧仪式中打击乐的音乐特征及文化含义》,福建师范大学民族音乐系硕士学位论文,2008 年。

钟雪生:《中国农村传统合作医疗制度研究》,中共中央党校研究生院博士学位论文,2008 年。

邹强:《中国当代家庭教育变迁研究》,华中师范大学教育学院博士学位论文,2009 年。

王晓芬:《农村混读班早期教育现状研究——对贫困地区学前教育质量的考察》,华东师范大学教育学部博士学位论文,2010 年。

张琨:《农业现代化视角下农民科学素养的研究》,安徽农业大学人文社科学院硕士学位论文,2016 年。

郎杰燕:《中国农村医疗保险制度变迁研究——基于历史制度主义视角》,山西大学政治与公共管理学院博士学位论文,2019 年。

徐冉:《农村学前教育发展的困境与出路探究——以滨州市沾化区为例》,山东师范大学公共管理学院硕士学位论文,2022 年。

王文萍:《乡村振兴战略背景下农村小学教育发展问题研究——以陕西省 B 市为例》,延安大学政法与公共管理学院硕士学位论文,2022 年。

后　记

　　"新乡土中国志"是三峡大学民族学院为记录新时代中国乡村社会面貌而编写的系列丛书。用脚步丈量祖国大地，用村落研究讲好中国故事，是丛书编写的初衷与期望。作为调查研究的第三站，我们选择了湖北长阳土家族自治县的佑溪村作为田野点。不同于以往民族志研究中的典型村落，佑溪村没有"历史文化名村""最美乡村""少数民族特色村寨"等响亮的头衔，不毗邻城镇亦不偏远难及，而是仅依山而居，利用有限的资源探索自己的振兴之路。正是这样的平凡特征，使它成为中国成千上万普通村落中的一员，呈现着新时代背景下普通村落的精神面貌和发展变迁。历时一年有余，增删数次，记载佑溪故事的《依山而居：湖北长阳佑溪村的社会与文化》终于完成。

　　2022年7月，我带领13位硕士研究生（谷丹丹、侯宗莲、李小梅、罗承革、莫明仙、潘明荣、秦华南、田海霞、唐浩、魏锦荣、张玉、周若晗、张严艳）在佑溪村进行了为期一个月的田野调查。这次田野调查对我而言，是一次巨大的挑战。首先，这是我第一次带领如此多的学生进行田野调查，调研过程中虽不可避免地出现过各种小波折，但团结友爱、互相包容是主旋律，故能一切顺利。田野调查和书稿撰写过程中，同学们分别负责不同的主题，既根据内容分工各自负责，又因为团队精神彼此合作。为此，在各章末尾处予以标明。其次，这是我第一次在家乡进行的田野调查，熟悉的环境、熟悉的生活方式使我缺乏了新奇与敏感，甚至经常出现心理倦怠。所幸的是，大多数同学对佑溪山村的陌生与好奇激发了我对所熟知的生活环境和文化内容进行认真观察与思考，但仍难免会由于"理所当然"而遗漏了部分细节，这使本书的部分内容可能仍存在论述不清、深描不足的问题。虽然清楚地知道会存在各种问题，但这是我学术生涯中的第一本著作，因此仍抱着对待孩子般的情感对待它。

　　距离田野调查虽已有近一年的时间,但田野中的种种场景在脑海中至今仍清晰可见。佑溪村田野调查的条件近乎艰辛:天气变化异常,烈日与暴雨交替出现;调研交通不便,徒步一小时做访谈成为常态;食宿条件欠佳,住宿的阁楼拥挤而闷热。我无数次担心同学们是否能坚持下来,但可爱的你们仍能保持积极的心态和昂扬的斗志,每日迎着朝阳出发,顶着烈日或晚霞而归,深夜坚持整理资料。较之于困难,田野带给我们更多的是感动、欢乐与难忘:初入田野的第一天,在村干部的帮助下,调研同学在匆忙与担忧中通宵参与一场隆重的丧葬仪式,不仅获得了丰富的葬礼资料,更为后续调研积累了不少人脉;为拉近与村民的关系,并丰富村落的文化生活,同学们在调研之余自发组织村民进行广场舞教学,使得傍晚的村落文化广场人气满满;考察五龙观遗址时,在向导的带领下,我们从杂草乱石丛生的山林中开辟出一条小道,在湿滑的陡坡上艰难前行,虽然每个人都狼狈不堪,但在丛林中找到碑刻残骸后的喜悦让我们忘记了下山时可能会更加艰难。调查过半,某天晚归回宿舍时,突然发现宿舍所在房屋前的二楼楼梯已被挖断,混凝土废渣中仅留下一架5米高的移动钢梯,此后的每天我都心惊胆战地通过这架钢梯上下。为了满足同学们在田野中"吃肉"的愿望,我向前来慰问的领导讨要了半扇生猪排,虽然事前我为此而忐忑不安,但事后证明这个决定无比正确,因为同学们在田野中的诸多委屈在开心地吃肉中消失了。一个月的田野,让我们在离开时已成为半个佑溪人。佑溪村的田野调查虽已结束,但这次佑溪之行将成为每位团队成员终生难忘的学术经历和宝贵的人生财富。

　　佑溪田野调查的顺利进行,离不开佑溪村干部、驻村工作人员及村民的帮助。长阳县人大常委会副主任周宏伟在百忙之中抽出时间前来慰问调研团队,通过座谈会为我们传经送宝,并自掏腰包请同学们聚餐,后续更是不时通过电话关心调查工作的进展情况。佑溪村村委会及驻村工作队的各位同志在整个调研过程为团队提供了无私的帮助与指导,如帮助同学熟悉村落情况、利用工作便利带领团队成员进村入户、关心团队的住宿情况及出行安全等,不厌其烦地解答同学们提出的每一个问题。佑溪村村民在田野中也为团队提供了诸多关心与帮助,带给我们无数感动与快乐。养殖户王作玉在得知同学们因为交通不便只能步行调研的困难后,每逢有同学需前往较远地方调查时,便放下手头工作无偿地帮忙接送同学。为了解村落过去的交通情况,年过花甲的向祖佑,翻山越岭,耗费近两个小时,陪同调研同学从羊肠小道前往姚家坳，在崎岖跋涉中曾被野蜂蜇伤。老支书张万英不仅在回忆起村落发展情况时如数家珍，兴致高涨时更是穿上自己曾经的演出服饰，与调研同学开心地唱起民歌《六口茶》，一展歌喉之余还热情地为我们煮好新鲜的嫩玉米与黄瓜。种植药材、果树的周双林，不仅耐心地在田间为调研成员介绍每种药材的种植及生长情况，更是在水果收获时免费送来了一大袋李子，让我们感受到了村民的纯朴与热情。退休教育工作者曾祥友，不仅为我们提供了他创作的佑溪文学作品，更是以一名乡村文化关心者的身份提供了众多有意义的素材。还有很多热情村民，都为此次田野调查提供了难以忘怀的帮助与支持，在此虽无法一一道来，但均深深地烙印在我们心中，在此唯有一句平凡而真诚的感谢。

田野调查的顺利进行及书稿的完成亦离不开学院领导和同事的关心、指导与帮助。曹大明、鲁春立、罗凌等领导在田野调查全过程中给予的支持与帮助是调查得以进行并完成的保障。李虎、王鹏惠、周红英等老师的田野慰问，不仅为同学们提供了改善伙食的机会，更为调查提供了实地指导，并留下了难忘的经历。王鹏惠、袁波澜、黄祥深、李超等老师为书稿的修改提供了宝贵建议。本书得以顺利出版，还要感谢三峡大学三峡文化与经济社会发展研究中心提供的经费支持，以及厦门大学出版社的大力支持。

由于本人学识有限，本书难免有不足之处，敬请读者批评指正！

皮泓漪

2023 年 6 月